Para

com votos de paz.

/   /

DIVALDO PEREIRA FRANCO
PELO ESPÍRITO VICTOR HUGO

ÁRDUA ASCENSÃO

Salvador
9. ed. – 2023

COPYRIGHT © (1985)
CENTRO ESPÍRITA CAMINHO DA REDENÇÃO
Rua Jayme Vieira Lima, 104
Pau da Lima, Salvador, BA.
CEP 412350-000
SITE: https://mansaodocaminho.com.br
EDIÇÃO: 9. ed. (1ª reimpressão) – 2023
TIRAGEM: 1.000 exemplares (milheiro: 50.500)
COORDENAÇÃO EDITORIAL
Lívia Maria Costa Sousa

REVISÃO
Plotino da Matta · Lívia Maria C. Sousa
CAPA
Cláudio Urpia
MONTAGEM DE CAPA
Marcus Falcão
EDITORAÇÃO ELETRÔNICA
Marcus Falcão
COEDIÇÃO E PUBLICAÇÃO
Instituto Beneficente Boa Nova

PRODUÇÃO GRÁFICA
LIVRARIA ESPÍRITA ALVORADA EDITORA – LEAL
E-mail: editora.leal@cecr.com.br

DISTRIBUIÇÃO
INSTITUTO BENEFICENTE BOA NOVA
Av. Porto Ferreira, 1031, Parque Iracema. CEP 15809-020
Catanduva-SP.
Contatos: (17) 3531-4444 | (17) 99777-7413 (WhatsApp)
E-mail: boanova@boanova.net
Vendas on-line: https://www.livrarialeal.com.br

Dados Internacionais de Catalogação na Publicação (CIP)
(Catalogação na fonte)
BIBLIOTECA JOANNA DE ÂNGELIS

F825	FRANCO, Divaldo Pereira. (1927)
	Árdua ascensão. 9. ed. / Pelo Espírito Victor Hugo [psicografado por] Divaldo Pereira Franco. Salvador: LEAL, 2023. 328 p. ISBN: 978-85-8266-222-9
	1. Espiritismo 2. Psicografia 3. Lei de Causa e Efeito I. Franco, Divaldo II. Victor Hugo III. Título
	CDD: 133.869

Bibliotecária responsável: Maria Suely de Castro Martins – CRB-5/509

DIREITOS RESERVADOS: todos os direitos de reprodução, cópia, comunicação ao público e exploração econômica desta obra estão reservados, única e exclusivamente, para o Centro Espírita Caminho da Redenção. Proibida a sua reprodução parcial ou total, por qualquer meio, sem expressa autorização, nos termos da Lei 9.610/98.
Impresso no Brasil | Presita en Brazilo

Sumário

In limine	7
Frase-Prefácio (Bezerra de Menezes)	
pelo médium Francisco C. Xavier	9

Primeira parte

1. Operação extravagante para a libertação	13
2. O drama da família Patriarca de Jesus	19
3. Recrudescimento das provas redentoras	27
4. O passado estabelecendo o futuro	33
5. O imprevisto acontece	39
6. A luz da esperança nas sombras do sofrimento	45
7. Leclerc-Antoine e o seu passado	53
8. Reflexões e esclarecimentos oportunos	61
9. Prelúdios de futura paz ante a reconstituição do passado	69
10. Informações oportunas e diretrizes para o porvir	81
11. Recordações elucidativas e angustiantes	89
12. Perfis humanos e sucessos novos	97
13. A rebeldia comanda a tragédia	107
14. Rendição ao amor	115
15. Recompensas ao sofrimento e novos desafios	125

Segunda parte

1. O porquê do Espiritismo no Brasil	137
2. Dez anos depois	143
3. No recrudescer das lutas, surge o Anjo da Misericórdia	151
4. *Homo homini lupus*	161

5. A honra atesta a verdade	169
6. Ciladas que se convertem em bênçãos	179
7. Clarinada de luz em noite sombria	191
8. São colocadas as balizas do Reino dos Céus	199
9. A infâmia e o choque de retorno	207
10. Providencial interferência divina	217
11. Retorno ao passado criminoso	225
12. Mergulho no abismo da loucura	235
13. Violência fracassada	245
14. A delinquência resulta em tresvarios absurdos	255
15. Tarcílio retorna ao lar	263

TERCEIRA PARTE

1. Armadilha perigosa	271
2. Crime de características medievais	277
3. A providencial presença de Armindo	283
4. ...Tudo está consumado	289
5. Queda final e futura expiação	295
6. Testemunhos redentores	303
7. No rumo da Estrela de Primeira Grandeza	311
8. O *Lar da Esperança*	317

IN LIMINE

A vida é superior concessão de Deus, que a grande maioria dos homens não tem sabido valorizar.

Cada experiência constitui um lastro de segurança para uma nova etapa, na qual o ser se promove, ganhando sabedoria e superando os instintos agressivos que lhe serviram de sustentação e defesa na fase primária do seu processo evolutivo.

A reencarnação, por isso mesmo, tem, como meta prioritária, o desenvolvimento da inteligência, através da conquista do conhecimento, e a sublimação dos sentimentos, por meio das realizações do amor.

Viver, no corpo, é um desafio que a todos cumpre aceitar, valorizando o tempo, numa aprendizagem incessante, que resultará em aquisição da plenitude interior.

Os compromissos com a vida são de natureza edificante: resgate dos erros pretéritos, mediante a compulsão do sofrimento ou pela realização do bem e aprimoramento dos valores ético-morais que facultam a ascensão.

A cada malogro, a repetição da experiência faz-se inevitável, até que se fixem os resultados iluminativos na consciência eterna de cada indivíduo.

A marcha é lenta, enquanto o ser não opta por viver a verdade que o fascina, mas posterga, preferindo, sob o impulso das paixões primitivas, o prazer desgastante em detrimento da emoção enobrecida.

Por isso, o homem deve escolher a vivência dos deveres de engrandecimento espiritual próprio e da comunidade, estabelecendo o caminho a seguir e vencendo a distância que o separa do fanal a que se propõe.

A ascensão é, portanto, árdua.

Não obstante os fatores favoráveis para o êxito, estão diante do calceta as dificuldades por ele mesmo geradas, constituindo-lhe problemas, que devem ser solucionados. Consciente, todavia, de que a queda é perda de tempo, com agravamento das possibilidades de elevação, que o estacionamento é atraso na marcha, este deve resolver-se por superar todos os impedimentos, mesmo que a contributo de sacrifício pessoal, para atingir a meta que o aguarda.

Esta é uma história real, plena de experiências felizes e desditosas ocorridas no processo de evolução de um grupo de Espíritos comprometidos com o passado.

Muito atual, ela constitui uma advertência e um convite à vigilância de todos quantos aspiram pela felicidade que lhes parece tardar.

Ao escrevê-la, tive em mente a minha própria árdua ascensão, recordando-me dos empeços e estímulos encontrados, assim como das fortes lutas que ainda venho travando ao lado dos amores e dos compromissos da retaguarda, esperando conquistar as bênçãos com que o futuro me acena.

Paris, 22 de maio de 1985.

Victor Hugo

Frase – Prefácio

O sacrifício pessoal é o preço do acesso aos caminhos da Grande Luz.

Bezerra de Menezes

Página psicografada pelo médium Francisco Cândido Xavier, em reunião da noite de 2 de julho de 1985, em Uberaba, MG.

Primeira parte

1

OPERAÇÃO EXTRAVAGANTE
PARA A LIBERTAÇÃO

*O*uço *o teu apelo desesperado, meu filho. Choro as tuas lágrimas sem consolo, e a saudade que me punge a alma sombreia as minhas horas terrenas, já sem esperanças, porque tu eras a minha alegria, o meu tesouro. Sou responsável pela tua aflição e sei que ela é um inferno a destruir-te, a pouco e pouco, fazendo-te arder em chamas ininterruptas. Os teus são também meus inimigos; aqueles que te magoaram ficarão assinalados pela minha mágoa e indiferença, que aguardarão o momento para o desforço próprio...*

Vejo-te, meu filho, atônito, tentando desembaraçar-te dos grilhões carnais que te retêm ao corpo em putrefação, como se nadasses, semiafogado, num oceano encapelado, cujas águas em movimento não te dão trégua, não oferecendo repouso ao infeliz que sobraça o próprio desespero. O desconforto que te asfixia, sem destruir-te, igualmente me faz desfalecer, quase me alienando.

Ah! O amor sem limite de uma mãe agoniada, que acompanha, impotente, a amargura e o desassossego do filho desdito so!

Empenharei tudo pela tua libertação, meu anjo crucificado, mesmo que o meu seja o contributo do deperecer das forças até a exaustão da vida. Libertar-te-ei de ti mesmo e da chusma de algozes impenitentes que te levaram à insânia do suicídio e te excruciam ainda, vampirizando-te e enlouquecendo-te.

Ofereço-me, meu filho, pela tua libertação. Mesmo que por todos desprezado e ferido, eu te amo e aqui estou ouvindo-te e vendo-te, a chamar-me sem palavras, com o pensamento desvairado, que me encontra...

Oh! Deus dos desafortunados e caídos! Em vosso magnânimo amor, ouvi-me e atendei-me, quanto atendestes a Maria ante a cruz de infâmias.

Ele, o vosso filho, era justo, e O crucificaram, impiedosos. O meu tem culpas, eu o reconheço, mas não me escuso à responsabilidade, pelo menos em parte, do calvário em que ora ele se encontra.

Desde que há amor para o justo, certamente haverá misericórdia para o culpado.

É essa misericórdia que suplico e espero alcançar.

Apiedai-vos da sua desgraça, bem como do tormento desta mãe alquebrada sob a ação dos camartelos da agonia, que lhe desferem golpes esfaceladores nas resistências mais íntimas. Concedei-me a felicidade de arrancá-lo da vérmina que o consome e da dissolução celular que o enlouquece.

Fazei descer um raio da vossa luz triunfante sobre este túmulo de cinza e lama, capaz de romper as poderosas grilhetas que atam o Espírito à transitória roupagem de que já não necessita. Findou o corpo na voragem do tóxico, em longo prazo ingerido, embora ele permaneça em consumpção intérmina, após as labaredas que lhe interromperam a vida...

A loucura dominou-o, no largo curso dos dias; ele tombou, sem forças, na cilada total da Treva, esse poder que procura competir com o Vosso Poder e que permanece lapidando os homens, que dele necessitam a fim de melhor entender o Vosso.

Já que a justiça se impõe, automática, disciplinando o infrator, eu vos suplico a piedade assinalada pela vossa Misericórdia final, todas três, a mesma expressão do vosso Amor magnânimo...

A litania monologada entre lágrimas e dissabores comburentes era repetida em cada entardecer por nobre senhora, algo perturbada, que chegava à *Casa dos Mortos* e se ajoelhava ante uma sepultura côncava, recoberta de plantas rasteiras e flores miúdas.

No silêncio da Natureza, quebrado pelas próprias onomatopeias, seu vulto se misturava às sombras dos ciprestes esguios e dos pinhos altos, que bailavam no solo, ao oscilar dos ventos vespertinos.

A pele morena enrugava-se na flacidez dos tecidos envelhecidos; os olhos negros eram brilhantes; o cabelo adornava-se de fios prateados; o rosto arredondado e o passo vacilante num corpo de mediana estatura formavam o tipo de mulher de sessenta anos que se esfalfara no cumprimento dos deveres domésticos, cuidando de uma família constituída

Árdua ascensão

pelo esposo desencarnado e quatro filhos ora adultos, entre os quais o extinto, que lhe causara contínuas provas de sofrimento e inquietação.

Desde que a loucura suicida o arrebatara da vida física, sem o libertar da Vida, que, passadas as angústias primeiras e o choque terrível, ela o *ouvia-o* e *via-o* lanceado pelo despautério de que fora vítima, padecendo o horror do *tonel das Danaides*,[1] morrendo sem extinguir-se, o *corpo* em fogo sem consumir-se e o desanimar constante sem a inconsciência.

Resolveu-se por aliviar-lhe o superlativo sofrimento, embora sabendo do *abismo* que os separava: ele nas sombras densas da morte pelo autocídio, enquanto ela vadeava as águas da corrente orgânica por onde transitava.

Pensava que o amor vencia tudo, inclusive propunha-se a navegar sobre o Averno,[2] para retirar, das suas emanações sulfurosas, cujo bafio indicava a entrada do inferno, o filho que ali se debatia em tormento infindo.

Na condição de mãe desesperada, seria capaz, se necessário, de repetir a triste odisseia da sibila de Cumas,[3] que ali, às margens do lago odioso, se instalara, se disso resultasse a felicidade do filho desditoso.

Porque conhecesse algo sobre o fluido que existe em todos os seres vivos, que pode ser aplicado, quando psiquicamente bem conduzido, com finalidade terapêutica, por meio de movimentos rítmicos (passes), num desbordar de sofrimento recorria à técnica, em estafantes tentativas de desvencilhar o Espírito das tenazes que o trituravam, mantendo, não obstante, as ligações, que se não interromperam, com o cadáver em consumpção.

Todas as notas deste livro pertencem ao autor espiritual (nota da Editora).

1. *Tonel das Danaides* – O lendário rei de Argos teve cinquenta filhas, que, por ordem do pai, estrangularam os maridos na própria noite do matrimônio, à exceção de uma delas, Hipermnestra, que salvou o esposo, Linceu. Posteriormente, foram depuradas por Atenas e Hermes, vindo casar-se com os pelasgos, dando gênese à raça dos dânaos. Linceu, magoado, matou-as, tempos depois. Foram então condenadas aos infernos, recebendo a pena de encherem eternamente um tonel sem fundo. Simbolicamente, significa uma aflição intérmina, mediante um esforço baldo.

2. *Averno* – Lago da Campânia, na Itália, de cujas águas escapam emanações sulfurosas, desagradáveis, razão pela qual os antigos supunham ser ali a entrada do inferno mitológico.

3. *Cumas* – Uma antiga colônia grega que surgiu no século VIII a.C. Ali se instalou a sibila que a celebrizou, pelo feito de aliar-se aos romanos no período das rudes guerras púnicas, tornando-se odiada pelos helenos e simbolizando a desonra, a traição.

Na solidão das tardes, ajoelhava-se ao lado da cova, onde a química inorgânica do subsolo diluía e transformava a matéria de que o filho fizera mau uso, a repetir o estranho ritual, na certeza de lograr êxito, por mais cansativos e exaustivos se lhe fizessem os tentames continuados.

Após a operação extravagante, que o Espírito registrava no aturdimento em que se debatia, de alguma forma amenizando-lhe a crueza da expiação a que se arrojara voluntariamente, ela se aquietava, procurando na prece ungida de amor e confiança, embora desequilibrados, o refrigério para a própria desdita.

D. Augusta Patriarca de Jesus Primeva, não fosse esta distonia de comportamento, que a família não percebera ainda, era uma pessoa normal, de cultura média, bem-conceituada na velha cidade onde residia.

Desde jovem que lhe apareceram os evidentes sinais de mediunidade, através de curiosos fenômenos psíquicos, na área intelectual, que inquietaram a família a ponto de a internarem em manicômio, único recurso disponível, na região em que nascera, no começo do século...

Predominavam à época, nas academias médicas, os conceitos sobre as síndromes da histeria e a conveniência dos fatores fisiológicos em detrimento dos psicológicos, tornando o alienado um ser espúrio e marginalizado, indigno de comiseração e atendimento humano.

A expressão *loucura* mantinha a sua abrangência igualmente sobre os fenômenos paranormais e parapsíquicos, maldisfarçadamente ignorados ou preconceituosamente detestados, apesar dos estudos que mereceram nos cinquenta últimos anos do século precedente como na alvorada do que se iniciava.

A mediunidade, em razão disso, vigorava tenazmente perseguida pelos chamados círculos oficiais da Ciência, quanto pelos supostos príncipes e mandatários da Religião.

Quando quaisquer distúrbios se apresentavam na organização mental dos indivíduos, a pecha irrecusável de louco era-lhes aplicada com mal dissimulada piedade, bem como altas cargas de ironia e de desprezo, que malsinavam as vítimas imponentes ante a soturna conjuntura.

Recambiada ao manicômio, onde esteve internada uma vez, a então jovem Augusta tornou-se o pesadelo da família humilde, constituída por treze pessoas resultantes do matrimônio do senhor Demétrio Patriarca, homem de temperamento impulsivo, à época sem profissão segura que facultasse a todos os recursos necessários a uma vida sem apertos financeiros. Trabalhador, era um tecelão que perdera o emprego, vitimado pela crise econômica de que o país padecia, vindo a angariar os meios para a sobrevivência da família através de biscates e lutas sacrificiais que o esgotavam.

Os anos que a separavam daquele período foram de ásperos testemunhos e poucos sorrisos. A dor trabalhara-lhe o caráter, aprimorando-lhe os sentimentos bons, que seriam postos à prova inúmeras vezes e agora chegavam ao seu ponto máximo, que não seria, entretanto, o apelo culminante da vida às suas resistências de Espírito imortal na busca do Infinito.

Terminada a singular atividade psíquica, volvia ao lar, impregnada pela angústia de que se não liberara, antes mais se fixava graças à repetição do ritual um tanto macabro.

A mente é um ímã que irradia energias quanto atrai vibrações semelhantes, fixando ideias ou liberando *raios* de vário teor que incidem sobre equipamentos iguais, produzindo reações equivalentes.

Antena poderosa, capta e transmite impulsos vibratórios de tom específico, que se implantam no comportamento emocional, produzindo equilíbrio ou distonia, conforme a intensidade como a qualidade da mensagem de que se fazem portadores.

Instrumento sutil da alma, que por esse mecanismo se exterioriza e se vitaliza, não raro desarticula os implementos que o constituem, consoante a ideia que recebe e emite, fixando recursos que plasma nos fulcros do psicossoma – veículo intermediário entre o Espírito e a matéria.

Todos os processos da vida inteligente por ele transitam e sofrem as contingências desse mecanismo, de que o cérebro se faz órgão físico que lhe atende as altas finalidades do existir em crescimento superior.

A genitora, fascinada pela própria dor, fez um quadro psicopatológico, enredando-se nos fluidos do remorso injustificado, mediante os quais sintonizava com as ondas mentais do infortunado Tarcílio, que, não obstante a superlativa desdita, solicitava-lhe, no tresvario, uma ajuda difícil de ser conseguida.

Estabelecia-se uma pertinaz obsessão de demorado curso, a corroer o psiquismo e desarticular a harmonia espiritual de D. Augusta.

Após a primeira tragédia – a morte do marido –, e logo o suicídio do filho, originava-se uma segunda desdita, não menos cruel sobre a dama e sua família – um descontrole mental de fundo subjugador que se instalava prenunciando funestas consequências.

A noite de sombras morais carregava-se de tormentas emocionais, e raros astros lucilavam esperanças no zimbório triste da família Primeva.

2

O DRAMA DA FAMÍLIA
PATRIARCA DE JESUS

As existências encontram-se organizadas por meio de vigorosas injunções que resultam das reencarnações, em cujas malhas os Espíritos se prendem a necessidades de que somente a duras penas conseguem liberar-se.

O somatório das experiências individuais e dos grupos que se estruturam ao longo do tempo proporciona libertação ou algema emocional, cujos elos impõem renascimentos felizes ou desventurados, em ciclos que se alongam pelos tempos até a perfeita integração dos envolvidos na problemática, no equilíbrio e na ordem gerais, que mantêm a harmonia superior do cosmo.

Nenhuma fraude que passe imune à regularização, ou astúcia alguma que se não desmascare.

O Espírito progride, na escala evolutiva, adquirindo hábitos que lhe insculpem a angelitude mediante o buril do amor, gravando os caracteres da perfeição, enquanto aprimora a inteligência através das conquistas do conhecimento que o plenifica de sabedoria.

São essas as duas *asas* que lhe permitem voar na direção dos alcantis onde se encontram, plenas, a paz e a felicidade.

Enquanto tal não ocorre, sucedem-se as reencarnações no círculo inferior das provações e expiações assinaladas pela dor e desventura, onde medram as paixões dissolventes e os interesses mesquinhos, subalternos. *Delenda Carthago.*[4]

---

4. *Delenda Carthago – Cartago deve ser destruída.* Catão, o Antigo, com este pensamento terminava todos os seus discursos. Genericamente essas palavras são empregadas quando se mantém no espírito uma ideia fixa pela qual se luta e a ela se retorna.

A glória, em qualquer realização impõe o sacrifício das frivolidades e a renúncia às veleidades, que devem ser substituídas pelo *sangue* do ideal, a verter, abundante, fertilizando o *solo* da aspiração enobrecida.

Os triunfadores no plano do Espírito conduzem cicatrizes que se iluminam ao impulso do amor e deixam marcas de paz por onde passam, heróis que se venceram a si mesmos, quiçá ignorados ou esquecidos os seus feitos entre os homens.

São os mártires de todos os sonhos da Humanidade, convertidos em realidades grandiosas, em cuja estesia passeiam as conquistas da inteligência, da beleza e do sentimento.

Abrem eles as veredas para o conhecimento nas densas florestas da ignorância e rompem clareiras para o amor nas sombrias construções do ódio, onde se homiziam os verdugos do progresso humano, capitaneados pelo egoísmo, o orgulho e a insensatez, responsáveis pelos altos índices da infelicidade e do opróbrio que ainda campeiam entre as criaturas.

Quando se desperta para a responsabilidade moral, são acionados os mecanismos do dever, e toda uma ordem de valores assoma, estabelecendo as prioridades para o burilamento interior, trabalhando-se a ética do comportamento, que se altera, estruturando os preciosos recursos do bem, do bom e do belo.

Nesse homem que se levanta para a verdade rompem-se os atavismos da imantação animal grosseira, liberando-o para a "harmonia que Deus estabeleceu na Criação para possibilitar as relações psicofísicas e impedir os defeitos disteleológicos", conforme acentuava Leibnitz.[5]

Não ocorrendo essa transformação, que é decorrência natural do impulso íntimo para conquista da perfeição, o Espírito perde o rumo da vida, mergulhando no corpo e dele se liberando através de automatismos que lhe produzem clarões de relâmpago e demoradas sombras de dor, nas quais não lampejam a esperança nem a paz.

A expressiva maioria das criaturas humanas ignora a experiência da evolução consciente, marchando sob a ação dos impulsos automáticos, mui lentamente, sem dar-se conta do progresso, nem se interessando por ele. Somente sob o açodar do sofrimento demorado é que luz o

---

5. *Leibnitz* – Filósofo alemão, nascido em Leipzig, em 1646 e falecido em Hannover, no ano de 1716.

anseio de realização íntima, que desobriga o homem de padecer angústia e desespero.

A função do amor, que preside a vida, faz-se substituída pelo fenômeno da dor, que impele para a renovação.

O progresso, portanto, é inevitável, e dele ninguém foge, impedindo a própria evolução.

◆

A história de cada vida é a pedra de toque dos seus atos, que desgasta o tredo engano até que brilhe a verdade.

O drama de D. Augusta Patriarca Primeva possuía as suas causas em existências passadas, havendo sido trazida à reencarnação para reajustar-se, amparando e sofrendo Tarcílio, a quem se vinculava por meio de fortes amarras morais e emocionais.

Renascendo em humilde lar, provando a orfandade materna, ainda na infância, viu-se entregue a mãos estranhas, na condição de ínfima serva, desconhecendo as alegrias do período lúdico e experimentando os caprichos de uma pessoa emocionalmente desajustada, que lhe exigia esforços para tarefas superiores às energias físicas e à lucidez mental.

Noites indormidas e a presença constante dos maus-tratos tornaram-na tímida e triste, num quadro de amargura compatível com as suas necessidades espirituais.

A orfandade vivida na primeira infância constitui lição áspera que convida à solidão, à interiorização emocional.

Ave implume, caída do ninho acolhedor, a criança órfã sofre rudes provas em silêncios homéricos, devendo inspirar ternura que nem todos lhe dispensam, como seria de desejar-se numa sociedade civilizada, que se afirma cristã.

O órfão enxameia nas ruas do abandono, no mundo, mergulhando nos vícios que frondejam nos guetos da miséria moral, social e econômica, em marcha segura para a delinquência e o vício massacrador.

Adultos inescrupulosos exploram-no indefeso, locupletam-se na sua pequenez e descarregam nele seus infelizes recalques, por meio de agressões selvagens.

Quando lhe ofertam agasalho ou pão, fazem-no sob condições odientas, humilhando-o e espicaçando os sentimentos inferiores trazidos das existências desditosas que necessitaria esquecer, fazendo-o bandido em potencial e, como tal, explode, logo se lhe fazem insuportáveis as circunstâncias deprimentes...

O padrão de cultura e progresso moral de uma sociedade justa é medido pelo apoio e pelo carinho dedicados às suas crianças carentes, aos seus enfermos em desventura e aos velhinhos em desvalimento, que já não constituem o lixo social, mas sim os elementos de edificação espiritual, na qual se apoia a paz que comanda os destinos sob o alento do dever cumprido.

Longe, no entanto, estão ainda os dias da consciência social-cristã mediante a ação corretamente aplicada pelo humanitarismo.

✦

As circunstâncias que a levaram à servidão, desde pequena, procediam de amarga experiência vivida no século XVIII, em França, quando esbanjara extravagâncias, na decadente corte de Luís XVI, nos dias precedentes à majestosa revolução, que lograra inscrever, embora a sangue e vidas ceifadas, nos anais da nova sociedade, os "direitos humanos", sob o apoio da tríade luminosa: "Liberdade, Igualdade e Fraternidade".

Na introspeção sofrida a que se entregava a menina Augusta, acompanhando o martírio a que foram relegados os seus demais irmãos, desde que falecera a genitora, e diante das próprias angústias, o eu espiritual rompeu-lhe os depósitos do inconsciente, onde se arquivam as existências pretéritas, passando a viver conflitos difíceis de ser elucidados. Misturavam-se-lhe, no campo das ideias, as impressões mais vigorosas do ontem, portanto, mais deprimentes, com os acontecimentos atuais, atordoantes e desagradáveis.

Era natural que a tecedura delicada do sistema emocional viesse a sofrer inevitáveis distúrbios, que se agravariam quando a adolescência facultasse mais amplo espaço para o intercurso psíquico produzido por vigoroso companheiro da vida passada, que se lhe imantaria ao campo mental, produzindo, ao longo do tempo, um sórdido e injustificável processo obsessivo.

Uma profunda afeição a ligava ao pequeno Armindo, o irmãozinho menor, que fora viver com cruel parenta que o recebera, no difícil transe da família, em nome da caridade.

✦

Árdua ascensão

A palavra caridade, em face do mau uso que se tem feito do conteúdo de que ela se reveste, passou a significar um disfarce mediante o qual se ocultam sentimentos inferiores que assumem falsa condição de nobreza.

Inúmeros indivíduos e organizações inescrupulosos exploram-lhe o lapidar conceito, que se vem deteriorando, vivendo à custa da desventura e das necessidades alheias, assumindo posições de benfeitores e promotores do bem, quando não passam de vis assaltantes dos diretos dos pobres e infelizes que buscam agasalhar-se sob a proteção da inigualável virtude, que se faz mãe da fé e irmã da esperança.

Alardeiam-lhe a prática enquanto a utilizam nos jogos sórdidos da exploração, repassando o mínimo do muito que se recolhem, não raro distribuindo-se as dádivas mirradas com verbetes ácidos, cenho carrancudo e gestos ásperos, que mais humilham os que perderam, ou nem chegaram a possuir bens, e se veem obrigados a renunciar a dignidade pessoal, a honradez, ante a imposição rude das necessidades.

Tais campeões da caridade, aplaudidos até e respeitados nos círculos das vãs conveniências humanas, quando mudar a cena do teatro da vida, retornarão ao palco onde antes brilharam, com outros figurinos e atuações inversos ao comportamento atual, em que serão os recorrentes, não mais os doadores... É o inexorável impositivo da Lei Divina!

O jovem e tristonho Armindo personificava a angelitude, abraçando a cruz em que fora fixado pelo destino que construíra, no pretérito, como necessidade de progredir e conquistar a paz.

Por imposição do momento, o genitor deixara-o com uma tia-madrinha, ao distribuir as crianças com os conhecidos e parentes, em face da impossibilidade financeira e emocional de tê-las no lar.

A senhora Marbela, que passava como cristã aferrorada, possuidora de qualidades morais superiores, era uma obsessa. Atenazada por Espíritos vulgares, movimentava-se em diferentes estados psicológicos, alternando violentas depressões com crises alucinatórias que a faziam agressiva.

Desde que Armindo fora para o seu lar com a anuência dela mesma, que se prontificara em assumir a responsabilidade do que chamava um ato de caridade evangélica, destravaram-se-lhe os redutos das reminiscências e ela se deixou vencer por uma forte inclinação sadista, descarregando seus desequilíbrios na criança indefesa, que se refugiava nas evocações da convivência materna, até o instante da agonia e da morte.

Recordava-se, o pequeno mártir, que a genitora lhe dissera no momento *in extremis*, que ele certamente não soubera identificar, entre os estertores da respiração deficiente:

– *Seja bom, meu filho, com todos e tenha paciência em qualquer situação.*

Sua mãezinha vai viajar por algum tempo, após o que retornará e não se separará mais de você nem dos seus irmãos.

Chame sempre por Deus, que nos atende, e quando sentir frio, fome e dor, ore a prece que eu lhe ensinei...

As recomendações, na voz entrecortada pela agonia, estereotiparam-se na mente de Armindo, que, sem compreender toda a extensão do sucedido, viu-a silenciar e enrijecer-se, através da copiosa cortina de lágrimas vertidas pelo comando da dor e da saudade, que lhe tomaram conta da fragilidade.

Notou-a ser conduzida no esquife pobre; ouviu os comentários de que ela morrera; acompanhou as transformações do lar, o luto nas roupas modestas, tingidas de negro às pressas, porém conservou as palavras daquela hora e aguardou o retorno da caroável mãezinha.

Ela não mentia – bem o sabia Armindo –, portanto, cumpria-lhe esperar.

Quando D. Marbela, *por dá cá aquela palha*, arrastava-se pela fúria do desequilíbrio e surrava-o desapiedadamente, na aflição que a sova lhe causava, parecia ouvir a doce voz materna encorajando-o a suportar, pois que seria por pouco tempo.

Essa covardia dos adultos, manifesta na aplicação de punições nas crianças, decorre mais das suas frustrações e desaires, do desamor e indiferença pela sua fragilidade dependente, do que do desejo real de corrigir e de educar.

O exemplo trabalhado pela paciência é o mais eficiente educador, especialmente na infância. Como esse método exige uma atitude permanente, sempre fica à margem, dando lugar à extravagante explosão da ira que se arma de falsa severidade – que é apenas agressão brutal e furibunda – para amedrontar, cerceando o desabrochar dos sentimentos naturais, inspirando a dubiedade do caráter, que leva o educando a manter uma conduta diante da pessoa temida e outra na espera da sua realidade emocional.

A delinquência se insinua na mente juvenil que teme, decorrente da rebeldia contida e alimentada pelo desejo inconsciente de desforço.

Quem vive sob maus-tratos adquire mórbida insensibilidade diante do próprio como do sofrimento alheio, impermeabilizando-se para qualquer tentativa de aquisição de hábitos edificantes.

A pessoa sabe que a injunção danosa passa e que o agressor se cansa, dando campo a uma reação de vingança: provocar uma sevícia para ver exaurido o seviciador, embora a dor que advenha desse comportamento.

✦

Constituído por uma emotividade muito dócil, Armindo não se rebelava, no entanto não compreendia a razão do sofrimento que lhe era imposto pela tia, gentil para com todos e cruel para com ele.

Vinculados por estreitos laços de infeliz convivência, no pretérito espiritual em que ela fora a vítima, o seu desalinho atual compelia-a à conduta selvagem de que dava mostras, o que não tinha justificativa...

A jovem Augusta acompanhava o calvário de Armindo, o seu próprio e o dos seus irmãos com fundada angústia, sem penetrar nas causas que explicassem tais ocorrências, como, aliás, nunca se legitimam a violência, nem a brutalidade, nem a prática do mal por parte de pessoas civilizadas...

Perdia-se, às vezes, interrogando-se, em devaneios mentais demorados, sobre a razão de tanto desconforto que caíra sobre a família, desde que a mãezinha desencarnara.

Buscava, então, interpretar os sentimentos ambíguos que se lhe impunham ao comportamento: momentos de euforia, em que parecia redescobrir a vida, que lhe aflorava à mente, encantadora, e, em instantes outros, o medo de viver, qual se fosse obrigada a caminhar entre sombras, vigiada por severos acusadores que a tomavam, cruéis, exigindo-lhe reparação...

Realmente, com os sofrimentos naturais, aguçou-se-lhe a percepção mediúnica, e ela penetrava com facilidade nas reminiscências agradáveis da existência louçã e irresponsável na corte de Maria Antonieta, tanto quanto nos dias turbulentos e apavorantes que vieram depois...

Impalpáveis, as impressões no campo psíquico se transformavam em emoções na estrutura psicológica, produzindo os estados antípodas de comportamento e humor.

Ao buscar o repouso físico, Augusta era assaltada, invariavelmente, por estranho e peculiar sonho, revivendo, ora as cenas de encantamento, quanto, doutras vezes, as de aflição. O inconsciente profundo liberava as impressões mais fortes que irrigavam o consciente atual, facilitado pelo parcial desprendimento do Espírito pelo sono.

Nesses sucessos oníricos destacava-se um mancebo de bela fisionomia, que compartilhava das suas alegrias e de quem ela se utilizava para galgar a posição de destaque e prazer, embora sem o amar ou tal supondo. Em algumas oportunidades, ouvira o seu nome pronunciado e guardou a música das palavras: Leclerc-Antoine!

Seria, então, o seu namorado platônico, ou o seu amor da esfera dos sonhos? Não o saberia dizer com certeza.

O que a intrigava, nesses momentos de êxtase emocional, é que as cenas mudavam e ela se via – sabia ser ela própria – transformada para pior, desgastada e envelhecida, sofrendo larga provação, na qual o mancebo se apresentava deformado pelo ricto do ódio que o enfurecia, perseguindo-a, implacável.

As vestes rotas e ensanguentadas eram uma visão demoníaca a consumi-la, e, quando ela se via em situação de suprema desdita, acossada e vencida, aguardando o golpe final, despertava banhada por álgido suor e com superlativa aflição.

Sans penser à mal,[6] tornava-se intimidada, e, como se aspirasse uma psicosfera deletéria, sentia-se furiosa, qual se estivesse preparada para uma pugna de demorado curso. Logo, porém, o cansaço e a desnutrição orgânica instalados na sua fragilidade física dominavam-na, deixando-a sonolenta, desinteressada.

No processo de recordações automáticas do passado culposo, destacava-se a personagem Leclerc-Antoine, então na Erraticidade, que a reencontrara e buscava assenhorear-se-lhe dos equipamentos mentais, no gravame da obsessão que a iria vitimar posteriormente.

---

6. *Sans penser à mal* – Sem ter más intenções.

3

RECRUDESCIMENTO DAS
PROVAS REDENTORAS

Açoitado de encontro aos contrafortes do sofrimento, o Espírito que não se fortaleceu em experiências profundas quase sempre sucumbe. A queda inicial pode transformar-se em força para outros cometimentos, que então enfrenta com dignidade. Justo, portanto, tombar sem ceder no cumprimento dos deveres, que são as virtudes aplicadas ao cotidiano. A queda, no entanto, pode ser grandiosa, quando se não abdica das próprias virtudes. Cair com elas é elevar-se. Sofrer-lhes a corrupção, todavia, é soçobrar, mesmo que aparentemente se esteja em triunfo.

Cristo, na cruz, manteve todas as Suas virtudes com a transparência primitiva, enquanto foi imolado. Sucumbiu, ali, o Homem, com majestade, e as Suas ideias sobrepairavam, vitoriosas, na grandeza d'Ele, vencedor, mudando a estrutura dos séculos.

É assim que se escreve a história dos mártires e dos santos, dos homens e dos pioneiros de todos os ideais sublimes da Humanidade.

Como a escalada dos acumes altaneiros impõe sacrifícios, cada pausa para a renovação de forças, por cansaço ou queda, representa estágio de vitória, avaliação de possibilidades para arremetidas mais corajosas e triunfais.

A família Patriarca mergulhara na reencarnação sob a custódia de graves dívidas, que deveriam ser recuperadas sob penas de áspero sacrifício e de pesada contribuição de amor.

As mãos, ainda não lavadas do sangue das muitas vítimas, atravessaram um século aguardando a água lustral da abnegação para soerguer os derrubados e impulsioná-los ao avanço.

Nesse trâmite, os raios do ódio desencadeados pelas reminiscências das pugnas ferozes ziguezagueavam, alcançando os implicados e quase os fulminando, no céu escuro das provações redentoras pelas quais reiniciavam a caminhada, ao impositivo da Lei de Progresso vigente nos Códigos Divinos.

Os destinos humanos são trabalhados por mãos diferentes das de Penélope,[7] que pôde contornar amarga situação, com a sua teia, por largos vinte anos.

Estabelecida a fatalidade da evolução, ninguém pode deter a marcha desencadeada com o primeiro movimento. O avanço é inevitável, mesmo quando ocorrem os fenômenos da indiferença e a reação malsinada contra os fatores propelentes do progresso. Ante esses acontecimentos, irrompem imperiosos sucessos que arrastam os rebeldes, impondo-se-lhes vigorosos, até serem por fim aceitos.

Vencendo os tropeços de todo um determinismo, na esteira das dores, a família Patriarca logrou sobreviver aos dissabores e conjunturas experimentados, malgrado a quase total indiferença do Sr. Demétrio em relação à prole.

Naquele ar distante e mais ou menos irresponsável pela sorte dos filhos, ele apenas anelava por sobreviver, não ambicionando mais do que o absolutamente necessário para as questões mais imediatas da existência.

O pequeno Armindo terminou por confidenciar à irmã que a genitora, conforme prometera, havia voltado, e aparecia-lhe regularmente, sustentando-lhe as forças ante o jugo arbitrário da tia psicopata.

A princípio, Augusta atribuiu à febre imaginativa da criança todas as narrações que esta lhe fazia. Havia, entretanto, tal honestidade nas suas palavras e tão sereno brilho no seu olhar, quando narrava os diálogos mantidos, que não lhe foi difícil acreditar nas suas informações.

Por sua vez, ela própria sentia-se mergulhada numa estranha esfera onde as sombras se movimentavam, destacando-se o tresvariado Leclerc-Antoine, que a apavorava... Pensando ser um desequilíbrio da sua mente,

---

7. Penélope era esposa de Ulisses e mãe de Telêmaco. Quando o marido partiu para a guerra e deixou de mandar notícias, sendo considerado morto, vários candidatos ao matrimônio pediram-lhe a mão. Resistindo, ela lhes afirmou que se consorciaria quando concluísse uma teia que fiava. O que fazia de dia, desmanchava à noite, logrando aguardar o marido de retorno, que ela acreditava vivo e cuja ausência se arrastou por vinte anos.

aquelas visões desagradáveis, que pareciam corporificar-se fora do seu mundo íntimo, confrontava-as com as narrativas do irmão, constatando haver procedência em ambos os acontecimentos.

Augusta chegara aos vinte anos com aparência gentil. De porte mediano e tez morena, cabelos sedosos, longos e olhos negros, não fosse a pobreza e passaria como jovem de refinada educação. Apesar da expressão de tristeza no olhar, que resultava dos muitos desaires acumulados, era simpática, com um caminhar grácil num conjunto harmônico, agradável a todos. A boca possuía lábios carnudos e bem desenhados, o nariz era proporcional e delicadamente afilado, com as abas que se agitavam com facilidade sob quaisquer emoções. A testa era larga, altiva, na qual as sobrancelhas finas e arqueadas lhe davam um aspecto senhorial. Digamos que a aparência atual quase repetia o aspecto da mulher cuidada e *atrevida*, membro da corte de Maria Antonieta, ao lado de cuja graça aprimorara as atitudes, sob a ambição de alcançar os anseios que então acalentava.

A essa época, Augusta e Armindo já não se encontravam sob a execranda condição de serviçais daqueles que passavam por seus benfeitores. Os irmãos mais velhos começaram a trabalhar e resolveram-se por reunir a família sob um mesmo teto, onde a ajuda de todos favoreceria a união, incluindo o genitor, que até então se não voltara a consorciar e cujas atividades eram menos produtivas a cada dia.

Foram providenciados trabalhos para os varões, e as moças haviam assumido os deveres domésticos, de pequena monta numa família sem recursos. Havia, no entanto, harmonia no lar.

Apesar de também trabalhando em favor do conjunto, desde os dez anos, Armindo vivia ensimesmado, retraído, inofensivo, incapaz de qualquer atitude infeliz. Era um misto de anjo barroco, pelo aspecto corporal, gordo e de rosto rechonchudo, e de um ancião, caracterizado pela sabedoria, em face dos conceitos que emitia a hora e lugar certos, sempre afirmando que os ouvia dos seus amigos espirituais...

O clã sobrevivia com dignidade, enfrentando, como todas as famílias, as vicissitudes da época e superando-as conforme as suas possibilidades. Havia campo, no lar, para a alegria e o bem-estar, não fossem as crises periódicas que passaram a assaltar a jovem Augusta.

Desde há dois anos, na fase do catamênio, sempre se repetiam os estados de muitas perturbações, que a foram incapacitando para o trabalho. Antes do fluxo irromper, ela era acometida de dores de cabeça e outras generalizadas, que a consumiam por quase um decêndio, em cada mês, em cujo período tombava em profunda apatia. O tempo foi transformando esse estado mórbido em depressão, da qual saía com dificuldade e às instâncias de Armindo, sempre prestimoso, que a envolvia em ternura, redobrando a assistência quanto lhe permitia o tempo escasso.

O quadro se fazia sombrio com o suceder dos meses, vindo a degenerar numa grande crise de aparência esquizofrênica.

A jovem perdeu totalmente o equilíbrio, deixando-se arrastar, na alucinação que a tomou, à agressividade, lutando contra uma força invisível que somente ela percebia, desarticulando-lhe o tirocínio e o pudor.

Passou à usança de verbetes pejorativos e grosseiros atirados contra a família. Esta, que acompanhava, sem forma de evitar, o desnortear da moça, ficou hebetada, constrangida. Sem recursos para um tratamento conveniente, escasso à época, recebeu assistência dos leigos do lugar, medicamentos inócuos receitados pelo farmacêutico local, enquanto a loucura se lhe instalava, num quadro deplorável, confrangedor. Foi necessário que a amarrassem ao modesto leito. Dominada por excruciante força que a depauperava após cada irrupção de violência, negava-se à alimentação, ao banho, sempre vociferando e proferindo, no vocabulário desdenhoso, frases inteiras que ninguém entendia.

Afirmemos, sem rebuço, que Leclerc-Antoine a dominava, num violento processo de subjugação infeliz. Utilizava-se das suas faculdades psíquicas para expressar-se e comandava-lhe o organismo que era cedido pelo Espírito reencarnado, vencido na batalha da obsessão.

Os sentimentos do obsessor eram antípodas, pois que a amava e a detestava. O rancor que cultivava por mais de um século havia-os imantado – inimigo a inimigo –, e o amor que viveram antes os unira douramente – afeto a afeto.

O ódio é o amor que enlouqueceu de mágoa, tanto quanto a necessidade do desforço resulta da paixão do orgulho ferido, que se impõe como condição precípua para o autoapaziguamento.

Quando irrompe o caos da possessão, o mecanismo desencadeador está oculto no passado dos litigantes, e o fenômeno que articulou a crise tem as suas matrizes num largo processo que se foi agravando. É raro que aconteça um trâmite de tal monta, na esfera da saúde mental, sem o desgastar das forças da vítima atual, pelo seu algoz. Muitas vezes ocorre que ninguém da família observa a degeneração do comportamento das pessoas na sucessão dos anos, por uma adaptação natural com o seu modo de ser, para uns extravagante ou singular; para outros, exótico ou com acentuados rasgos neuróticos.

Agressiva com todos, acalmava-se um pouco ao receber a presença de Armindo, que a persuadia a uma rápida alimentação entre estertores e acusações descabidas. Nesses momentos, quando ele se acercava, em prece, em face da sua vinculação profunda com a Igreja Romana, que ali identificara uma possessão demoníaca, mas cuja terapia exorcista não dava qualquer resultado positivo, fazia-se assistido pela mãezinha desencarnada, que irradiava energias balsâmicas sobre a enferma, acalmando, muitas vezes, a fúria do ímpio perseguidor.

Neste comenos, o sensitivo percebia, entre as densas sombras que envolviam a irmã doente, um homem que se destacava, com face patibular, horrenda, vestido estranhamente, com roupas reluzentes, negras, camisa de seda branca, com a gola alta, onde sobressaía a gravata do mesmo tecido, larga, em laçada projetada para fora do paletó aberto à altura do tórax. Uma peruca penteada em cachos sobrepostos, empoada, completava o aspecto do verdugo, que se permitia ver, de raro em raro, com as calças igualmente de seda negra, e calçado com botas altas nas quais desapareciam as pernas vestidas. Um cinto largo, de fivela que brilhava como se fosse prata reluzente e sapatos tipo *scarpin* com fivela igual ao cinto, trabalhada no mesmo metal. As bordas das botas dobravam-se para fora, deixando ver o forro em tecido colorido. As vestes formavam um elegante conjunto, não fosse a fácies cruel, que mantinha um ricto no canto do lábio inferior, fino e repuxado no lado direito.

Não sabendo definir o grotesco da percepção, atemorizava-se e lograva *escutar*, no íntimo, uma linguagem que interpretava como ameaçadora, com extensão à sua pessoa.

Armindo estava incurso no mesmo acontecimento pretérito, razão por que se sentia, sem saber o motivo, impulsionado a ajudar Augusta, numa solicitude que era maior do que o dever imediato, fraternal. Nessas ocasiões, dominava-o grande pavor, que lhe irrigava a mente com recordações confusas, tumultuadas, que lhe afloravam em desconcerto psíquico.

Porque o drama se fizesse cada vez mais grave, pessoas generosas recomendaram à família o internamento de Augusta no manicômio da capital, onde poderia ser tratada sem ônus para os Patriarcas, com possibilidade até de ser recuperada.

Houve uma grande hesitação, graças ao amor que a todos unia, no entanto, porque a loucura se tornasse insuportável, já que a obsessa, em agitação, tumultuava a noite, perturbando a vizinhança e impedindo o repouso dos que trabalhavam, foi aceita a sugestão e tomadas as providências para transportá-la para a casa de saúde que, digamo-lo bem, era um depósito de infelizes excruciados e semiesquecidos.

A saída de Augusta do seu lar foi marcada por estranho, compreensível cortejo de dores que terminaram por desabar sobre a família crucificada.

Ao ser conduzida ao veículo que a transportaria à capital, pareceu recuperar a lucidez, por um instante, no qual pediu aos irmãos que a não mandassem para o manicômio.

Emagrecida e debilitada, o olhar triste, profundamente magoada, trêmula pela fraqueza orgânica, chorava copiosamente, como se fosse atirada ao abandono, sem probabilidade de retorno. E tinha meia razão para crê-lo. Não total, graças às circunstâncias aziagas que não favoreciam outra solução.

Todos se encontravam dominados pelo transe do momento.

Armindo, mais sensível, sentia-se trespassar por invisível punhal que o martirizava.

Impulsionado pela genitora desencarnada, acercou-se de Augusta e, com voz repassada de infinita ternura, disse-lhe:

– *Vá em paz. Você voltará para casa, porque Deus a trará novamente para nós...*

Não pôde prosseguir, porque o pranto embargou-lhe a voz, dominando-o por inteiro.

Colocada no automóvel, imobilizada pela "camisa de força" que mandaram do hospital, Augusta foi levada para a nova etapa do seu martírio de sublimação.

4

O PASSADO ESTABELECENDO O FUTURO

Armindo, vendo a irmã tresloucada partir no rumo do manicômio, foi acometido de forte depressão que o fez espocar em lágrimas acerbas. Necessário afirmar que não era diferente do seu o estado de ânimo geral da família sofrida. A sua sensibilidade, no entanto, acentuada, captava os fluidos deletérios decorrentes da situação confrangedora, outrossim, dos Espíritos violentos que ali compareciam, dando curso à vingança descabida, propiciadora da moléstia de curso difícil.

O ódio execrando ressuma a soma das paixões insatisfeitas que bloqueiam a razão no ser pensante. Enquanto o homem se permite a presença do ódio, nas suas atitudes, não consegue galgar os primeiros degraus da escada de ascensão, liberando-se do bruto e crescendo na direção do anjo.

A força da vontade que se sobrepõe ao jugo da violência proporciona senso de justiça e de equidade, fomentando o equilíbrio nas ações e a temperança nas decisões.

Essa luta entre os hábitos arraigados, na ferocidade que obnubila os sentimentos nobres e na vontade que aspira por harmonia, deve ser travada sem quartel, refreando os impulsos da violência e substituindo-os pelo comedimento da pacificação.

Quando, advindo a morte, o Espírito desperta, inevitavelmente assomam-lhe as impressões mais fortes nele fixadas, que passam a comandar-lhe o comportamento na esfera nova. Não sendo esta mui diversa da terrena, ele se entrega ao desbordar da insensatez, naufragando na turbulência do caráter enfermo e postergando o momento da aquisição da paz. Aí nascem os planos para desforços ignóbeis sob o comando da inferioridade mantida, quando seria a oportunidade de reavaliação de resultados, partindo para a conquista dos melhores empreendimentos.

Defrontando a vida depois da destruição dos tecidos carnais, seria compreensível que acudissem à mente a noção de imortalidade e a necessidade de fruí-la em experiência de felicidade. Não é, porém, o que normalmente sucede.

Estando os homens mais aferrados aos instintos que vitalizam no jogo das falsas necessidades, aclimatam-se e comprazem-se neles, buscando dar prosseguimento às suas manifestações, mesmo quando desapercebidos os feixes nervosos do instrumento carnal que lhes permitiam exteriorização. Daí resulta uma insistente fixação psíquica nas reminiscências que se corporificam, fazendo que os desvarios assumam o lugar do comedimento e a fúria dos desejos instale programa de aprisionamento nas ideias mantidas, sem consideração pelo esforço de conseguir novos comportamentos.

Descendente direto e mais imediato do egoísmo ferido, o ódio é o ancestral primário de mais difícil extirpação na área da personalidade humana.

Aqueles celerados espirituais, que se tornaram inimigos afrontosos da família Patriarca de Jesus, guardavam as lembranças odientas dos dias da Revolução Francesa, quando os filósofos idealistas desejaram libertar o povo e o seu país do absolutismo do poder e de todos os gravames que pesavam na economia moral da nacionalidade, que se convertera numa sociedade injusta e cruel. Não obstante a elevação dos princípios de que se revestiam os ideais revolucionários, perfeitamente concordes com o pensamento cristão da liberdade individual e coletiva, da igualdade dos deveres e direitos em todos os empreendimentos para uma fraternidade real, os atavismos da prepotência nos indivíduos e as suas tendências belicosas terminaram por instalar os *dias do Terror*,[8] culminando por maior onda de crimes do que aqueles que se pretendia combater.

---

8. *Terror* – Assim é chamado o período de 31 de maio de 1793 a 27 de julho de 1794 – data da morte de Robespierre –, quando foi instalado, em França, o regime revolucionário, que se iniciou com a queda dos Girondinos e responde pelas implacáveis perseguições e incontáveis execuções de milhares de cidadãos.

Inumeráveis oradores inflamados, que buscavam a imortalidade usando o verbo agressivo e vingador, não passavam de inquietos Tersites[9] que seriam convidados ao testemunho dos pensamentos incendiários, tornando-se vítimas das próprias violências.

As consequências das arbitrariedades morais permaneceriam gerando gravames durante várias reencarnações daqueles que as promoveram, mesmo após a implantação das liberdades humanas, apesar de pouco respeitadas, ainda hoje, pelos povos, na sua quase totalidade.

Por sua vez, as sandices e loucuras perpetradas nesse período decorriam das graves responsabilidades sangrentas iniciadas a partir da *Noite de São Bartolomeu*,[10] cujas matanças se prolongaram por largo período, gerando doloroso débito a pesar sobre a consciência nacional francesa.

A humilde família, que agora se encontrava reunida em modesto lar de pequena povoação brasileira, no primeiro quartel do século atual, era constituída por antigos dissipadores que participaram de ambos os acontecimentos históricos lamentáveis – a *Noite de São Bartolomeu* de 1572 e a Revolução Francesa de 1789 –, surgindo nas cenas mais graves daqueles períodos, agora convocados à reparação sob a vigilante pressão de algumas das suas vítimas que se não puderam libertar do ódio sustentado através tempo, à espreita, aguardando ocasião de ressarcimento.

Compreende-se, então, a razão dos infortúnios que somavam aflições no modesto clã.

A história de cada existência humana, na Terra, é a síntese dos inúmeros capítulos de outras experiências que se interligam, trabalhando

---

9. *Tersites* – É uma personagem da Ilíada, representando a covardia insolente. Enquanto Aquiles pranteava a morte da amazona Pentesileia, ele se atreveu a zombar da compunção do guerreiro, que, irritado, aplicou-lhe um soco que lhe arrebatou a vida.

10. A *Noite de São Bartolomeu* assinala a terrível matança dos protestantes, que se iniciou na noite de 23 para o amanhecer de 24 agosto de 1572, em Paris, prolongando-se por vários dias e estendendo-se por toda a França. Instigada por Catarina de Médici e os Guise, teve o assentimento constrangido do débil rei Carlos IX. Aproveitou-se a presença de muitos protestantes na cidade que para ali haviam acorrido, a fim de compartilhar das festas do casamento de Henrique de Navarra, mais tarde Henrique IV, com a irmã do rei Carlos IX. Tem-se calculado em aproximadamente 25.000 o número de vítimas da hedionda carnificina, cuja tragédia tivera começo no dia seguinte ao daquele matrimônio célebre.

futuros sucessos, felizes ou desventurados, conforme as matrizes anteriores que os desencadeiam.

No alicerce de cada vida está o passado espiritual do indivíduo.

Cabe ao homem inteligente, em cada etapa, reparar os erros anteriores e promover-se em relação ao futuro, mediante esforço bem dirigido e trabalho contínuo.

A visão global da vida, no conjunto das reencarnações, propicia emulação para a vitória sobre as vicissitudes e superação dos enganos perturbadores, valorizando o que realmente tem sentido de profundidade, produzindo efeitos positivos para o equilíbrio geral.

Do ponto de vista da unicidade das existências corporais, a vida humana fica destituída de significado, perdendo toda a objetividade e fim a que se destina.

Além, portanto, das faixas mais grosseiras da matéria, na família Patriarca de Jesus, várias personagens de fácies desventurada, ostentando rancor, já desencarnadas, misturavam-se aos que se reencarnaram, parcialmente esquecidos dos crimes executados, não obstante, nos refolhos da memória, sentissem estranhos presságios e *recordassem* vários dramas, envoltos em tênue cortina de névoa, que lhes dificultava a visão dos contornos.

A jovem Augusta, levada ao manicômio, foi, de imediato, rotulada como portadora de esquizofrenia, à época um poço sem fundo, no qual eram arrojados todos os pacientes psiquiátricos cujas síndromes psicopatológicas não permitiam um diagnóstico mais claro, mais típico a cada personalidade. A terapêutica, por sua vez, era um tanto violenta, estimulada pelos bons resultados da convulsoterapia, sendo adotado, em larga escala, o eletrochoque.

Desse modo, arrojada a um quarto-forte, para não o chamarmos de cela de prisão, passaram a lhe aplicar a descarga elétrica, cujo resultado foi a hebetação paulatina da enferma, qual hoje ocorre quando da sistemática e exagerada utilização dos barbitúricos.

Já nos referimos que eram vários os seus animosos verdugos, destacando-se, pela impiedade que sabia usar, Leclerc-Antoine, que se lhe tornara responsável pela irrupção do descontrole, ao tomar-lhe os centros de comando da personalidade. Ao mesmo tempo que se lhe impunha por uma vontade férrea, dominadora, ressuscitava no campo do inconsciente profundo as lembranças amortecidas pelo cérebro, descortinando os tristes acontecimentos que a faziam delirar, debatendo-se ante o assalto das recordações antigas e as ocorrências atuais.

Quando conseguia maior movimentação fora dos liames fortes do corpo, enfrentava-o furibundo, ameaçando-a e atingindo-a em luta feroz, que a minava nas resistências, cada dia menores, numa programação fatídica para exterminar-lhe o corpo.

A terapia providencial, apesar de violenta, atingindo os centros nervosos e provocando as convulsões que respondiam pela desoxigenação dos neurônios em curto prazo, ao longo da repetição afetava os contendores.

Leclerc-Antoine, porque provocasse uma vampirização de forças da paciente, respirava-lhe o clima orgânico, beneficiando-se das células e do seu complexo fisiológico. Essa imantação produzia, por sua vez, uma resposta vibratória no Espírito, que experimentava as ocorrências de que se fazia receptáculo o corpo. Inevitavelmente, começou a receber as descargas elétricas que lhe causavam mal-estar, resolvendo-se por afastar-se da vítima, no momento da assistência médica. Simultaneamente, as contínuas aplicações, produzindo alteração do ritmo nervoso, impossibilitavam o retorno do obsessor, que não encontrava sintonia mental na enferma para o restabelecimento da pertinaz subjugação.

Sem entender o que se passava, o vingador, acostumado a esperar pelo desforço, optou pela atitude de expectativa, aguardando o desenrolar dos acontecimentos.

A fera que espreita a presa não tem pressa em alcançá-la, porque confia na própria astúcia e sagacidade. Igualmente, porque se prepara oculta para o bote, desliza com habilidade até o momento preciso de desferir o golpe.

Considerando-se a relatividade do tempo, diferente para homens e Espíritos, na dimensão emocional, estes últimos, quando em perturbação, mantêm um conceito de *eternidade*, herança avoenga dos atavismos religiosos, não se impressionando com a ordem natural, na Terra, e acostumando-se a demoradas esperas.

Sustentados, nos ignóbeis desejos, pelo afã de os concretizar, perseveram em incansável vigília até o momento em que as circunstâncias lhes facultam o anelado instante, que não desperdiçam.

Em casa, os irmãos de Augusta, fiéis aos compromissos da religião a que se filiavam, fizeram promessas e inauguraram uma trezena ao santo de sua predileção, intercedendo em favor da recuperação da sua saúde mental.

A unção com que todos oravam reunia forças psíquicas propiciatórias à recuperação da enferma, que lhe eram dirigidas com segurança pelos complexos e poderosos fios do pensamento afetuoso. Simultaneamente, as rogativas piedosas alcançavam as Fontes da Misericórdia Divina, sensibilizando os dispensadores da harmonia, que, sem ferirem o estatuto das Divinas Leis, orientavam recursos benéficos, favoráveis ao saldamento do débito em condições mais propícias e benfazejas para todos.

Questão inderrogável dos Soberanos Códigos é a reparação do mal pelo infrator. Todavia, os modos, como os recursos a serem utilizados, variam e podem ser alterados de acordo com as situações nas quais transcorram os ajustamentos. O que o importa, sobretudo, é a harmonia que deve viger em toda parte.

A oração, assim considerada, é linguagem de alto poder de comunicação, estabelecendo formas de intercâmbio de bênçãos, propiciando alteração de resultados, proporcionando o irromper de forças altruístas que operam pelo bem geral, desencadeando a aplicação de recursos superiores em favor de quem faz e em benefício daqueles por quem se intercede.

Em face desses fatores favoráveis, e porque outras etapas deveriam ser enfrentadas, dando acesso a futuros empreendimentos, Augusta Patriarca de Jesus retornou ao lar, dois meses depois, com alta clínica, apesar do aspecto amolentado e da dificuldade na articulação da palavra, na coordenação das ideias...

– *Isto se corrigirá com o tempo* – esclarecera o médico.

A alegria procurou refúgio no lar singelo, esbatendo um pouco a tristeza que ali reinava.

Armindo exultou com a chegada da irmã, que conseguiu corresponder-lhe ao júbilo com um sorriso, no qual se misturavam a amargura e uma débil luz de esperança.

5

O IMPREVISTO ACONTECE

A trégua, na batalha, não significa o cessar das lutas, mas uma pausa para o reforço, após o que o combate se torna mais feroz.

Era uma trégua, sim, o retorno de Augusta ao lar. Deprimida, perdera a personalidade, portanto, o controle das atividades mentais e físicas.

Leclerc-Antoine soubera transferir a hora da agressão para a oportunidade que parecesse mais propícia aos seus planos macabros. Recordava-se de que o *acaso* é o agente famigerado das decisões que a inteligência e a astúcia não conseguem realizar. Pensava, evocando, que o *acaso* várias vezes mudara o rumo dos acontecimentos na história da Humanidade.

Quando o rei Luís XVI e a família real se evadiram das Tulherias, em Paris, para irem receber o apoio do Sr. de Bouillé, em Montmédy, vários *acasos* trabalharam contra o êxito da empresa, especialmente em Sainte-Menehould, quando, impaciente, Sua Majestade olhou pelo postigo da berlinda, procurando algum contato amigo, na multidão, e foi reconhecido por Drouet, que ali se encontrava ocioso...

Em Varennes foram presos, ele e a família, e recambiados de volta, prosseguindo o martírio do qual tentaram escapar. Os acontecimentos que se desenrolaram, trágicos, a destruição da família real e da monarquia, as carnificinas que se sucederam para manter os ideais da liberdade, afogados em sangue, foram efeito daquele momento e gesto casuais...

Um reino, milhares de vidas, num instante, num movimento impensado. A glória de Drouet, filho obscuro de um mestre de postas, resultara mais da ambição pessoal e da arbitrariedade, que o fizeram tomar nas mãos o destino de uma nação, desde que não recebera ordens de nenhuma autoridade, nem estava comissionado para fazê-lo, seria também a sua ruína futura, pelo descalabro dos atos a que se entregara na ascensão ao pódio das honrarias que ambicionava. Era, então, o ardente junho de 1791...

O figadal inimigo se recordava dos acontecimentos, porque os vivera naqueles turbulentos dias em Paris. Assim, aguardaria a colaboração do *acaso*.

A Providência Divina utiliza-se de recursos para a execução dos programas estabelecidos, com meios que escapam a quaisquer questionamentos mentais. Obedecendo a roteiros muito bem estabelecidos, porque transcorrem em setores não detectados, quando sucedem, assumem o enganoso aspecto de casualidade, pois que procedem, em verdade, de fenômenos causais cuidadosamente elaborados.

Na felicidade que o inundava, Armindo não pôde sopitar a inquietação que passou a assaltá-lo desde o momento em que percebeu a sinistra personagem desencarnada rondando o leito da convalescente, visitando o lar com frequência. Desinformado, *in totum*, a respeito da fenomenologia mediúnica, bem assim desarmado de recursos para tais situações, buscou inspiração nas jaculatórias e orações tradicionais, pressentindo o recrudescer das aflições.

Fatalmente, os dias de tribulação na família se encarregaram de desencadear sucessivos desaires.

O Sr. Demétrio, seja pela falta de cultura ou por formação temperamental esquisita, remanescente dos comportamentos pretéritos, era homem introvertido e pessimista.

À medida que os filhos se entregaram à faina exaustiva da conquista do pão diário, ele se acomodou à situação, tornando-se hóspede no lar, sem qualquer responsabilidade de cooperação.

Devem os filhos amparar os genitores idosos, enfermos, desvalidos, que não era o caso em tela. Não obstante, fizera-se um residente desagradável pelas exigências descabidas, o mau humor permanente, havendo adicionado a essas atitudes o uso de aperitivos que descambavam para o alcoolismo danoso.

Aí estavam os condimentos para o repasto da amargura, que bastavam ser misturados com a peçonha da vingança.

Menos de uma semana após o retorno, dando leves sinais de interesse pela recuperação, Augusta ensaiava conversações reticenciosas, numa possibilidade de reajustamento.

Com as resistências físicas e morais comprometidas, tombava com frequência em depressão, ensimesmando-se por largo tempo, até quando a paciência e a bondade de Armindo ou de outro qualquer familiar a arrancavam da mudez.

O quadro clínico não permitia, dessa forma, exacerbação dos sentimentos, emoções fortes, choques nervosos...

Acreditando ser o momento propício, por pressentir que a presa lhe podia escapar, o famigerado perseguidor utilizou-se do caráter amolentado do Sr. Demétrio e inspirou-o à bebida com maior avidez.

A receptividade do viciado aos estímulos para a ação que lhe dá prazer é muito grande, por encontrarem ressonância na similitude de gostos compartidos, sendo esse o grande impedimento para a recuperação de muitos alcoólatras, tabagistas, toxicômanos, sexólatras, jogadores – a satisfação com que se entregam à paixão consumidora.

Acrescente-se a esse extravagante processo de desgaste físico, psicológico e moral a indução propiciada por Espíritos outros viciados que deles se utilizam para darem curso ao desequilíbrio que a morte orgânica interrompeu.

Excedendo-se, no bar, e tomado pelo inimigo oculto, passou a experimentar surda revolta pela filha, sentimento esse que lhe foi obscurecendo a razão atordoada. Daí à ira e desta ao ódio, em forma de fúria agressiva, foi um passo.

Estimulado pela força do vingador, que o telecomandava, sorveu um último copo de aguardente e, vociferando, demandou o lar, ao cair da tarde, no lusco-fusco da noite chegando.

Os filhos estavam ainda nas suas tarefas penosas e dignas, enquanto a enferma repousava, e sua irmã Célia cuidava da alimentação de todos para logo mais.

Subitamente ele irrompeu porta adentro, olhos injetados, boca contraída num ricto, espumejando pelos cantos dos lábios, os punhos cerrados, indo diretamente ao quarto da paciente, esbravejando, incoerente:

– *Levante-se daí, preguiça inútil. Todos trabalham nesta casa, enquanto você é peso morto. Lugar de ocioso é no inferno.*

Colérico e trêmulo pelas descargas nervosas, uniu às palavras a atitude grosseira, segurando a filha aturdida e sacudindo-a com o propósito de esbordoá-la e arrojá-la ao chão.

Aos primeiros disparates, chocada, Célia veio a correr da cozinha, ficando parada, à porta do quarto, ante a cena grotesca.

Nesse momento, trazido pela genitora desencarnada, que estava inteirada do plano macabro do adversário, chegou Armindo, que ainda ouviu as últimas acusações paternas, igualmente se precipitando na direção do dormitório.

– *Papai!* – chamaram os dois filhos a uma só voz. – *Você enlouqueceu? Deixe Augusta em paz!*

Na exclamação e no pedido se encontrava toda a perplexidade que os assaltara ante o inesperado acontecimento.

O Sr. Demétrio, porém, alucinado, prosseguiu agredindo fisicamente a enferma, enquanto se permitia o uso de expressões chulas da pior espécie.

Ao primeiro bofetão, a moça despertou da apatia e, fulminada por um raio, esbugalhou os olhos, fremiu num grito lancinante e revidou o ataque, sendo atirada ao solo.

De imediato, ergueu-se e, com agilidade felina, tomada por uma força que não possuía, deteve-se por uns segundos a olhar o genitor enfurecido, saindo, célere, na direção da cozinha, donde retornou com um facão que a família usava para cortar lenha.

Liberando-se da paralisia que os tomou, Armindo segurou o pai, e Célia seguiu a irmã, por instinto, no momento em que ela já retornava de arma no ar, totalmente transfigurada pelo ódio que a vencia.

O palco da tragédia estava pronto, e os atores, em ação, sob a direção nefasta de Leclerc-Antoine, que se comprazia e se amarfanhava interiormente, desde que se encontrava igualmente em cena.

Logo que o obsessor conduziu o atormentado ébrio à agressão, dele se desligou, aguardando a resposta emocional de Augusta, que não se fez demorada, passando a utilizar-se do seu desconcerto e a comandá-la, pois que esse era o seu intento, a fim de colimar a tragédia em que mergulhariam aquelas criaturas e os demais membros da família.

A providencial chegada de Armindo e a presteza da ação de Célia alteraram-lhe o programa danoso, ainda em execução.

No primeiro tentame de impedir a irmã armada, não pensando nos riscos a que se submetia, Célia percebeu que qualquer força física era inútil naquela pugna, em razão das energias redobradas de que Augusta se encontrava possuída. Intentou, mesmo assim, detê-la, no que foi repelida por um forte arremesso que a jogou de encontro à porta. Não tendo alternativa, passou a suplicar socorro à vizinhança, aos gritos de desespero, enquanto a moça enlouquecida retornou ao quarto onde Armindo detinha o pai a sacrifício hercúleo. Num relance, aquele percebeu o desfecho fatal que se acercava, não desmaiando por pouco...

A sua vida religiosa e a sua dignidade moral fizeram-no granjear títulos de enobrecimento espiritual, armando-o, inconscientemente, de superior força fluídica. A mediunidade à flor da pele facultou-lhe a incorporação da mãezinha Nícia, que, numa atitude segura e confiante, liberou o esposo retido pelos braços do filho e falou, enérgica:

– *Leclerc-Antoine! Desça a arma; eu lhe ordeno em nome de Deus! É chegado o momento de darmos rumo novo aos acontecimentos. Pare!*

Alguns vizinhos, que escutaram o barulho e o apelo de Célia, adentraram-se pela casa e acompanharam, sem entender, o enfrentamento grave entre a *louca* e o jovem irmão.

A voz, com entonação vigorosa, fazia-se acompanhar de poderosa descarga fluídica que D. Nícia aplicou, simultaneamente, na sua direção.

Percebendo-se reconhecido, o Espírito deteve o gesto agressivo, ao mesmo tempo que foi convidado a retirar-se.

– *Ordeno-lhe abandonar Augusta!* – impôs o nobre Espírito.

Havia autoridade sem exagero no seu comando, tornando-se obedecida.

Um dos vizinhos tomou o facão e segurou a jovem, que arquejava com a respiração alterada. Mesmo assim, o perseguidor ripostou, feroz:

– *Cedo o passo, mas aguardo. Conheço o marche-marche da milícia e sei quando recuar para poder retornar à carga. Recuo não é perda na campanha, e sim estratégia de bom militar. Arrepender-se-ão amargamente desses acontecimentos. Impedirei que ela volva à normalidade nem que seja a última coisa a fazer nesta minha vida de desventuras.*

A face esfogueada e congesta parecia uma peça de ferro em brasa.

Naquele momento, a paciente passou a sofrer uma convulsão, estertorou por alguns segundos, banhando-se de suor. Logo tombou em terrível prostração, adquirindo uma palidez mortal que a todos causou compunção.

Foi recolhida ao leito com a ajuda dos prestimosos vizinhos que lhe trocaram as vestes úmidas e sujas da luta.

Passada a fúria obsessiva, o Sr. Demétrio começou a dar sinais de perturbação gástrica, sendo igualmente socorrido. Conseguia identificar, em meio às sombras que lhe perturbavam o raciocínio, o que acabara de fazer. As pernas se lhe enfraqueceram, sendo amparado e retirado dali.

Armindo volveu à lucidez, qual se despertasse de um sono, trazendo vagas impressões das ocorrências que não podia coordenar.

O *round* cessara, iniciando-se outro não menos tormentoso.

Augusta não recobrou a consciência, permanecendo desmaiada, com problema de baixa tensão arterial.

Alguém alvitrou quanto à necessidade de ser chamado o médico local, ante a provável morte da moça infeliz.

Senhoras supersticiosas, fiéis às suas crendices, benzeram-se, recitando, em murmúrio, velhas fórmulas inócuas com que acreditavam melhorar a psicosfera do ambiente...

A esse tempo, todos os familiares estavam em casa, inteirados dos lamentáveis tormentos que acabaram de desabar sobre aquele frágil teto.

Os comentários entre os circunstantes, enquanto se aguardava o médico, fizeram-se gerais.

— *Não fosse a intervenção de Armindo, possuído por um Espírito...* — dizia um.

— *Eu logo percebi que era coisa do demônio e pus-me a recitar o Credo* — asseverou prestimosa senhora de idade.

— *Deus teve pena da família* — acudiu outrem.

...E assim cada qual opinou como melhor lhe pareceu sobre o que todos ignoravam.

A ignorância argumenta e expõe, enquanto o conhecimento medita e age.

Todo palrador revela algo de insensatez, diante do necessário silêncio de quem se identifica com os fatos antes que com as palavras.

Armindo ensimesmou-se na prece confiante, embora se sentindo fatigado, e, observando a irmã deperecida, aguardou a chegada do facultativo que alguém, apressadamente, fora buscar.

Aquela seria de espera uma larga noite, assinalada pelo cansaço, a expectativa e a dor.

Assim são todas as horas de incerteza, trabalhadas pela ansiedade.

6

A luz da esperança nas sombras do sofrimento

O médico examinou a paciente desmaiada e aplicou-lhe terapia de urgência, recomendando um ambiente de calma, a fim de auxiliá-la na conquista do equilíbrio. Informado da ocorrência desastrosa, intentou um diálogo com o Sr. Demétrio, impossibilitado de mantê-lo em razão do estado depressivo que o acometeu após os lances desagradáveis.

Desse modo, permaneceu por algum tempo até certificar-se de que Augusta, sob a ação dos remédios, dormia, recobrando as energias violentamente gastas. Deixou, porém, transparecer preocupação com o seu estado geral.

A área psíquica abalada fazia-se acompanhar do depauperamento das forças físicas, que lhe ameaçavam o organismo.

Fez algumas recomendações e prometeu retornar no dia imediato, prontificando-se a atendê-la em qualquer circunstância extraordinária.

Os familiares estavam perplexos, abalados. Eram dois fogos cruzados sobre eles: a agressão pela embriaguez paterna e a loucura da irmã.

Enquanto a enferma dormia, fora dos limites fisiológicos ocorria uma cena bem diversa. Semilibertada do corpo pelo impacto da violência que a dominou, esteve perturbada, sem saber o que acontecia. Experimentando as sensações físicas e o aturdimento decorrente da agressão do antagonista que a manipulava, sofria as contingências diferentes num pugilato em que se encontrava impossibilitada de qualquer defesa.

Terminada a rude peleja, graças à interferência da genitora desencarnada, não conseguia volver às funções orgânicas, como se houvesse uma interrupção do fluxo eletromagnético, que produz a perfeita interpenetração do Espírito no corpo. Embora a vontade de volver à lucidez mental, não lograva o comando das funções, razão por que permanecera desmaiada.

Leclerc-Antoine respondia pelo impedimento. Liberando-a do comando psíquico que lhe impunha, deixara alta carga deletéria de fluidos nos equipamentos orgânicos da jovem, que impediam o equilíbrio Espírito/matéria. Simultaneamente, tornara-se visível à enferma semidesligada, que se apavorara com a sua má catadura, de que se aproveitou para complicar-lhe o quadro físico e psíquico.

Armindo, que igualmente não se recuperara do choque, bem como da inesperada interferência materna, que não compreendia integralmente, ficou apático. Uma prostração tomou-o todo, embora mantendo a lucidez mental. Graças à apurada percepção psíquica, acompanhava o que prosseguia fora do mundo objetivo, no qual a irmã aturdida sofria o constrangimento imposto pelo obsessor, sentindo-se também mergulhado no processo afligente.

A visão interior afastava-o dos procedimentos que se desenvolviam no quarto onde se encontrava.

Parecia-lhe que a irmã e o seu verdugo, engalfinhando-se em luta feroz, nadavam num rio escuro de sangue, de onde emergiam cabeças guilhotinadas, corpos estripados, enquanto um barulho ensurdecedor de vozes agitadas e o rufar de tambores produziam uma algazarra terrível...

A sucessão dos acontecimentos causou-lhe profundo mal-estar que o vitimou com um vágado, que passou despercebido dos circunstantes preocupados com a doente.

Os fenômenos obsessivos têm nuances complexas e variadas, quais as serpentes da *cabeça de Medusa*,[11] presas ao mesmo núcleo e com independência de ação. Variam em intensidade e nos modos de manifestação, aturdindo as pessoas que não lhes estão familiarizadas, não raro degenerando em graves patologias de difícil regularização.

---

11. *Medusa* – Era uma das três Górgones, que fora portadora de beleza ímpar, aureolada por cabelos sedosos e deslumbrantes. Porque magoasse Minerva, a grande deusa castigou-a, tornando-lhe os cabelos serpentes agitadas e dando-lhe aos olhos a façanha de petrificar todos a quem fitasse. Teseu decepou-lhe a cabeça de um só golpe e conduziu-a nas suas aventuras, a fim de petrificar com o seu olhar fixo os inimigos.

Enfermidade, pelos seus efeitos, os seus agentes, diferindo das gêneses habituais, são seres voluntários e inteligentes que usam os recursos da razão para os cometimentos nefastos, variando de ação conforme a correnteza dos fatos, abortando procedimentos que os poderiam vencer e complicando as *situações* que lhes sejam antagônicas.

Por esta razão, grassa desenfreada, não poupando a ninguém que lhe caia nas urdiduras.

É o homem um viajor da estrada quilometrada das reencarnações. O sucesso de cada etapa decorre da anterior, vencida ou por conquistar, perdas e cansaços, louros ou vitórias do estágio ultrapassado.

Nesse peregrinar, porque o amor nem sempre luz nas suas realizações, permanecem trechos em sombra de amargura que devem ser refeitos e clarificados pela ação do bem.

Suplantando todos os códigos humanos desde os tempos imemoráveis, a Lei áurea, apresentada pelo Cristo, na síntese do *amor conforme Ele nos amou*, sobrepõe-se vitoriosa, porque o amor ilumina todas as sendas, regularizando as anfractuosidades morais, sem deixar sinais de mágoas nem de dor. Não se trata apenas de amar, senão fazê-lo de acordo com o que Ele fez: doar-se sem pedir recompensa; querer sem impor-se; servir sem receber; compreender, embora detestado gratuitamente, e prosseguir afetuoso.

Porque os remanescentes do primitivismo dos instintos permanecem no homem, impondo-se dominadores, a marcha prossegue assinalada por contramarchas, avançando com amarras retentoras e não poucas vezes estacionando por largas faixas de tempo precioso.

Enquanto tais procedimentos não mudem as estruturas humanas, a calamidade do sofrimento, as epidemias obsessivas, as guerras e os ódios apertarão o cerco, desse modo compelindo a criatura para a via do amor...

Esse amor, todavia, deve apoiar-se numa atitude dinâmica, reparadora, assinalada por uma positiva resignação ante os acontecimentos funestos ou afligentes, dos quais resultam a paz da consciência e a alegria de servir.

◆

Experimentando os convites dor-regeneração, a família Patriarca de Jesus encontraria, na fé que ilumina os sentimentos, o combustível que faz o amor desabrochar fascinante, abençoando os golpes que corrigem e as aflições que educam. Longe, porém, ainda se encontravam os dias para que se colimassem os objetivos superiores.

Voltando a si, da ligeira síncope, Armindo saiu a respirar um pouco a noite agradável e coroada de astros faiscantes. A paisagem sideral, com os seus arquipélagos estrelares, imersos em impenetrável silêncio, momentaneamente quebrados pelas pulsações da Natureza, prontamente lhe refez as forças, auxiliando-o a liberar-se da psicosfera deprimente e do ar viciado que dominavam a alcova modesta.

Ensimesmado, recorreu à oração, buscando o reconforto e a compreensão para os tristes acontecimentos que o atormentavam e à família querida.

As lágrimas umedeceram-lhe os olhos, e o ser abriu-se à inspiração do bem, que jamais falta. A genitora afetuosa envolveu-o em dúlcido reconforto e, sem palavras, alentou-o à luta, fortalecendo-lhe o ânimo então alquebrado. Logo após, retornou, confiante, alimentando-se e postando-se, em vigilância, ao lado da obsessa.

A vizinhança, penalizada, opinou quanto pôde a respeito do problema de Augusta.

Alguém mais bem informado elucidou que ouvira comentários a respeito de um grupo de pessoas que se reuniam na residência do senhor juiz de direito para falar com os *mortos*. Tratava-se de uma atividade rodeada de muita discrição, cujos pormenores ignorava.

– *A meu ver* – prosseguia o vizinho interessado –, *o problema de Augusta e o que ocorreu com Armindo tinham implicações dessa natureza.*

Terminava por sugerir aos familiares, ante a impossibilidade de o Sr. Demétrio tomar a iniciativa, que procurassem aquela autoridade, expondo o seu problema e pedindo-lhe a ajuda que lhe fosse possível dispensar.

Todos anuíram afirmativamente ao feliz conselho.

Os visitantes dispersaram-se ante a calma aparente que visitava a família. Aparente, porque, além das fronteiras físicas, prosseguia a justa espiritual.

Parlamentando, os familiares combinaram apresentar ao juiz o drama que os afligia, no que Armindo assentiu de muito bom grado. Era como uma brisa de esperança que, subitamente, perpassava no campo ardente da rude peleja em sombras.

Foi escolhida, para o contato com a autoridade, Célia, a irmã mais velha e experiente, que ficava no lar, sem compromissos fora do ninho doméstico.

O Sr. Demétrio, passada a crise e a consequente indisposição digestiva, deu-se conta dos maus sucessos que desencadeara, permanecendo inquieto o restante da noite.

A paciente amanheceu muito pálida, com alguns lampejos de lucidez, alimentando-se com parcimônia, a instâncias da irmã, que lhe explicou a necessidade de ausentar-se de casa por pouco tempo para tratar de questão inadiável.

Ante a surpresa e receio que se estamparam no rosto macerado de Augusta, explicou-lhe que não a deixaria a sós, para o que recorrera à bondade da vizinha D. Almerinda, senhora de idade que fora amiga de sua mãe e muito se interessava por toda a família.

A paciente aquietou-se, vencida pela prostração. Respirava com descompasso e estertorava, de quando em quando, como se sufocada por penosa dispneia.

Célia não teve dificuldade em contatar com o Dr. Hélio Garcia, antes que ele saísse do lar.

Gentil-homem, era amado naquela comunidade pelos títulos de enobrecimento que lhe exornavam a personalidade.

Probo e honesto, era simples e severo no cumprimento das leis que lhe cabia defender e aplicar.

Sua família era igualmente amada e, embora as diferenças sociais e econômicas vigentes no burgo, todos se respeitavam, confraternizando quando as circunstâncias assim o permitiam.

O magistrado ouviu com atenção e interesse a narrativa da moça, após o que indagou:

— *Em que eu poderia ser-lhe útil? Que espera de mim?*

— *Informaram à nossa família* — respondeu um pouco constrangida e receosa — *que o senhor juiz entende desses problemas e que realiza reuniões no lar, nas quais conversa com os mortos. Desejaríamos pedir que soubesse deles se o caso da nossa irmã é para médicos ou se é "doença de Deus"...*

O desconhecimento popular a respeito das realidades da vida reveste-as de lendas e superstições, elaborando conceitos *sui generis* a que as pessoas se apegam, num misto de crença e medo. Em face desse comportamento, consideram as questões espirituais atormentantes como "doenças de Deus".

O Dr. Hélio, colhido pela ingenuidade da colocação da moça, não sopitou um sorriso, elucidando-a com afabilidade:

— *Todas as doenças são dos homens mesmos, que lhes fazem jus sob a aquiescência de Deus, cujas Leis regem a vida. Eu compreendo, porém, o que você deseja saber...*

E, após uma breve pausa, continuou:

— *Eu sou simpatizante do Espiritismo e acredito na interferência dos chamados mortos nas atividades dos que parecem vivos. Realmente, uma vez por semana fazemos uma reunião em nosso lar, quando recebemos a visita de um excelente médium, pessoa que tem a faculdade de oferecer órgãos materiais para que os Espíritos se comuniquem conosco; é residente na capital, e aqui vem especialmente para esse compromisso.*

Como os dados que você me forneceu não são suficientes para uma apreciação mais profunda da ocorrência, peço-lhe que nos deixe o nome da irmã doente e o seu endereço. À noite, a partir das dezenove horas e trinta minutos, sugiro que os familiares que o desejarem reúnam-se no quarto em que ela se encontra, para conversar assuntos edificantes, orando ou lendo páginas de reconforto evangélico, moral, propiciando um ambiente favorável aos Espíritos bons, aos quais iremos pedir auxílio e orientação sobre o caso. Às vinte e duas horas lá iremos examinar a questão, já orientados a respeito.

Ante a aquiescência da interlocutora, adiu:

— *É de bom alvitre que se evitem a movimentação de visitas generosas, porém bulhentas, à paciente, e que se guarde reserva quanto a este nosso diálogo, bem como à possível visita que iremos fazer, a fim de evitar-se compreensível curiosidade e comentários dispensáveis em problemas como este.*

Felizmente, a oportunidade não poderia ser melhor, porquanto hoje é o dia que reservamos aos misteres desta natureza.

Após algumas outras considerações finais e apresentando os protestos da sua e da antecipada gratidão da família, Célia retornou ao lar.

Já à saída, o Dr. Hélio advertiu-a:

— *Quando se trata de interferência espiritual, o agressor, ante a possibilidade de perder a pugna, por perceber que serão aplicados métodos corretos de liberação da sua vítima, agride com mais rudeza e insistência. Eis por que o clima de paz e de prece é muito importante. Se a doente agitar-se mais do que costumeiramente, estamos diante de uma evidência positiva. Preserve-se em confiança e aguarde, com os seus, a nossa chegada.*

A elucidação foi mais do que oportuna, porque Leclerc-Antoine, ouvindo a sugestão apresentada à noite da véspera, acompanhou Célia, inteirando-se das providências em andamento. Revoltado, procurou urdir um novo ataque, objetivando desanimar o processo de recuperação e apropriar-se de uma vez das faculdades destrambelhadas da infeliz Augusta.

Antecipando a chegada de Célia, desferiu certeiro golpe na obsessa, que gemeu e, ato contínuo, passou a gritar, apavorada, em razão de o ver, além das vibrações físicas, feroz e agressivo.

Adquirindo o aspecto de louca, intentou correr, no que foi impedida por D. Almerinda, que, sem a temer, barrou-lhe o caminho, exclamando com fé ardente:

– *Em nome de Deus, acalme-se! Nada vai acontecer, e aqui estou para ajudá-la. Deite-se, Augusta!*

A voz enérgica e a confiança irrestrita em Deus, na humildade de mulher sofrida e generosa, descarregaram energias refazentes que lograram o mister de recompô-la.

Neste comenos, Célia chegou e sintetizou à veneranda vizinha o que se programava, rogando-lhe discrição e ajuda.

A esperança é qual luz suave que vara as sombras e aponta roteiro de equilíbrio à frente, favorável ao progresso. É a força dos heróis, que nela depositam sua fé e coragem, recebendo o estímulo para a vitória que perseguem até conquistar.

Quem anda no mundo sem o círio aceso da esperança mergulha em trevas que se diluiriam, facilitando a conquista dos espaços, caso lhe acendesse o débil pavio que se encarregaria de responder com claridade libertadora.

7

LECLERC-ANTOINE E O SEU PASSADO

Fez-se largo o dia de expectativas e angústias.

À grand-peine,[12] Augusta foi mantida na habitação. Alternavam-se-lhe os estados de excitação e de melancolia. Em certos momentos, como se os olhos contemplassem acontecimentos mortificadores, ela os abria desmesuradamente, estampando na face os sinais do horror que a tomava e agitando-se doridamente, assim confrangendo os familiares e a Sra. Almerinda, que se prontificara a assisti-la durante o dia.

O cerco promovido por Leclerc-Antoine tornou-se mais apertado.

Momento de grande decisão para ele, que aguardava o desforço, pressentiu que iria travar uma renhida luta que não esperava. Sentia-se ligado à enferma por tenuíssimos fios que serviam de amarras para telecomandá-la, por sua vez sujeitando-se ao vigoroso processo de imantação psíquica, mediante o qual experimentava as sensações que a visitavam.

Fixado ao pretérito, prosseguia vivendo a dor lancinante da mágoa que o desconcertava, sem momento de lenitivo, que se lhe apresentava somente no mórbido prazer do desforço.

O galé que se demora no eito da escravidão anela por liberdade, sem saber como fruí-la. Vencido pelo ódio que o consome, sucumbe física e moralmente, porque a força da sujeição estiola nele todos os ideais da dignidade humana.

A mais cruel técnica de escravagismo é aquela que *mata* a alma, aniquila o pensamento e submete o forçado à roda da miséria íntima que o exaure.

---

12. *À grand-peine* – Com muito custo.

O ódio possui esse maléfico poder. Comburindo, no cérebro que o fomenta, consome os sentimentos de humanidade na criatura, que perde a direção das formas éticas, aprisionando-se na fornalha à qual alimenta com os devaneios da vingança.

Porque o Espírito remoesse as evocações danosas num monoideísmo causticante, *de sombres pensées*,[13] abrasava-se na infelicidade que gerava, promovendo um contínuo recrudescer de dores que já deveriam estar superadas. Assim, receando perder a oportunidade por que lutava há decênios, investiu com todos os recursos psíquicos disponíveis, para vencer Augusta, caída na própria teia de insensatez que construíra antes.

Dessarte, procurou imantar-se à vítima, célula a célula, em tentativa de dominar-lhe a organização somática, para melhor exaurir-lhe as energias e enfrentar o *round* que se anunciava para as próximas horas.

No transcorrer do dia, a jovem terminou por ficar totalmente vencida, adquirindo um aspecto de aparente coma. Não obstante o agravamento do quadro, Célia permaneceu confiante, recordando-se da oportuna advertência do Dr. Hélio Garcia, orando com fervor e rogando à genitora que intercedesse junto à Mãe de Jesus em favor da enferma.

É certo que a unção da prece e a sua intercessão não impediam que o processo de resgate seguisse o seu curso normal, no entanto, traziam suprimento de forças morais para todos os envolvidos, ao mesmo tempo que impediam um desfecho desventurado, modificando o clima psíquico do ambiente, que se saturava de energias balsâmicas, por sua vez contrárias às emanações do vingador calceta que as aspirava, perdendo parte da força com que emitia as próprias...

Toda a família reuniu-se à noite, inclusive o Sr. Demétrio, que se recuperara do incidente desditoso, ficando na pequena sala de refeições com os demais filhos, enquanto Célia e Armindo permaneciam ao lado da enferma, em preces, conforme as recomendações recebidas.

Em determinado momento, Armindo percebeu a chegada de venerando ser espiritual que se adentrou pelo cômodo, sorriu-lhe, afável, comovendo-o, e examinou Augusta com demorado cuidado, sem afetação. Enquanto isto acontecia, um suave perfume de flor de laranjeiras

---

13. *De sombres pensées* – De pensamentos sombrios.

invadiu a habitação, espraiando-se pela sala contígua, por todos percebido, e promovendo espontânea emoção extravasada em lágrimas.

À meia-voz, o jovem disse à irmã:

— *Estamos recebendo a visita de um anjo de Deus!*

— *Sou apenas teu irmão* — respondeu a Entidade visitadora, surpreendendo-o — *em processo de evolução na luta do mundo.*

Confiemos em Jesus e aguardemos!

Ato contínuo, saiu.

Armindo, sob a ação benéfica do momento e profundamente sensibilizado, abraçou Célia, chorando ambos de felicidade, dessa alegria dos simples e puros de coração, que jorra das fontes imaculadas dos sentimentos nobres ainda virgens.

Conforme concertara, à hora aprazada o Sr. e Sra. Garcia, acompanhados de um cavalheiro de meia-idade, foram recebidos pela família Patriarca de Jesus e, de imediato, conduzidos ao quarto da obsessa, que prosseguia rija, pálida, semimorta...

Após ser proferida uma sincera oração, pelo magistrado, sem preocupação quanto às palavras e seus arranjos florais, o Sr. Guilherme, que era médium disciplinado, identificou o perseguidor, que procurava ocultar-se, qual furtivo e impiedoso malfeitor, malfeitor escondido que era.

Conhecedor das técnicas de socorro desobsessivo, ele aproximou-se de Augusta e aplicou-lhe recursos fluídicos desintoxicantes, interferindo, conscientemente, contra a ação perniciosa do perseguidor.

Experimentando os choques que lhe eram aplicados pelo hábil passista, que o desimantava da enferma, e confundido pelas vibrações que passaram a envolvê-lo, demonstrou surpresa e breve confusão, ocorrendo o inesperado. Porque se encontrasse Guilherme sob a orientação do benfeitor que ali estivera há pouco, este induziu Leclerc-Antoine a incorporar-se em Armindo, que acompanhava a operação de auxílio sob forte impressão, em face dos recursos da clarividência que lhe facultavam perceber o que sucedia além das barreiras físicas.

Como se fora acometido por violenta convulsão, o jovem sensitivo estertorou por um momento, e, assumindo uma atitude de soberba e audácia, com uma voz empostada num semblante alterado pela dureza da face, reagiu, incorporado pelo obsessor.

– Qualquer tentame que vise a interromper o nosso confronto final será inútil. Eu aqui me encontro por determinação divina, em nome dos direitos dos oprimidos e dos infelizes, cobrando a reparação que a justiça humana esqueceu... Represento o povo humilhado e a França, que os Capetos,[14] desde Hugo até os Bourbons, exauriram e malsinaram. A revolução, que se propôs devolver ao país a dignidade, perdeu-se. Os seus filósofos cederam lugar aos sanguinários, e estes, aos usurpadores, que a denegriram e a perderam... Estive nas lutas dos Jacobinos[15] de Saint-Honoré, a nobre Sociedade dos Amigos da Constituição, ao lado de Barnave, de Chapelier, de Lameth... Assinei os primeiros decretos em favor da Constituição e estive no Campo de Marte...

Ainda respiro a alma da França e conservo sobre a cabeça o barrete vermelho. *As mãos, que se sujaram de sangue pela liberdade, são as de um esteta, de um idealista que se levantou para profligar contra os abusos da tirania, da arbitrariedade, do direito hereditário e* divino *dos reis...*

Esta mulher foi minha ruína. Por isso, odeio-a. Venho caçando-a desde 93...[16] Não tive repugnância em arrancá-la das Tulherias, em 91, quando do retorno dos Capetos a Paris, após a vergonhosa fuga frustrada pelos patriotas. Barnave, que representava a Assembleia, trouxe-os de volta e, tocado pela dor da família real, tentou mudar-lhes o destino. Louco, deixei-me vencer pelos seus argumentos, terminando por apaixonar-me por ela, demoiselle *da rainha, que me prometeu fidelidade, apesar do seu passado escabroso, na corte vergonhosa... Dei-lhe uma aliança de noivado e consorciei-me, ofertando-lhe o coração e o nome, por cujo ato paguei alto preço entre os meus pares que acreditavam em defecção de minha parte, quando era ela, da nobreza, que descia ao povo... Cego de paixão, não percebi que ela*

---

14. *Capetos* – Nome dado genericamente aos reis de França, a partir de Hugo Capeto, no século X, até Luiz Felipe, no século XIX. Estão, historicamente, divididos em três grupos: Capetos diretos, Capetos de Valois e Capetos Bourbons.

15. Partido político fundado, em França, durante a revolução, como um clube, conforme hábito à época, pelos revolucionários citados, amigos de Robespierre, e que foi fechado definitivamente em 1799. Fora chamado, no começo, clube Bretão, e se reunia no velho convento de São Domingos. Inicialmente, dele fizeram parte Mirabeau, La Fayette, o duque de Orléans, dito Philippe Égalité, e os irmãos poetas Marie-Joseph e André Chénier, que mais tarde, desgostosos com a orientação esquerdista, afastaram-se e fundaram o *Clube dos Feuillants*. Celebrizou-se pelas personagens que nele tomaram parte: Danton, Desmoullins, Marat, Fouché, Saint-Just...

16. Refere-se ao ano de 1793.

desejava apenas utilizar-se de mim para ser mais livre, evadir-se da situação constrangedora, certamente prosseguir libertina... Paguei com a vida o lance infeliz, enquanto ela ficou, responsável que foi pela minha suprema desdita. Agora faço justiça em nome da Divindade, que a ninguém poupa...

No intervalo natural, após a primeira catilinária, que o sofredor extravasa, espumejante de cólera, o Sr. Guilherme interveio com serenidade:

– Dizes bem: "A Divindade que a ninguém poupa", só que eu colocaria o pensamento em outros termos: as Leis Divinas que alcançam os infratores e os reeducam. Assim sendo, o que te aconteceu foram os Códigos Superiores alcançando-te em nome de Deus...

– O cavalheiro se cale! – interrompeu-o com violência, batendo no tórax do médium. *– Eu tenho horror aos padres, embora creia em Deus e deteste os Seus ministros, os nababos adversários da revolução. Ao lado da realeza e da nobreza, eles são inimigos do povo.*

– O amigo se equivoca nas suas afirmações – prosseguiu o doutrinador –, *porquanto eu não sou padre e esse tempo a que te referes já vai longe, como não ignoras. Vivemos no século XX, e a Humanidade tem resgatado os seus erros sob altos contributos de dor, tentando inaugurar um período de concórdia, que demorará muito ainda até dominar os corações.*

Ouve-me um pouco. Não estamos aqui na condição de adversários da tua causa, pois que a ouvimos por ti exposta e nos sensibilizamos grandemente com tudo quanto narras. Somos todos viajores do tempo, comprometidos com nós mesmos e com a vida. Acreditamos no teu ideal de fraternidade, ficando surpresos com o paradoxo existente entre a tua filosofia de liberdade e a tua ação de escravagismo vingador. Naqueles dias a que te referes, os idealistas levantaram a bandeira da liberdade *e retiveram milhares de vidas em cárceres de sombras, guilhotinando-as depois; sustentaram a chama da* fraternidade, *derramando o sangue das suas vítimas e tomando-lhes os bens, em vergonhoso vandalismo; por fim, fizeram-se campeões da* igualdade, *disseminando ódios virulentos, pregando a guerra e disputando-se destaque nas massas famintas e fanatizadas, em novo despotismo que cobriu de vergonha a França e os ideais superiores da Humanidade... Esqueces que o bem não se apoia no mal, nem a verdade necessita da infâmia ou da calúnia para brilhar ao sol. Não excogitamos das tuas razões, no desforço contra esta frágil mulher que sofre o guante. Sem embargo, porque não desconhecemos a Justiça de Deus, convenhamos que, onde observamos a vítima, no caso, ela, que te fez mal e agora paga, recordamos de ti, quando o foste, que estarias resgatando algum crime anterior...*

– *Nunca!* – interrompeu-o bruscamente. – *Amei-a com a alma e fui traído. Dei-lhe a vida e colhi a morte. Sempre fui justo, apesar de reconhecer- -me exaltado.*

Vejamos o que ela me fez: lutávamos na Assembleia para preservar os ideais que já lográramos, disputando-nos, os Clubes Jacobinos, Girondi- nos[17] e outros, pelo controle da Casa, de modo que os nossos planos ampa- rassem o povo, evitassem a fuga em massa dos militares e nobres que deman- davam outros países para provocarem a guerra; exigíamos o retorno dos que abandonaram a pátria, sob pena de perderem os bens que haviam deixado. Supunha-a ao meu lado, inspirado no seu amor... Sem embargo, enquan- to eu me permitia ficar nas disputas verbais e periódicas até altas horas, ela traía-me, venal, com inimigos políticos, sem que eu o suspeitasse, por me- ses a fio. A vergonha não se me estampava na face, pela ignorância do seu comportamento miserável. Depois de longa jornada de sofrimentos morais e duelos no lar, abandonou-me, entregando-se ao prazer infame, para minha desgraça. Amiga de Marat, conseguiu, pela intriga, pôr o meu nome na lis- ta dos inimigos da pátria, nos dias do Terror, *quando pereci na guilhoti- na... Ela me havia vendido aos adversários do país, do povo, aos meus ver- dugos... Só mais tarde, depois de morto* – não é um paradoxo morrer sem aniquilar-se e saber-se o que se ignora, quando se sobrevive?! –, *é que me inteirei de toda a sua hedionda trama.*

Não, não há piedade que se ajuste neste quadro de cobrança, que será inclemente, insaciável.

– *Certamente compreendemos o teu calvário* – anuiu o interlocu- tor. – *Haverá tempo para nosso diálogo, mais tarde. Aqui estamos na con- dição de* revolucionários do amor, *lutando em favor dos infelizes, quanto ela o é, para pedir-lhe trégua... A vida não é um ressumar intérmino de má- goas e insatisfações, de desforços e revides. Fazes sofrer e padeces; vingas-te e consomes-te. Apelamos para os teus sentimentos nobres de lutador honrado, no sentido de nos concederes uma pausa. Melhor do que nós, sob determi- nado ponto de vista, conheces a imortalidade, da mesma forma que nós ou- tros também a compreendemos, numa faixa mais larga de entendimento...*

Utilizas-te de um excelente e dócil instrumento, sem que quisesses fazê--lo, enquanto ela se refaz, o que te demonstra quão limitados são os teus recursos ante a poderosa força de Deus.

Não discutamos por enquanto. Falaremos depois. Agora tu necessitas também de repouso e sabemos que irás consegui-lo. Confia em Deus e acalma-te.

Fortemente induzido pelo seu guia espiritual, Guilherme orientou o diálogo, fugindo à discussão estéril e levando Leclerc-Antoine a um estado hipnótico, de repouso.

Aplicando passes no jovem sensitivo, este despertou, sem ter ideia clara das ocorrências que tiveram lugar por seu intermédio.

O Dr. Hélio, não conseguindo ocultar o entusiasmo, parabenizou Armindo e explicou-lhe, bem como à família, quanto à necessidade de educar a mediunidade natural, que espontaneamente se manifestava com altos e preciosos recursos.

Comprometeu-se a vir trazer assistência espiritual à enferma, até a próxima semana, quando ela deveria ser levada à reunião no seu lar, acompanhada pelo irmão e por Célia.

A esse tempo, Augusta dormia tranquila, o que não acontecia há algum tempo. O Sr. e Sra. Garcia e Guilherme despediram-se, jubilosos, reafirmando detalhes do processo em que Augusta se encontrava incursa, prontificando-se a auxiliá-la, e partiram.

A paz se adentrava no lar dos Patriarca de Jesus e respirava-se o clima de esperança, essa musa do amor, que é irmã da fé.

8
REFLEXÕES E ESCLARECIMENTOS OPORTUNOS

O inusitado da comunicação mediúnica espontânea surpreendeu Armindo e os seus familiares, que não sabiam como explicar o fenômeno.

Era um mundo inteiramente novo, que lhes surgia com fronteiras inimagináveis, cuja conquista iria exigir sacrifícios inauditos, perseverança contínua e renúncia ilimitada.

A mediunidade se expressa através dos órgãos físicos, todavia, é faculdade da alma, com finalidades ético-morais de grande alcance, objetivando o aprofundamento dos valores do Espírito, num ministério que se deve caracterizar pela elevação dos sentimentos e cultivo da mente.

Ao médium sincero, que pretende o equilíbrio e a elevação do serviço da vida, cabem os deveres do estudo da faculdade com o conveniente aprimoramento moral, sem o que desvirtua a função paranormal, tornando-se fácil presa das Entidades vulgares, de baixo teor vibratório, que o envolvem, dele fazendo instrumento da frivolidade, a um passo do ridículo, ou desconcertam-lhe a linha normal do comportamento, conduzindo-o à alucinação através da grave urdidura de rude obsessão.

No exercício da mediunidade, não se pode postergar o elevado compromisso do autoburilamento, a pretexto algum. Não é lícito dizer-se *cette partie est remise*,[18] porque dever adiado, oportunidade perdida.

Compromisso que se assume antes do renascimento corporal, faz parte do esquema evolutivo, num campo de vasta responsabilidade, por cuja ação se logram os resultados correspondentes ao uso de que se reveste.

---

18. *Cette partie est remise* – Fica para outra vez.

Referimo-nos à mediunidade e aos médiuns sérios, comprometidos com programas superiores da vida, não vinculados às disputas da vulgaridade e dos interesses imediatistas, que primam, estes, pelo egoísmo disfarçado e pela vaidade mal oculta, que disputam, na praça das vacuidades, o relevo e a glória de coisa nenhuma.

Armindo encontrava-se incurso no programa da mediunidade nobre, na qual não reluzem os falsos metais do destaque humano e em cujo labor a ovação ruidosa, quão insensata, não tem vez de estrugir.

Houvera escolhido, sob a inspiração dos seus guias, o caminho áspero da vida morigerada e rica de abnegação, a serviço do bem inominado.

A mediunidade, desse modo, ser-lhe-ia o instrumento de autoiluminação, clareando os caminhos pelos sofrimentos por onde rumam incontáveis criaturas.

Aquela noite, portanto, definia-lhe o roteiro para o futuro.

A sua passividade mediúnica, própria para a edificação dos desencarnados infelizes, resultava, também, de certo modo, da sua doçura e maleabilidade pessoal, que constituiriam elementos fundamentais para aquela fusão de alma a alma no processo psicofônico, bem como em outras facetas da faculdade, que deveria ser aprimorada pelo estudo e exercitada pelo amor.

Sob rigoroso controle dos instrutores espirituais, ele passaria pela fase da iniciação demorada, vivendo os tormentos resultantes da convivência psíquica com os habitantes da Erraticidade inferior, que lhe seriam os buriladores da aptidão parapsíquica, em razão da natural sintonia com eles vigente.

À medida que o tempo lhe fizesse granjear respeito, elevando-o às percepções mais sutis e nobres, transitaria pelas faixas mais densas do psiquismo grosseiro, sem padecer-lhe a constritora injunção.

Ninguém atinge as alturas sem conquistar as baixadas, não sendo lícito pairar-se acima das circunstâncias mortificadoras sem as ter vivido, superando-as a penas de renúncia e engrandecimento moral.

Quem disputa mesquinharias imanta-se às paixões vulgares. Todavia, quem aspira às glórias siderais liberta-se das algemas retentoras da retaguarda.

Não obstante, todo avanço exige esforço, perseverança e altivez moral. O intento não basta, o desejo é apenas anseio, que o sacrifício e a firmeza de ideal tornam realidade.

De propos délibéré[19] o medianeiro do bem não olha para trás, não se lamenta, não exige, porfiando em alcançar a meta por que almeja, qual ocorre com os idealistas de qualquer ramo da arte superior de viver.

Armindo, ao deitar-se, por acurada intuição, em diálogo mental com o seu instrutor espiritual, tomou conhecimento da realidade que o aguardava.

Jovem e sonhador, nas suas modestas ambições anelava por um lar iluminado pelo amor, num futuro aureolado de paz. *Sentiu*, porém, que não teria uma existência comum, isto é, conforme o padrão geral, denominado como normal, confundindo-se no habitual.

Não que todos os médiuns devessem renunciar às aspirações comuns, passando a comportamentos que a craveira habitual das opiniões tachasse de alienados.

Aqueles, no entanto, que anseiem por alcançar as cumeadas do monte da sublimação, sem dúvida que se devem impor conduta compatível com os objetivos que acalentem.

Cada curso superior se expressa mediante um programa específico, após a generalidade do conhecimento, e qualquer realização mais grave impõe técnica condizente com o esquema em que se enquadra.

Armindo *sabia*, intuitivamente, que procedia de longe passado, no qual os compromissos negativos deixaram rastos de dor e desconsolo, tendo gerado lamentáveis contendas e rudes pelejas sob o comando da rebeldia e da agressividade.

Agora lhe cumpria resgatar os gravames e produzir fatores positivos que desencadeassem, a seu favor, conquistas relevantes para o futuro.

O ministério, portanto, que se iniciava auspiciosamente, facultava-lhe a antevisão da paz em clima de alegria, com os olhos postos num futuro ditoso.

Assim, afervorado e reconhecido a Deus, pela etapa que descortinava, orou e adormeceu.

---

19. *De propos délibéré* – De caso pensado.

Pela primeira vez, naquele lar, após meses de lutas renhidas e angustiantes expectativas, dominava uma psicosfera de harmonia.

A paciente despertou renovada, no dia seguinte.

Sem dar-se conta dos acontecimentos, tinha a impressão de haver sonhado, no entanto, a memória conservara apenas fragmentos imprecisos das ocorrências.

Por sua vez, Leclerc-Antoine, ao ser desligado psiquicamente da enferma, apresentava um aspecto lamentável.

As recordações da infâmia de que fora vítima reimprimiam nele as condições em que desencarnara...

Podia-se vê-lo aterrorizado ante a guilhotina que o executaria, estupor na face congestionada, e o grito, que a boca física não pôde exteriorizar, quando a lâmina lhe decepou a cabeça, escapava-lhe, no estertor que o sacudia.

De imediato, graças aos clichês mentais preservados por mais de um século, no recordar odiento, voltou a *viver* as mil dores daquele instante nefando.

Atirava-se sobre o cesto, que lhe recolheu a cabeça decapitada, intentando, sem o conseguir, implantá-la sobre o pescoço, num quadro asqueroso e aparvalhante.

Logo depois, recomposto, porém com o rosto empastado pelo sangue coagulado, convulsionava, blasfemando e jurando desforço.

Neste comenos, foi auxiliado pelo seu próprio mentor, que velava atencioso pelo infeliz, e, aguardando-lhe o momento da renovação que demorava, aplicou-lhe recursos magnéticos refazentes, levando-o a necessário entorpecimento que o adormeceu.

A batalha, no entanto, estava no limiar das muitas lutas que iriam suceder no curso do tempo.

O ódio, que combure, somente se extingue recebendo a água lustral do amor, que lhe substitui o combustível, apagando a chama abrasadora.

Conforme se comprometera, o Dr. Hélio Garcia visitou a doente ao cair da tarde seguinte e ministrou-lhe passes reconfortantes, explicando-lhe, bondoso, como proceder a fim de romper a ligação mental com o antagonista.

Célia, que o levara ao quarto, aquietou-se para ouvi-lo com atenção.

– O paciente mediúnico – expôs com clareza –, *como qualquer enfermo, pode modificar o seu quadro de saúde mental, através do esforço que aplique em favor da própria renovação. Sendo a mente uma antena transceptora – que emite, como capta vibrações –, a direção que se dá ao pensamento é responsável pelas ideias-respostas que se recebe. Destarte, o ressumar da amargura e da infelicidade gera depressão, que mais angústia e desdita propicia. Da mesma forma, o cultivo do otimismo e da esperança proporciona a ideação da paz, quanto da saúde. Além desses, que são fenômenos automáticos de sintonia, ao sabor das ondas mentais da prece e da leitura edificante cria-se uma teia vibratória em torno dessa antena, que impede quaisquer sincronizações com as interferências de fora, portadoras de cargas inferiores e prejudiciais.*

Fazendo uma pausa, a fim de tornar-se mais facilmente compreensível, aduziu:

– Uma conversação elevada sempre desagrada as pessoas de má conduta, assim como os comentários vulgares não encontram aceitação por parte das criaturas honradas, que preferem os assuntos edificantes e os temas úteis, dos quais se extraem lições que favorecem a vida.

Como vivemos cercados de mentes viciadas, tanto na Terra como fora dos círculos da carne, por ser maior o número de pessoas primitivas, nossa preferência moral e mental leva-nos à convivência delas se o nosso sentimento se afina com essas disposições, considerando-se que as emanações desses seres nos envolvem, poderosas, pelo seu volume, piorando as nossas próprias aspirações. Se, todavia, elegermos ideias mais enobrecidas, anelando por conquistas superiores, elevar-nos-emos, sintonizando com os Espíritos felizes que, a partir de então, passam a compartir dos nossos desejos, inspirando-nos mais positivas conquistas.

Qual ocorre com o aparelho de rádio, no qual, mudando-se o dial, capta-se esta ou aquela estação que transmite numa ou noutra faixa de onda, nossa mente é semelhante ao pequeno sintonizador que se liga à emissora que envia mensagem idêntica e se encontra esparsa no éter.

O mundo mental reflete a vida de cada um que, por sua vez, se torna modelador das ocorrências na esfera do comportamento.

Dando margem a que Augusta lhe apreendesse a informação, desabituada às reflexões sutis, especialmente na área do comportamento mental, em face da vida simples e da falta de mais ampla formação cultura, o magistrado prosseguiu, com a simplicidade possível, dando ênfase à explicação:

– A vida é uma só. Esteja o Espírito no corpo – encarnação ou reencarnação –, ou fora dele – morte ou desencarnação –, a vida prossegue sem qualquer alteração. As existências físicas – reencarnações –, todavia, são muitas, são tantas quantas se façam necessárias para atingir-se a evolução, isto é, a conquista da paz, da sabedoria, do conhecimento das leis que regem a vida, em nome do Pai Criador.

Assemelhando-se a uma escola, a Terra tem matriculados os homens, na condição de alunos que frequentam suas diversas classes, até a conclusão do curso universitário, em que o indivíduo passa a viver, a aplicar as lições aprendidas, em novas experiências de comportamento. Se, no transcurso do estudo, o aprendiz negligencia o dever, perde o ano e vê-se obrigado a repeti-lo, de modo a adquirir o conhecimento que desconsiderou. Se a conduta é negativa, vai advertido, disciplinado, e, quando não se corrige, em benefício da população estudantil, vê-se expulso do educandário...

Novamente silenciou, dando margem a que as duas irmãs assimilassem o exposto, para logo prosseguir:

– Somos alunos matriculados nos diversos cursos do nosso planeta. Quem desperdiça a oportunidade reencarna para reconquistar, e quem perturba a ordem geral vai expulso para planeta inferior, onde valorizará o que perdeu, lutando com afinco até conseguir a readmissão na Terra que desrespeitou. Quando prejudicamos o nosso próximo, renascemos para reparar, o que não dá direito à vítima de cobrar a dívida, porque as Leis Sábias têm estabelecido nos seus códigos todos os itens de recuperação, não necessitando de interferências pessoais, normalmente perniciosas, por complicarem a situação de algum dos envolvidos, quando não atingem a ambos os comprometidos. Por essa razão, Jesus ensinou o amor, o perdão e a caridade para com os inimigos como a melhor técnica de liquidação dos débitos. Mas nem todos os desafetos pensam assim, o que degenera, normalmente, em lutas cruentas e desnecessárias, como a que estamos travando, em que aquele que se sente prejudicado teima por cobrar o delito que sofreu. Ora, como o Espírito é o verdadeiro ser, para o desafeto desencarnado não importam nem o tempo transcorrido, nem a nova forma em que se apresenta o seu antigo infelicitador. Por sua vez, possuindo a alma vários atributos e faculdades, a mediunidade – que permite a captação das ocorrências do Mundo espiritual – favorece, nos seus primórdios, a vinculação entre os endividados, culminando no que se denomina obsessão, ou predomínio de um ser – encarnado ou desencarnado – sobre outro,

produzindo-lhe mal-estar, desequilíbrio, sofrimento, loucura e até o suicídio, por amor pervertido ou por ódio alucinado. A mudança de atitude mental da vítima atual, algoz do passado, e a sua conveniente educação moral resultam na pacificação, em que o perseguidor, esclarecido do mal que pratica, se arrependa e se renove, passando à condição de amigo do antigo desafeto e tratando, a partir de então, da sua própria libertação, da sua evolução.

Célia, que se mantinha em respeitoso silêncio, utilizou-se da pausa natural do magistrado e inquiriu, lúcida:

– Quer o doutor dizer que Augusta é médium? E Armindo, como se encaixa neste problema?

– O que eu quero dizer – redarguiu o juiz *– é isso mesmo: Augusta e Armindo são médiuns, portadores de excelentes faculdades que podem e devem ser convenientemente educadas. Augusta, conforme esclareceu o Espírito comunicante na noite de ontem, é-lhe devedora moralmente, sendo esta a razão do seu estado obsessivo, enquanto Armindo é dotado de mediunidade natural, com admirável capacidade de sintonia e manifestação. Certamente, tanto ele como toda a família se encontram vinculados ao problema em pauta, o que exigirá dos comprometidos um esforço em conjunto, a fim de que a questão se normalize a contento, na sucessão dos dias. Quando alguém tomba, num lar, na obsessão, todos os familiares se apresentam envolvidos, razão por que são afetados na odisseia dolorosa. Somente através da cooperação geral é que o problema se modifica. Assim, digamos que a mediunidade de Augusta é* de prova, *conforme a conceituou o codificador do Espiritismo, Allan Kardec, e a de Armindo, natural, tende ao* mediumnato *ou à mediunidade missionária.*

As duas irmãs entenderam, perfeitamente, as explicações, singelas e de profundidade ao mesmo tempo, do amigo novo, ficando jubilosas.

O estado, no entanto, de Augusta requisitava cuidados, especialmente repouso, calma e alimentação mais frequente.

O Dr. Hélio despediu-se, prometendo retornar na noite seguinte, quando pretendia manter uma conversação mais demorada com Armindo, apresentando-lhe os primeiros passos e comportamentos de segurança na tarefa a desenvolver.

Despediu-se eufórico, deixando as irmãs em reflexão, tocadas pela magia do amor fraternal e iluminadas pela claridade da fé espírita que, a partir daí, nortear-lhes-ia a vida na direção do futuro.

9

PRELÚDIOS DE FUTURA PAZ ANTE A RECONSTITUIÇÃO DO PASSADO

Por intermédio de Célia, que assimilara com admirável capacidade retentiva os esclarecimentos do Dr. Hélio Garcia, Armindo inteirou-se da visita respeitável, bem como da conversação havida.

Aqueles conceitos traziam luz oportuna às interrogações que o afligiam entre as sombras da incerteza. O Espiritismo se demitizava, na sua mente, cuja formação recebera impressões incorretas, especialmente na área religiosa. Painéis felizes se lhe desenhavam ao pensamento lúcido, enquanto os fatos que lhe sucediam desde a infância encontravam alicerce fora das alucinações e interferências demoníacas que lhe haviam sido inculcadas. A mãezinha, que o acompanhava, diminuindo-lhe na infância e na adolescência a aspereza da orfandade, era, realmente, o anjo amigo e protetor, conforme lhe prometera ao partir.

A confirmação do que já pressentia e aceitava – a sobrevivência do Espírito à morte física –, através de pessoa de alto porte cultural, como o Dr. juiz de direito daquela comarca, adquiria significado especial.

Ao lado desse amplo conforto moral, desenhava-se a possibilidade da recuperação definitiva da irmã querida, o que lhe somava bênção nova.

Foi, portanto, com essas perspectivas de felicidade e com o júbilo estampado na face que, na noite seguinte, a família Patriarca de Jesus recebeu o Dr. Hélio e a sorridente, jovial, senhora Helena Garcia.

A obsessa não tivera um dia tranquilo, mas a família não se preocupara, sabendo das dificuldades a enfrentar durante a terapêutica de recuperação de ambos os doentes: a encarnada e o seu obsessor.

O olhar parado traduzia o estupor decorrente das cenas que, então, lhe povoavam as recordações, vitalizadas pelo infeliz perseguidor.

A psicologia do obsessor é a de exaurir aquele que lhe padece a injunção, trabalhando as paisagens mentais das quais se assenhoreia, de modo a impedir a renovação íntima do seu cliente, até este *tomber du côté où l'on penche.*[20]

Inicialmente, o visitante propôs que alguns membros da família, como ocorrera da vez passada, se reunissem no quarto de Augusta para alguns minutos de leituras espirituais e preces preparatórias para a fluidoterapia, e, eventualmente, para uma doutrinação mais específica a Leclerc-Antoine.

Com as pessoas sinceramente receptivas, organizou-se uma reunião espírita, na qual a prece, ungida de emoção, exalou dos lábios e coração do Dr. Hélio, que a proferiu acompanhado, mentalmente, por todos, na direção do Supremo Doador.

Augusta saiu do torpor e começou a agitar-se, dando mostras de *incorporação* mediúnica atormentada, embora sem falar.

Foram lidos alguns trechos de *O Livro dos Espíritos*, de Allan Kardec, na Parte Terceira, que aborda a Leis Morais e que o ilustre e dedicado obreiro comentou com oportunidade, fazendo ilações muito bem elaboradas com o drama em tela.

No auge das considerações, Leclerc-Antoine, que escutava, revoltado, não se conteve, passando à agressão verbal com rudeza e azedume, tentando justificar-se e assumindo a condição de grande vítima, retornando ao passado...

Antes mesmo que o Dr. Hélio lhe dirigisse a palavra orientadora e amiga, este percebeu o palor da face de Armindo, em belo fenômeno de transfiguração, numa psicofonia completa.

Em transe natural profundo, falou o mensageiro que o comandava.

– *Com as nossas sudações em homenagem a Jesus Cristo, o pedido de permissão para falar ao amigo insensato, que se arvora em julgador de causa própria, ao mesmo tempo revelando-se impiedoso cobrador.*

Ante a anuência do Dr. Hélio, a Entidade feliz, cuja voz tomara um timbre de rara beleza, dirigiu-se, diretamente, ao obsessor.

– *Acusas, meu amigo* – acentuou com serenidade –, *como se fosses dotado do conhecimento absoluto e soubesses das causas profundas que regem*

---

20. *Tomber du côté où l'on penche* – Pagar os seus erros.

a vida e a programam. Todavia, no teu aturdimento e ignorância, partes para reflexionar os efeitos cujas causas jazem na irresponsabilidade de quem as desencadeou.

Magnetizado pelo verbo claro e eloquente, o perturbador pareceu aquietar-se para ouvir. Sentiu a autoridade moral de quem lhe falava e não pôde reagir.

— Não ignoras que os clubes rivais, no clímax da revolução a que te aferras, eram constituídos, filosoficamente, por idealistas que as paixões transformaram em sicários uns dos outros, e exploradores da alucinação do povo infeliz e revoltado da França daqueles tormentosos dias... Mesmo os códigos da liberdade, da igualdade e da fraternidade, bem como dos decantados direitos humanos, eram o reabilitar-se das consciências criminosas que ensanguentaram o país, um pouco mais de duzentos anos antes, nos lutuosos dias de Carlos IX e sua arbitrária genitora, Catarina de Médici, que, açulados pela duquesa de Nemours, pelo duque de Guise e outros, desencadearam a infame carnificina iniciada na trágica Noite de São Bartolomeu, *em agosto de 1572, trazendo para a nação o pesado ônus que esta pagaria, durante os excessos iniciados em 1789... Inumeráveis massacradores dos primeiros crimes estavam no palco dos novos acontecimentos, reencarnados, sanguissedentos, vitimando-se porque não lograram conduzir-se com a elevação de propósitos necessária à libertação pelo amor e pelo dever patriótico, sem imiscuírem-se nos torpes movimentos de vingança ultriz...*

O mentor fez uma breve pausa e logo prosseguiu:

— Acusas esta irmã de traição e infâmia, de perversidade e crueza, no entanto, interrogamos-te: que estás a fazer? Por acaso se apagam labaredas colocando-se material de combustão? Cicatrizam-se feridas derramando-se ácido sobre as chagas em refazimento? Sois ambos combatentes de lutas inglórias, que se vêm arrastando desde longe pretérito, aguardando uma conciliação que já não pode nem deve ser adiada. A vossa felicidade depende de vós ambos, do perdão que o primeiro conceda ao outro, e esse passo, tu deverás dá-lo, por seres, aparentemente, quem estaria em condições, já que te intitulas por ela vitimado. É, portanto, a vítima quem perdoa ao seu algoz, a fim de que este ame aquele a quem prejudicou. Enquanto não luzir esta compreensão, mudam-se o quadro, as circunstâncias e o tempo, mas o litígio prosseguirá, transferindo-se de posição os que nele se envolvem, permanecendo, no entanto, a desdita nos dois.

Mediante um exame acurado, isento da paixão egoística, em torno da gênese real das aflições, detecta-se o móvel inicial da desdita, nele eliminando, pelo arrependimento sincero, os fatores que desencadearam as ignóbeis lutas, ou, através da atitude decidida para deter os efeitos danosos, reparando os males já praticados.

Houve um intervalo espontâneo, na exposição, graças ao estado de angústia exteriorizado pelo desencarnado, que sufocava a enferma. Podia-se-lhe perceber a fúria, a custo reprimida, e a mágoa asfixiada nos fluidos calmantes que se irradiavam do desconhecido benfeitor.

Logo depois, como se não percebesse a ocorrência, ele deu curso à narrativa esclarecedora:

— Aqueles eram dias de muita inquietação. Os clubes dos Jacobinos e Girondinos uniram-se contra o rei, desiludido e prisioneiro no Palácio das Tulherias, onde carpia a própria desdita, vitimado pela chantagem de uns e outros, que lhe prometiam fidelidade a peso de ouro.

Os ideais revolucionários lentamente sofriam as interferências de facciosos, de sediciosos, de aproveitadores. A Revolução Francesa não era a causa de uma nação, mas os anseios de toda a Humanidade. Não foi um acontecimento isolado, porém, o início de uma era de liberdade e de direitos humanos, dignificando a criatura de todos os tempos. Fez-se o fulcro para o qual convergiram todos os ideais da razão e todas as correntes superiores da Filosofia. Dificilmente tantos missionários, de uma só vez, se reuniram, num só lugar, para um tentame de tão alta retumbância: cientistas, pensadores, homens de Estado, portadores de princípios elevados, expressando as épocas do passado e do futuro... A política era uma tempestade contínua açoitando, na Assembleia, os ventos do poder da razão, da força do direito, sem armas nem exércitos, sem comandantes nem ditadores, mediante a eloquência dos seus operadores. Mesmo a cólera assumia o caráter da verdade, que apaixonava os seus êmulos e lutadores. Foi uma época no cerne de todas as épocas: não havia distinção de classe, de cor, de religião, de raça, unidos, todos, em torno do homem, como a mais digna manifestação da Divindade, requisitando o seu direito à vida digna.

Corrompeu-se mais tarde, sem perder a sua grandeza, o fanal que abriu as portas do pensamento e consolidou as lídimas aspirações da liberdade humana, nos braços da solidariedade e da fraternidade entre todos.

La Fayette,[21] que espezinhara o rei por inúmeras vezes, quando foi com o povo a Versailles retirar a família real do palácio, ao mesmo tempo que se conciliava com o monarca, tornando-se o seu carcereiro e negociando *sua liberdade, através dos pedidos de respeito à sua autoridade, renunciou ao comando da guarda e retirou-se para suas propriedades no Auvergne,[22] retornando, depois, à capital, para competir com Pétion na eleição para* maire[23] *de Paris. A sua derrota foi, então, desastrosa, embora o apoio indireto do rei, que o vira invectivar contra a rainha, a quem tratava com fria etiqueta e com a inflexibilidade decorrente da posição de ser um dos autores da revolução.*

Pétion descendia *da filosofia democrática mais pura, que bebera em Rosseau; era amigo e, mais tarde, adversário de Robespierre, iniciador do partido popular, e se tornara bem-visto pela corte encarcerada, que nos últimos momentos se interessara pelo seu êxito na eleição que venceu com retumbância. O seu triunfo também o foi dos Jacobinos, que o carregaram até a tribuna, com ovações patrióticas. Dava, porém, também aos Girondinos uma segurança com base na capital da França, na razão direta em que a cidade deixava de ser* controlada *pelo rei. Nesse ínterim, as obras idealistas da Assembleia Constituinte, erguidas com o entusiasmo republicano e os anseios da paz, deterioravam, ruindo quase de imediato, após um ano e um mês de ações e sonhos de liberdade...*

O contubérnio vulgar e desconfiado era geral, e a intranquilidade erguia os defensores e líderes da paz, para logo os encarcerarem e maldizerem. As defecções e lutas acirradas sacudiam o plenário da Assembleia e abalavam

---

21. La Fayette – Marie-Joseph Paul Yves Roch Gilbert du Motier, também chamado de marquês de La Fayette, nasceu em Chavaniac, Auvergne, em 1757, e morreu em Paris, em 1834. Auxiliou, na América, a revolta das colônias inglesas, o que lhe deu o epíteto de Washington Francês. Depois de retornar à França, novamente à América e, por fim, à França, amigo de Necker, absorveu-lhe as ideias liberais, tornou-se maçom e fez-se deputado da nobreza de Lyon. Foi o primeiro a propor "uma declaração europeia dos direitos do homem", sendo designado para comandar a Guarda Nacional de Paris. Após diversas vicissitudes, retornou à América e, durante os Cem Dias de Napoleão, pediu a abdicação do Corso. Comandando a Guarda Nacional pela segunda vez em 1830, na época da nova revolução, recebeu Luís Filipe, em Paris, voltando a militar em favor do monarquismo.
22. *Auvergne* – Região do maciço francês que inclui os departamentos de Cantal, Puy-de--Dôme, uma parte de Haute-Loire e Creuse.
23. *Maire* – Presidente da Câmara Municipal.

os clubes políticos, cedendo suas tribunas ao povo encurralado pelos ódios e açulado pelo panfletismo de conteúdo chulo e feroz. Os ideais da revolução tombaram na lama das ambições alucinadas e do despotismo dos seus novos condutores, que combatiam a soberania do rei erigindo-se como ditadores, em nome do povo, para substituir uma dominação arbitrária por outra vingativa. A ausência dos gênios e filósofos dos primeiros meses cedera lugar à astúcia e à intriga dos aproveitadores, que se celebrizaram mais pela pusilanimidade e hediondez dos seus atos do que pela pureza e altivez dos seus ideais.

É nesse clima que eleges a temerosa aia da rainha, que se escuda na tua proteção para fugir à sanha do barrete vermelho, *evadindo-se do palácio através do matrimônio. Jeanne-Marie, normanda de nascimento, fascina-te sem que investigues a sua estrutura moral, arrebatando-te e fazendo-te capaz de quaisquer loucuras para tê-la contigo. Consumadas as bodas em cerimônia privada, em palácio, que foi oficiada por sacerdote ajuramentado, consideras-te ditoso, enquanto os chacais devoram os idealistas da liberdade e o olvido põe os crepes do silêncio sobre a memória dos patriotas que tombaram há pouco, vencidos pela urdidura maleável dos agitadores profissionais.*

Enquanto isso, voltas ao ardor das pelejas revolucionárias, deixando-a, insegura, entre admiradores e comensais do teu lar, da tua bancada, inimigos disfarçados de companheiros... A derrocada chega, e a traição fere-te a alma com os punhais da desonra, despedaçando-te os tecidos da vida, até o momento do cárcere, da guilhotina...

No silêncio espontâneo, ofegante e desditoso, exclamou Leclerc-Antoine:

– *Amei a víbora, sustentei-a com o* leite *e o* sangue *dos meus sacrifícios, a fim de ser picado cruelmente pela sua covarde traição. Jamais a perdoarei; nunca lhe terei compaixão. Hei de exauri-la, pouco a pouco, até a consumpção final, e a aguardarei, além do cadáver, para que ela possa sofrer moralmente, no reviver sem fim dos seus crimes, tudo quanto a mim fez. É superlativa a minha dor e infinito o meu rancor. Amo a França e amei-a... Ela traiu-nos, os dois, unindo-se aos nossos inimigos, as sanguessugas do poder que o tempo também consumiu.*

O pranto, em grossas bagas, escorria-lhe do imo pelos olhos de Augusta, agitada.

Sem qualquer alteração, a Entidade veneranda anuiu, em parte, com as suas palavras, comentando:

Árdua ascensão

– É verdade que sofres a dupla deslealdade e não consegues ajustar--te aos acontecimentos que, no entanto, originaram-se em dias, em tempos recuados. Ouve-me e deixa-me desarquivar-te reminiscências, de modo a entenderes a justeza das Leis e dulcificar-te pela esperança de refazeres o amor e fruíres a bênção da paz futura.

Armindo, luarizado pelas energias balsâmicas do comunicante, adquirira transcendente beleza, que lhe dava ao rosto juvenil uma maturidade nobre, refletindo a elevação de quem o manejava mediunicamente.

– Retornemos às Tulherias – propôs o Espírito lúcido –, alguns dias antes da noite fatídica de 24 de agosto de 1572. Identificarás, nas dependências reservadas ao duque de Guise, um jovem nobre, arrebatado e sonhador, que se adestra, na corte de Catarina, nas intrigas e manobras sórdidas que culminarão nas desgraças porvindouras. O ódio aos holandeses e a aliança com a Casa de Espanha somam-se ao desejo de preservar a fé católica contra a penetração dos huguenotes – disfarce religioso para a guerra de caráter político – que a rainha manipula graças à debilidade moral do filho, a quem constrange e submete através de artimanhas e despautérios. Porque Coligny e os seus não se dobram, são, ocultamente, sentenciados à morte, na infame trama que, logo mais, terá o seu desfecho.

Naqueles dias tumultuados e sombrios, na Rue Saint-Denis, nas cercanias do palácio, o jovem se encontra com uma dama recatada, de rara beleza e portadora de elevados dotes do espírito e do coração. É Germaine de Saint Cyran, consorciada e mãe de família, com ascendentes na alta burguesia, esposa de ilustre servidor da pátria e da comunidade parisiense. Aconteceu, então, o inesperado. O jovem, que se apaixonou, desconcerta-se, e cerca a dama, a partir daí, de exagerada cortesia, que se transforma em grosseira perseguição. Das cartas, sem freio na paixão, aos caros presentes, toda uma trama de indignidade é estabelecida em volta da senhora, que se vê obrigada a confessar ao esposo a triste façanha da qual é objeto. Não podendo reprochar, diretamente, a conduta do perturbador do seu lar, o Senhor de Saint Cyran, identificando o persistente e irresponsável desrespeitador da sua paz, solicita e consegue uma audiência com o duque de Guise, a quem apresenta queixa formal e pede providências com respeito que lhe merece o elegante e distinto cardeal. Ouvindo com dignidade, a autoridade promete resolver a questão com a discrição e urgência que o assunto requer, dispensando, gentilmente, o queixoso. De imediato, chamou o jovem François de Montmorency à sua presença e inquiriu-o a respeito da ocorrência. Inexperiente e arrebatado, François lhe confirmou a paixão que o consumia, pedindo-lhe clemência e interveniência a seu favor, sendo convidado à calma, à paciência e ao equilíbrio. Admoestado, no entanto, justificou a atitude afirmando que o Sr. de Saint Cyran era protestante, inimigo da corte e da França, que obrigava a família a seguir-lhe a nefanda seita e se fizera amigo de Coligny, conforme lhe confidenciaram informantes fiéis, por ele contratados. A surpresa estampou-se na face colérica do nobre, que deixou escapar uma frase de ódio: – "Que petulante, esse huguenote! Pedir-me uma audiência para queixar-se contra um membro da nobreza e falar-me de moral!" – Sopitou, porém, o desgosto íntimo e a fúria momentânea, sugerindo, entretanto, a François, serenidade; que ele aguardasse o tempo.

Estava armado o esquema da inimizade, que se arrastaria pelos últimos séculos de dor e sombra.

Para que a memória do adversário recompusesse as evocações, o narrador fez um *stacatto*.

Augusta gemia, suspirando com dificuldade respiratória, que a angústia do Espírito lhe impunha ao organismo submisso. O calceta sentia-se projetado no cenário sob evocação.

Sem perturbação alguma, o caroável instrutor deu curso à narrativa.

– *Após o badalar dos sinos de Saint Germain l'Auxerrois, nos fundos das Tulherias, anunciando o começo da matança, os soldados que acorreram à casa de Coligny trucidaram-no, o que não acontecera na primeira tentativa instigada por Catarina de Médici, quando ele se evadira a tempo. François marchou, também, para a Rue de Saint-Denis e, sem qualquer escrúpulo, estripou o rival, o Sr. de Saint Cyran, e seus filhos, arrebatando a enlouquecida Germaine, a quem prometia uma infame e desnecessária proteção...*

Nesse interregno, Leclerc-Antoine estrugiu, traumatizado e atônito:

– *Basta! Não desejo recordar-me. Não foi assim um crime frio. Era a França que necessitava de ser salva. A peçonha huguenote invadira até mesmo os corredores do palácio e fazia-se mister destruí-la. Saint Cyran lutou, defendeu-se, num combate justo, homem a homem.*

– *Iludes-te* – replicou o mensageiro com severidade. – *Colhido no leito de dormir, em plena noite-madrugada, com o lar assaltado por bandidos que se diziam cidadãos, de que opção dispunha? Não se pôde, sequer, vestir, muito menos empunhar uma arma... Desanestesia a mente e enfrenta-te, consciência desperta, após o que terás motivo para te referires à justiça, ao desforço. Pesam-te, sobre o ser, inúmeros crimes, ignóbeis atrocidades. Qual a religião das duas crianças de cinco e três anos, respectivamente, que trucidaste com os teus asseclas embriagados? Onde tens o senso da moral e do direito? A quem pensas enganar?*

— *Eu estava louco, reconheço* — bradou o desafortunado.

— *E isto justifica a ação odienta, anteriormente programada, em clima de lucidez mental?*

— *Corria riscos pela França e uni o útil ao agradável. Perder a vida pela vida de Germaine não significava muito, tanto eu a queria...*

— *E a sua família, por acaso não a amava, a tal ponto que lhe deu a vida?*

— *Mas eles, os mortos, eram huguenotes...*

— *E ela não o era, igualmente? Por que foi poupada? Será, então, que os seus morriam pela fé, ou porque se lhe vinculavam? Falas de religião, e qual outra a de Deus, senão a do amor? Em que sentença do Cristo vos apoiáveis, à época, para matardes os irmãos, apenas porque se arvoravam em crer no mesmo Deus e no mesmo Jesus, bebendo a lição de amor, no mesmíssimo Evangelho, tão somente por uma questão interpretativa do texto? Silencia a arrogância e a presunção, esquece-te das escusas e encara a realidade, sem* desculpas *nem recursos de fuga à responsabilidade.*

Ainda não concluímos. Ouve-nos mais um pouco. Germaine, aterrada, de alma triturada, foi constrangida a receber-te, em cárcere privado, nas cercanias do seu lar destruído, o que providenciaste adredemente ao conceberes o crime que perpetrarias. Sem qualquer respeito pelo seu infortúnio, falaste-lhe de amor e proteção. O criminoso atrevia-se a desfrutar da vítima inerme, em suas mãos, e propunha-lhe felicidade após aniquilar os sonhos, os afetos e a vida da frágil criatura, a quem desejava explorar, qual animal selvagem que, pelo instinto, devora a presa vencida. Era inevitável que ela se matasse... Não lhe justificamos a loucura autocida. No entanto, te inquirimos: que alternativa lhe restava, sem lar, sem família, vencida e humilhada, perseguida por crer de forma não oficializada pela presunção sacerdotal da época, e nas mãos do destruidor de todas as suas esperanças?... Assim mesmo, o seu suicídio não lhe foi imputado como criminoso, senão a ti, que a induziste à morte horrenda, atirando-se pela janela do improvisado presídio, onde pretendias sujeitá-la, exauri-la, e, passada a onda de vileza moral, abandoná-la na sarjeta ou trucidá-la... Não é verdade?

– *Não, eu a amava e a queria para esposa.*

– *E porque a querias, numa paixão primitiva, deveria ela renunciar à família, e esta ao seu amor e carinho, para que os fruísses tu? Não tens outro caminho a seguir, exceto o da reconciliação, despertando para o bem. Aproveita hoje, agora, enquanto urge o tempo e as condições se te fazem favoráveis. Do nosso ponto de vista, pedimos-te que perdoes, não obstante ela, sim, é que te deverá perdoar a insânia, os males que lhe causaste nestes largos séculos de dor...*

– *Mas eu sofri até a morte a sua perda. Foi a minha pela sua vida...*

– *É verdade que a choraste, mais pelo remorso e pela frustração de não a teres dominado, que pela falta do seu amor, que buscaste em outros círculos de viciação e perjúrio, de perversão e embriaguez. E a morte tomou-te, porque nenhum corpo humano permanece-lhe indene à consumação.*

– *Isto lhe justificaria fazer-me o que me fez em 93?*

– *Não! Um mal não anula outro equivalente, e um crime não deixa de ser passível de punição, se pretende apagar aquele que o precedeu e lhe deu origem. Só a Justiça de Deus dispõe dos recursos para o equilíbrio perfeito do critério da vida; apesar disso, o amor compassivo que desculpa faz-se o meio seguro de invalidar qualquer delito, interrompendo a cadeia sucessória das arbitrariedades criminosas. Por isto, deve cessar aqui o efeito danoso de tantas atrocidades, de modo a abrir-se novo ciclo.*

Jeanne-Marie te amava, dentro dos seus limites de insensatez, e te temia, evocando os tristes episódios de antanho. Nesse vaivém dicotômico dos sentimentos desatrelados de seguro comando, reencontrou Claude Joseph de Saint Cyran, entre os teus inimigos de partido e de fé, entregando-lhe a alma saudosa e angustiada. Incapazes ambos de te perdoarem e preservando, no inconsciente, a memória da tua torpe conduta, delinquiram, traindo-te... Por sua vez, não fugiram à vida, embora se evadissem de Paris e volvessem mais tarde... Os filhinhos que lhes arrancaste do coração afetuoso aguardam o retorno ao teu lado, quando ela puder reunir-vos, a ti e a eles, na maternidade redentora. Entrementes, os teus verdugos ainda não te encontraram, pois que te fazes, por tua vez, vingador. Eles te esperam, os teus perseguidos, aqueles cujas existências destruíste, os bens tomaste e os amores ceifaste. Tu, que te crês justiçador, considera o teu momento de ser justiçado... Assim, sê clemente e desculpa, granjeando a compaixão das tuas vítimas, que em breve te encontrarão.

Árdua ascensão

– *Não posso!... É-me impossível retroceder nos meus propósitos de desforço, acalentados há muito tempo.* Rendre la pareille[24] *é o meu lema. Não admito, portanto. Vou-me por enquanto...*

– *...E que o Senhor te abençoe, concedendo-te lucidez para discernires o que queres fazer daquilo que deves e te cumpre fazer.*

E após breve reflexão, concluiu:

– *Confiemos na vitória do bem e amemos sempre, sejam quais forem as circunstâncias. Guarde-nos, Jesus, na Sua paz.*

Lentamente, Armindo recobrou a lucidez mental, enquanto Augusta dormia serenamente.

Muito comovido, o Dr. Hélio Garcia aplicou passes nos dois irmãos, médiuns de psicofonia, e, orando, encerrou a reunião da noite.

Lucilavam, na casa musicada pelas blandícias da prece, *astros* espirituais, em claridades diamantinas, anunciando uma fase de paz e renovação familiar.

Quase todos tinham os olhos orvalhados de pranto de felicidade.

---

24. *Rendre la pareille* – Pagar na mesma moeda.

10

Informações oportunas e diretrizes para o porvir

Tão logo Augusta despertou, D. Helena sugeriu a Célia que providenciasse um alimento quente, reconfortante, enquanto a conversação agradável tomou o rumo das generalidades.

O Dr. Hélio era homem amante da cultura. Além da sua dedicação jurídica, amava a História e a Literatura, em cujas fontes hauria beleza e se aprofundava, buscando encontrar as raízes dos acontecimentos humanos, à margem das seguras informações espíritas. Às suas horas excedentes, que o trabalho rigidamente atendido lhe permitia, ele estudava o passado da Humanidade, tentando entender o presente.

Por uma circunstância especial, amava a França – acreditava ter vivido lá, em alguma ocasião não muito remota –, o que lhe fez estudar com carinho os fastos e acontecimentos importantes, travando relações culturais com os seus filhos, que formavam a imensa constelação dos gênios e filósofos que trouxeram luz ao mundo sombreado pela ignorância.

Assim, como seria fácil de compreender-se, *à bon droit*[25] os episódios da *Noite de São Bartolomeu* e da *Revolução de 1789* mereceram-lhe especiais estudos e pesquisas, mediante os quais se assenhoreara, quanto possível, dos seus fenômenos sociológicos, religiosos, políticos e humanos...

Presenciado o hábil diálogo orientado pelo benfeitor espiritual, não se pôde furtar ao entusiasmo, à emoção.

Assim, tão logo o momento se lhe fez oportuno, ele procurou explicar à família, de poucas luzes intelectuais na atual reencarnação, o que foram aquelas extraordinárias ocorrências históricas, que contribuíram para os rumos do comportamento dos povos e nações do passado...

---

25. *À bon droit* – Com razão.

Primeiramente, obedecendo à cronologia dos fatos, reportou-se às dificuldades de relacionamento político e religioso entre a França, a Espanha e a Holanda, no século XVI; a aliança secreta entre as duas primeiras nações contra a última e os lamentáveis sucessos da matança odienta e indiscriminada, que trariam para o país a herança macabra, a manifestar-se nos ignóbeis *dias do Terror*, durante os quais vítimas e algozes do passado culposo voltavam a defrontar-se nos duelos selvagens, que enlamearam a memória dos lídimos autores dos ideais democráticos de liberdade, os filósofos, pais da revolução.

Recordou a narrativa do instrutor, situando a família no clima daqueles momentosos movimentos, o que lhe granjeara a penosa posição aflitiva que ora experimentava.

Fazia-se mister que os envolvidos na trama dos fatos se conscientizassem deles, de modo a gerarem novos efeitos mediante a produção de causas positivas, com as quais se armariam de valores para a luta de ascensão espiritual na qual se encontravam a braços.

– *Os abusos, de qualquer natureza, praticados* – expôs com segurança – *desencadeiam forças correspondentes, desagregadoras, que retornam àqueles que os acionaram. A astúcia, a perversidade, o ódio, heranças sinistras do primitivismo donde procede o ser, são os responsáveis pelas misérias de toda ordem que açoitam os homens e os países, desaguando no oceano das infelicidades individuais e coletivas daqueles mesmos que as provocaram. Viajor incansável do processo da evolução, o Espírito respira no clima a que fez jus pela conduta e aspirações íntimas. Reencarnando e desencarnando, promove-se ou estaciona na classe de aprendizagem que melhor lhe apraz. Nunca lhe faltam as motivações, os estímulos para a marcha ascensional. A sua preferência pessoal, pela renovação e felicidade ou acomodação e gozo, fá-lo conseguir aquilo a que mais aspira, propondo-lhe o avanço ou o retardamento nas trilhas do progresso que lhe cumpre alcançar. Herdeiro das suas próprias ações, renasce com os valores de que se utilizou mediante as aptidões, tendências, conhecimentos, saúde, ou limitação, dificuldades, asperezas, que deve enfrentar.*

Evitando ser fastidioso e monótono, diante de pessoas desacostumadas a raciocínios filosóficos mais complexos, entremeava a narrativa com alguns lembretes de bom humor, em face dos quais provocava o riso sem a gargalhada e a alegria sem a vulgaridade, logo retornando ao tema central, do qual retirava lições de proveito geral.

Quando o tema se fez mais específico em torno das *leis de causa e efeito* moral, envolvendo a família Patriarca de Jesus, que jamais suspeitara de algo semelhante, nas rudes provanças experimentadas, buscou atenuar as impressões negativas deixadas por Leclerc-Antoine, sem encobrir as responsabilidades em que todos se encontravam envolvidos.

Fortemente inspirado pelo mentor do grupo que dirigia, foi-lhe possível preservar a psicosfera de otimismo no ambiente e concentrar a atenção dos ouvintes em torno da narrativa agradável quão surpreendente.

Por sua vez, Armindo, escutando com imenso interesse aquelas informações, reunia os fragmentos das lembranças e as parcelas dos fenômenos psíquicos de que se via objeto, completando o quadro da compreensão lógica da sua existência.

Reflexionava a respeito da vida familiar, desde a desencarnação da genitora – admirável mulher sem cultura, mas, paradoxalmente, sábia, conforme o demonstrara nas palavras e atos –, das provações sustentadas sem rebeldia, como se todos os membros soubessem que mereciam tais dificuldades, vivendo com honra e sacrifício, sem qualquer ônus para a economia sociomoral da comunidade onde atuavam.

Outrossim, recordava-se das *visões* que lhe apresentavam páginas vivas do drama humano, com personagens reais, que ele parecia identificar no clã em que se encontrava situado.

O agressor da irmãzinha e suas estranhas vestes não eram uma alucinação, antes uma realidade...

A divagação mental retirou-o, momentaneamente, do recinto, quando se sentiu nomeado pelo generoso juiz, que a ele agora se referia mais diretamente.

– *O nosso Armindo* – acentuou com habilidade – *está, igualmente, envolvido nos dois fatos históricos, bem próximo à irmã Augusta e a Leclerc-Antoine, pois que, do contrário, não estaria convidado a uma ação vigorosa e tão importante, quanto a que ora executa.*

E, após rápida reflexão, aduziu:

– *A sua mediunidade natural e clara é de grande valia para a sua evolução. A negligência a respeito da sua educação espiritual e moral responderá por males imprevisíveis, tanto quanto a boa direção que lhe der resultará em bênçãos inimagináveis... Posso antecipar-lhe, no entanto, que uma responsabilidade de tal monta constitui valioso ensejo de reparação de graves delitos, com perspectivas de conquistas superiores e suas recompensas ditosas, inevitáveis...*

Não lhe será fácil o desempenho de tão nobre missão, porquanto se verá cercado, a princípio, dos temerários inimigos que buscarão perturbá--lo, reencarnados ou não, mediante lutas sem quartel. Adversários gratuitos *surgir-lhe-ão à frente, agressivos e inescrupulosos, tentando perdê-lo. A taça* de fel *e os* espinhos *da incompreensão ser-lhe-ão oferecidos a cada trâmite do caminho, e a soledade, não poucas vezes, fá-lo-á verter dorido pranto... Todavia, diferente não tem sido o caminho dos benfeitores da Humanidade em todos os tempos, nos mais diversos campos das edificações com objetivo superior. Jesus é o exemplo máximo, e n'Ele será em Quem encontrará inspiração e segurança, através dos guias espirituais que nunca o deixarão em sofrimento solitário, enquanto com eles conviver moral e psiquicamente, entregue à ação do amor ao próximo e da caridade sem limite. Preservando a pureza íntima, mesmo que entre corrompidos e viciosos, ajustando-se ao programa do bem, embora o contubérnio do mal, estará amparado, avançando para a liberdade real, aquela que romperá as algemas do corpo, sem novo e penoso encarceramento.*

Ampliando as observações e conselhos, completou o quadro de esclarecimentos:

– A irmã Augusta recuperará, mediante a ajuda de Deus, a saúde mental e física, para prosseguir no compromisso a que se vincula, na atual reencarnação. Esclarecido do erro a que se aferra no momento, o atual inimigo despertará, propondo-se a ajudá-la, ao mesmo tempo que pedirá auxílio, porquanto a redenção dos envolvidos no drama infeliz dependerá do esforço de todos, cooperando uns em favor dos outros, e reciprocamente. A reabilitação pessoal constitui um programa de ação conjunta dos participantes da tragédia. Desse modo, a educação das forças psíquicas, num atendimento correto à mediunidade, a preservação e o burilamento das conquistas morais far-se-ão os primeiros recursos para o equilíbrio dos litigantes, que se proporão a um trabalho digno quão imediato. Certamente que não será um tentame para breve prazo. Oxalá não lhe faltem a decisão firme para acertar e a coragem moral para conseguir a meta. Esse labor é de cada um e não pode ser transferido, assinalando-se por altos e

baixos da emoção nem sempre harmonizada, sob os contínuos acicates e interferências das próprias imperfeições íntimas, que são os mais difíceis impedimentos a ser vencidos.

Da mesma forma, não lhes serão regateados reforços de paz nem de inspiração. Pessoas gentis, antigos amigos e afetos lhes cruzarão o caminho com valiosos auxílios que lhes colocarão ao alcance, porque o Senhor não deseja "a morte do pecador, mas a morte do pecado", conforme a linguagem evangélica mui acertada.

A senhora Garcia, que se mantinha silenciosa, assim que o esposo terminou, pediu licença e explicou, sem presunção:

– Também eu mourejo na mediunidade. Além da psicofonia ou incorporação, como vulgarmente é conhecido o fenômeno que acabamos de presenciar através dos amigos Augusta e Armindo, consigo ver e escutar os Espíritos. Por ocasião do nosso primeiro encontro, quando nos acompanhou até aqui o caro Guilherme, observei a presença de Entidades trajadas à moda dos séculos XVI e XVIII, aparentando e mantendo os mesmos hábitos das respectivas cortes e povo, transtornadas umas, sofridas outras e diversas em carência profunda, demonstrando aturdimento e hibernação, na inconsciência aparente de que davam mostras... Leclerc-Antoine, lúcido, destacava-se, açulando umas e outras, reprochando algumas, por sua vez ideando as formas pretéritas, que assumia conforme a intensificação do ódio ou a fixação das lembranças. Entrementes, também vi a mãezinha da família, que participara daqueles eventos funestos, agora recuperada, gozando de invejável situação espiritual, não obstante ao lado dos afetos encarnados, cooperando pela aquisição da paz, através da recuperação moral inevitável de todos, de cada um por seu turno...

Hoje, repetindo-se, relativamente, o mesmo quadro espiritual, pude detectar o benfeitor que conduziu o diálogo, utilizando-se de Armindo, e que, em momento oportuno, explicou-me que acompanha o pupilo desde época mui recuada, quando foi expressiva autoridade no Egito antigo e infligiu, por orgulho, severo castigo ao ser amado, a cujo lado tem estado desde então, movimentando recursos de elevação para ambos, sob a inspiração de alma nobre e elevada, por cujo amor se devota ao bem, a fim de fruir-lhe a convivência, no futuro, em estância de ventura, quando todos estejam liberados dos compromissos imediatos para com a mãe-Terra...

Ante o interesse ampliado dos ouvintes, que não cabiam em si de contentamento, graças às surpresas que se sucediam num caleidoscópio de bênçãos, a senhora deu curso às informações:

– *Percebi, também, enquanto as comunicações se davam, que o nosso jovem amigo, como bem elucidou o Hélio, avançará por caminho estreito e rude, no entanto, sob a custódia de amorosos guias que o sustentarão por toda a vilegiatura, socorrendo-o e amparando-o a todo momento, a depender, naturalmente, da direção que aplique às próprias faculdades mediúnicas. Eu, porém, pressinto-lhe o êxito.* Sinto *que foi adestrado, especialmente, por hábeis programadores das reencarnações, para o ministério que irá exercer. Recursos magnéticos e providências cuidadosas foram-lhe aplicados, objetivando o futuro corpo, a fim de poder resguardar-se dos muitos males que consomem as mais belas aspirações e perturbam seguros planos elaborados, que malogram durante a sua execução na Terra. Além do mais, ao lado dos seus compromissos a reparar, a sua* folha de méritos *é expressiva, facultando-lhe claridades do* arco-íris *nos sítios mais penumbrosos, nos lugares dos testemunhos do coração...*

Vi-o a caminhar por sinuosa vereda, no alto de montes escarpados, sob chuva contínua e vento impeditivo ao avanço. Gritos e clamores lhe chegavam aos ouvidos atentos, rogando ajuda... Ao invés de seguir, no entanto, ele se detinha, sob perigos iminentes, distendendo socorros com mãos amigas e palavras alentadoras que acalmavam os mais desesperados. Quando as circunstâncias mais penosas ameaçavam-no de queda no abismo, nem mesmo assim ficava indiferente ao destino dos padecentes... Prosseguia, orando, e adornava-se de irradiante claridade que alcançava os dementados e mais aflitos... Porque assim rumasse, de súbito atingiu imenso plano no alto da serrania, onde brilhava o Sol, num festival de cor e luz. A multidão que o aguardava era imensa, traduzindo, nos rostos iluminados, a alegria e a gratidão. Em muitas mãos estavam livros que, ao serem abertos, derramavam claridades diferentes, em tons que jamais conheci em outras circunstâncias. Um coral infantil vestia a claridade com mavioso som em murmúrios de prece gratulatória pela sua chegada. Transfigurou-se... E nada mais pude notar.

Enquanto Armindo chorava discretamente, pois que ele já conhecia o caminho da soledade afetiva e tivera contato com os primeiros lances da renúncia, do sofrimento e da amargura, a médium educada arrematou:

– *Posso depreender, por inspiração superior, que aí estão delineadas as diversas fases da sua marcha redentora. A aspereza, na primeira etapa, com testemunhos de fé e perseverança contínua, para, ao mesmo tempo, socorro aos caídos nas anfractuosidades e abismos da rota, a fim de atingir o planalto da sublimação onde o aguardarão aqueles beneficiários redimidos, os a quem auxiliou no avanço, e aqueloutros que o bendirão pelo que ele fez aos seus pupilos e amores do mundo... Será, porém, longa a marcha, eivada de escolhos, nunca, todavia, sem o heliotropismo divino atraindo para cima, para a vitória. Desse modo, filho, não tema nem se detenha, haja o que houver. Sua mãezinha e seus mentores ampará-lo-ão na escalada para a luz. Não se retarde, para justificar-se ou defender-se. Só o silêncio das palavras permite a voz das ações, que fala alto e se torna a defesa de quem não dispõe de tempo para a tagarelice insensata e perniciosa de que se utilizam os frívolos e habituais perturbadores do progresso. Ame e sirva, mesmo que desamado e sem apoio, aparentemente, no mundo. Fale sobre o bem, escreva a mensagem do bem e viva-o, sobretudo. Livros escorrerão do Além pelas suas mãos, e até aonde você não for, esses filhos luminosos, gerados pelo conúbio entre os guias da Terra e você, lá chegarão, espalhando claridade estelar, que consolará, em nome de Jesus, esse multissecular perseguido, que ainda se demorará sob os camartelos dos violentos e presunçosos que Lhe detestam a pacificação e a humildade. Por amor a Ele, você será atingido, jamais vencido. O amanhã está próximo, e o futuro mais distante já está chegando, na melodia das horas que se acercam, na condição de prelúdio dos dias que virão. E que Deus o abençoe!*

A senhora Helena, que começara a elucidação mediúnica sob inspiração, concluiu-a visivelmente em transe, sob o comando do seu mentor, igualmente interessado no programa do missionário do amor e da fé, que se iniciava no ministério da dedicação.

As emoções se apresentavam quase superlativas, tal a felicidade que visitava aquele ninho onde, até há pouco, o sofrimento habitava.

É certo que os problemas não estavam resolvidos, entretanto, os recursos chegavam para as pelejas que viriam.

À bon entendeur salut[26] – ensina o refrão popular. Ali foram enunciadas diretrizes para largas e permanentes experiências da evolução que

---

26. *À bon entendeur, salut* – A bom entendedor, meia palavra basta.

envolviam os ouvintes no programa para o futuro espiritual, pungente ou ditoso, conforme a eleição que cada qual fizesse, a de como conduzir a existência.

Quando o casal se despediu, deixando a família embevecida, ditosa, Armindo buscou o quintal, onde, por hábito, meditava contemplando o zimbório estrelado, e entregou-se à reflexão, deixando-se levar àqueles ninhos de luzes e bênçãos, "moradas ditosas da Casa do Pai".

11

RECORDAÇÕES ELUCIDATIVAS
E ANGUSTIANTES

Obviamente não mudou muito o quadro da problemática obsessiva que padecia Augusta.

Nos dias subsequentes, a terapia socorrista seguiu o curso normal em casos desta natureza. As crises se alternavam em frases violentas e perturbadoras, não mais, porém, atingindo os índices já alcançados.

Por outro lado, o comportamento da enferma e dos seus familiares experimentou uma radical transformação. Seguindo, à risca, a orientação do casal Garcia, que amiudou as visitas àquele lar, o psiquismo ambiente se alterou para melhor, influenciando o comportamento do agressor desencarnado, assim como o dos seus pares.

Célia, que permanecia nos afazeres domésticos, percebia com facilidade as alterações na conduta psicológica e nas atitudes da irmã, aprestando-se a assisti-la com conversação edificante, leituras amenas e otimistas de *O Evangelho segundo o Espiritismo*, que lhes fora brindado pelo juiz, esclarecendo-se e consolando-se nas suas páginas pontilhadas de sabedoria e de luz.

Essa conduta passiva, enriquecedora de amor e compaixão, a princípio produziu irreprimível desejo de acelerar a vingança, por parte de Leclerc-Antoine, que, não encontrando ondas mentais de resistência pelo ódio, viu-se atingido, a pouco e pouco, por essas vibrações que o dulcificaram de alguma forma, quebrantando-lhe a dureza e inflexibilidade dos propósitos malfazejos.

Outrossim, os Patriarca de Jesus, especialmente os envolvidos na peleja: Augusta, que apresentava sinais de recuperação orgânica; Armindo, que se fazia excelente instrumento para as psicofonias; e Célia, que necessitava de adestramento, a fim de melhor cooperar com os irmãos-médiuns, encontravam-se noutra faixa mental de comportamento.

Em momento próprio, Célia foi orientada na técnica fluidoterápica, dos passes e da água magnetizada, para ocasião oportuna, passando a existir um ambiente de acentuado e crescente bem-estar.

Em cada reunião mediúnica, na qual se fazia ouvir o Espírito indigitado mediante conversação sem azedume, este era levado a examinar o seu problema em profundidade, ora pelo Dr. Hélio, outras vezes por Guilherme, ocasiões outras pelo mentor de Armindo, que convergiam com acerto para a questão da Divina Justiça e o equilíbrio das leis diante de qualquer acontecimento.

Esclarecimentos fundamentados na moral preconizada pelo Cristo, discussões com suporte filosófico retirado da Lei de Causa e Efeito, em linguagem afetuosa, foram trazendo o perseguidor à razão e à ordem.

Demonstrou-se-lhe a própria responsabilidade na origem da pugna injustificável, e apelou-se-lhe para os valores da misericórdia, já que ele se negava ao amor e ao perdão que todos, por mais empedernidos se apresentem, possuem nos sentimentos.

Da agressão contundente, o desencarnado passou à lamentação e ao sofrimento que ora descambavam para o pessimismo. Amparado a tempo e motivado à renovação através da esperança nos dias porvindouros, reajustou-se-lhe a emoção, e os acenos da harmonia passaram a transformar-se em auspiciosa recuperação de ambos os litigantes.

Nesse ínterim, toda a família se afeiçoou aos Garcia, a Guilherme e ao casal Ferreira, Antônio e Beatriz, que eram membros atuantes da célula espírita que funcionava na residência dos primeiros.

Surgiram, então, as excogitações inicias para a organização de uma entidade com caráter público, que pudesse receber outros interessados ou pessoas necessitadas, entre os sofredores que enxameiam por toda parte.

Com a assistência demorada a Augusta, Guilherme passou a dialogar mais tempo com ela, orientando-a quanto à conduta doutrinária na educação da mediunidade.

Sejamos diretos e claros: desde o primeiro encontro, na visita que procedeu à obsessa com os Garcia, ele experimentara um grande impacto emocional ao vê-la, que procurou dissimular o quanto pôde.

Homem de meia-idade então, solteiro, já não se sentia inclinado para o compromisso matrimonial, por não se haver sensibilizado, em todo esse tempo, por alguma jovem que o pudesse cativar e felicitá-lo. Deixara, desse modo, a questão para o momento que acontecesse, não lhe dedicando mais amplas considerações. Todavia, ouvindo as acusações do agressor espiritual, apesar de adestrado no trato com os obsessores, não lhe foi possível sopitar a animosidade natural e injusta que ele lhe causou, chocando-se a si mesmo ante essa reação inesperada de sua parte.

Os sentimentos dicotômicos que então o assaltaram perturbaram-no ligeiramente, e ele procurou superar e justificar o fato sob a alegação de mal-estar inesperado, defluente da situação da obsidiada: piedade pela vítima e inamistosidade pelo perseguidor. No entanto, sempre que se recordava da cena constrangedora, experimentava um choque íntimo, procurando racionalizar o que lhe sucedia e identificar aquela jovem nas paisagens da sua vida... Propôs-se, então, a investigar mentalmente o que acontecia e passou a rebuscar os clichês mentais que lhe constituíam os arquivos das experiências pretéritas.

Aussitôt dit, aussitôt fait.[27] Num dos encontros doutrinários, em que lhe coube falar a Leclerc-Antoine, foi este quem lhe rompeu o véu do esquecimento, reagindo à sua animosidade inconsciente, através da seguinte afirmativa:

– *O senhor não me engana! Sinto-lhe os dardos da antipatia com que me fere, se de propósito ou não, desconheço...*

Guilherme intentou negar o fenômeno psicológico, mas a Entidade foi além, revidando:

– *Tranquilize-se, meu caro senhor, porque lhe desejo informar que os meus sentimentos em relação à sua pessoa são, igualmente, de repulsa, para não dizer de uma forma mais verdadeira. Tenho intentado descobrir donde procedem, já que os senhores me estão a afirmar quanto às causas cujos efeitos nos atingem, mas ainda não hei logrado alcançar. No entanto, não perderemos muito por esperar...*

Por sua vez, Guilherme, ante a informação, experimentou estranha mágoa, assinalada por aguda e repentina revolta, que se fazia acompanhar de um curioso e torpe desejo de tornar aquele Espírito mais infeliz,

---

27. *Aussitôt dit, aussitôt fait* – Dito e feito.

além do que já o era. Reagiu recorrendo à oração, desconcertando-se intimamente, por jamais haver-se permitido uma leviandade, uma *tentação* de tal natureza. Não esqueceu, porém, o desagradável incidente, permanecendo-lhe o enigma.

Noutro ensejo, em que era o Dr. Hélio quem falava ao francês desencarnado, este, sem nenhum motivo aparente, declarou:

— *Nesta casa, vejo-me cercado de inimigos, e por isto hei de defender-me, investindo com fúria antes de ser atacado, e por esta razão deverei encerrar este infeliz* affaire à toutes jambes[28] *para fruir o prazer da vingança completa.*

Como não era o caso de ali travarem-se duelos sob o estímulo da curiosidade inoportuna, o doutrinador hábil não o interrogou, conforme ele esperava, o que o fez tornar à carga, denunciando:

— *Entre outros que aqui me são adversários, o Sr. Guilherme é nada mais nada menos do que o infame Claude Joseph de Saint Cyran, ou melhor, o bandido Bertin, a quem devo o duplo infortúnio...*

O Espírito prorrompeu em copioso pranto, no qual extravasava desespero e rancor, enquanto os demais participantes foram colhidos pelo choque da revelação, especialmente o apontado, que, não se houvesse disciplinado por largo tempo, na conduta psicológica e emocional, teria reagido, conforme o ímpeto que o espicaçou, complicando o quadro do socorro geral, em face da recordação que brotou de chofre...

— *Acompanhei-o, recentemente* — aclarou o comunicante —, *permitindo-me visitá-lo no lar e conviver por um pouco ao lado de residentes e conhecidos seus, ora definitivamente domiciliados no* país de cá. *Por intermédio deles, que me atenderam prestativos às interrogações, soube de quem se tratava o espírita, logrando descobrir-lhe a origem e constatar que o* huguenote, *inimigo da fé católica, prossegue adversário da Igreja e de Deus. Segui-o com pertinaz cuidado e sondei-lhe o íntimo, quanto me foi possível, descobrindo por que me detesta e me fere com as flechadas mentais da antipatia, aliás, recíproca, volto a afirmar...*

Sem qualquer alteração na voz e na conduta emocional, o Dr. Hélio interrompeu-lhe a inoportuna revelação, elucidando:

---

28. *À toutes jambes* – A toda pressa.

– Quatrocentos anos quase, após as furibundas paixões religiosas, não te ofereceram a oportunidade para a revisão de conceitos, abandonando as ideias carunchadas do passado para te dignificares com as profundas informações, que hoje comovem e conduzem uma boa parte do pensamento terrestre procedente da Esfera espiritual onde te encontras, como Espírito imortal que és, Mundo causal donde partimos e para o qual todos retornamos. O fato de alguém não ser católico não o torna adversário de Deus ou n'Ele descrente. Se bem te recordas, Cristo não pertencia à Igreja a que te aferras, Sua Religião era o amor na sua mais profunda e ampla significação.

Nosso Guilherme é espírita, cristão, portanto, afervorado e fiel, dedicado ao teu e ao nosso bem. Tu o tens ouvido falar com meiguice e sinceramente interessado no teu problema, porque o corpo lhe amorteceu as reminiscências e a luta moral lhe vem aperfeiçoando a alma, para que ame e se liberte de qualquer mal porventura nele resistente... Se ainda reage à tua presença psíquica, isto se deve à tua irradiação fluídica negativa que o atinge... Mas não nos atenhamos a este desvio do problema central, que é a tua renovação definitiva.

À guisa de auxílio, dir-te-ei que o Espiritismo surgiu como Doutrina, em França, por metade do século passado, quando Allan Kardec, pseudônimo do eminente Prof. Hippolyte Léon Denizard Rivail, apresentou o resultado dos seus estudos e investigações em torno dos fenômenos parapsíquicos que, em todos os tempos, se manifestaram na Humanidade, dando-lhes uma coordenação lógica e uma ética moral defluente do fato largamente comprovado. Porque envolvendo o Espírito, o seu destino após a morte, as suas relações com os homens, a Justiça Divina das reencarnações, a moral do Cristo como base, é a Religião da razão e da lógica, da Ciência e da Filosofia, sem qualquer compromisso com dogmas, cerimônias, cultos, ortodoxias, sacerdócio. É a religação da criatura com o Criador, sem quaisquer intermediários. Graças a essa Doutrina, que nos libertou das superstições e crendices, da ignorância, dando dignidade moral e cultural à mediunidade, aqui nos encontramos dialogando, caídas as barreiras que, aparentemente, nos impediam a comunicação. Agora, nesta era feliz, Ciência e Religião abraçam-se, auxiliando-se reciprocamente na elucidação dos enigmas e liberação das dificuldades, objetivando o homem integral.

E com habilidade, desviando o assunto de cair em discussão vazia quanto inoportuna, arrematou:

– Novamente, a França gloriosa ofereceu ao mundo uma Doutrina completa para guiar o pensamento, unir os homens e as nações num mesmo ideal de fé, de verdade sem preconceitos nem paixões seitistas. Como se muitos dos idealistas de 89, renascendo sob as evocações daqueles dias, ou ainda no Além-túmulo, apresentassem a tríade filosófica que implantaram nos povos, em vestes novas, que Allan Kardec traduziu como: "Trabalho, Solidariedade e Tolerância", e os "direitos humanos" ressurgissem no lema: "Fora da caridade não há salvação".

O argumento sólido silenciou o comunicante, que apenas acrescentou:

– Ei-los juntos outra vez!... – referindo-se a Guilherme e a Augusta.

Havia um misto de ciúme e queixa na voz, que o juiz compreendeu e buscou amenizar, ajuntando:

– Já não é o amor físico, nem a paixão asselvajada que os reúne, mas a caridade por ti, o interesse de socorrer-te que trouxe Guilherme até Augusta, obedecendo aos desígnios de Deus, que nos escapam, o que demonstra e comprova a fragilidade do ódio, a injustificável vingança, considerando-se que nada acontece ao acaso e que a barca das nossas existências não navega no mar da vida à matroca... Resolve-te, então, pelo amor...

Leclerc-Antoine, caindo em mutismo, retirou-se de imediato.

Guilherme ficou profundamente comovido. Explicavam-se, dessa forma, os seus sentimentos, a inquietação que passou a assaltá-lo desde o início da terapia desobsessiva aplicada em Augusta.

Deu-se conta de que a preocupação constante com a enferma, a ternura e compaixão que o tomavam eram o ressumar do amor de ontem, a afeição que lhe enflorescia a alma taciturna e o coração solitário.

Terminada a reunião, na volta ao lar dos Garcia, confidenciou aos amigos a ambiguidade de sentimentos de que se via objeto.

Foram entretecidas demoradas considerações e houve-se por bem concluir que aquelas emoções deveriam ser freadas, enquanto demorasse o tratamento do Espírito e, por consequência, de Augusta, de modo a evitar-se o recrudescer de lutas decorrentes das paixões pessoais e dos interesses imediatos, sobrepondo-se a tais o amor fraternal, a experiência vívida da caridade.

De plein droit,[29] Guilherme procurou reformular as ideias e conduzir com acerto as tendências afetivas que lhe não obedeciam ao comando.

---

29. *De plein droit* – Incontestavelmente.

Surpreendia-se, vezes inúmeras, remoendo mentalmente o drama da obsessa e, agora, descobrindo-se na condição de coautor da trágica morte do antigo adversário político e afetivo, mais se sentia impelido a auxiliar, desdobrando-se no atendimento e na assistência à enferma e, por extensão, aos seus familiares.

Percebendo-lhe o descambar para a área perigosa do envolvimento pessoal, que perturbaria o plano de socorro fraterno, Dr. Hélio falou-lhe com franqueza que iria distanciá-lo do atendimento mediúnico e doutrinário, naquele *affaire*, a fim de evitar o agravamento das mágoas do antigo François de Montmorency, permitindo-lhe, inevitavelmente, campo mental para as conjecturas e reflexões, evitando envolver emocionalmente Augusta, cuja organização nervosa abalada se ressentiria diante de comoções desta ordem.

Guilherme anuiu de boa mente às justas observações do amigo, passando a manter diálogos de esclarecimento com Armindo, cuja doçura e pureza o haviam conquistado, qual ocorria com todos que dele se acercavam, sem deixar de ser amigo afervorado e conselheiro gentil da enferma em lenta recuperação.

A convivência de Guilherme com Armindo resultava em benefícios para ambos. O primeiro transmitia ao jovem segurança e apoio, esclarecimentos e paz, enquanto o outro filtrava com facilidade instruções espirituais de alta significação, que não compreendia, e surpreendia o amigo que se deixava comover.

Numa dessas tertúlias do coração, Armindo, reticente, referiu-se:

– *Tive um sonho, há poucas noites, muito significativo... Via-me num palácio imenso, onde eu era uma jovem que desfrutava da confiança e da afeição dos ali residentes, pessoas poderosas e, por que não dizer, de compleição moral vingativa, para não as caracterizar como más... Com liberdade de movimentação, vi-me, em certa noite, na penumbra de uma câmara real, onde se articulava um plano macabro, que me aterrorizou. Tratava-se de matança terrível, que logo mais se consumaria, embora os protestos de um sacerdote bondoso e de algumas damas compassivas, que intentavam impedir ou desviar a clava que estava prestes a cair trucidando a vida, conforme logo mais sucedeu... Despertei aflito e banhado por álgido suor.*

– *Não tenho dúvidas* – assentiu o ouvinte – *de que te encontravas nas Tulherias, naqueles dias turbulentos, acompanhando, inocente, a luta dos titãs do ódio, os gênios da guerra que sempre se locupletam sobre os cadáveres dos vencidos, eles mesmos cadáveres que respiram e não fugirão ao mesmo destino.*

— Revejo-me — falou, novamente, com timidez *— nos cenários de muitos acontecimentos, enquanto meu corpo dorme. Sinto-me como que conduzido a esses lugares, sem saber-me explicar se eles estão impressos dentro de mim ou arquivados em algum lugar aonde sou levado. Graças a essas recordações ou visões, pressinto que muitas dores me alcançarão no curso desta existência, e que o meu guia me leva a tomar conhecimento desses fatos de modo a preparar-me para porvindouras provações... Que parece ao amigo?*

— Tens toda a razão — confirmou o interlocutor. *— Esses fenômenos são chamados de* desdobramento *da personalidade. Tanto és levado aos arquivos siderais, nos quais estão registradas, através das técnicas especiais que ainda desconhecemos, todas as ocorrências da Terra, como são ressuscitadas da tua própria memória extracerebral, aquela que é patrimônio do perispírito, esse ser intermediário entre o Espírito e a matéria, constituído de substância sutil e maleável... Não te preocupes em demasia. Deixa-te arrastar pela mensagem de otimismo que te vitaliza a alma e prepara-te, confiante. A nossa é a senda da luta redentora com os olhos postos no exemplo de Jesus, a Ele entregando-nos, tranquila e docemente.*

Os diálogos entre os amigos sucediam-se na tônica dos temas edificantes e dignos, com os quais ambos se fortaleciam para as tarefas que lhes cumpriria desenvolver.

A fraternidade que os unia procedia de antes e era a ponte de luz para a conquista do amanhã.

12
PERFIS HUMANOS E SUCESSOS NOVOS

Concomitantemente aos acontecimentos narrados, o Sr. Demétrio apresentava um comportamento estranho.

Recuperado da crise alcoólica, quando foi instrumento dócil à inspiração perniciosa do obsessor, adotou uma conduta retraída, em que o pessimismo e o azedume se faziam presença constante.

Embora não se furtasse a ficar em casa, nas vezes em que se programavam as reuniões de socorro à filha necessitada, evitava participar da conversação que se generalizava após os eventos, num mutismo desagradável, descortês, chegando a ser embaraçoso aos filhos diante dos visitantes gentis.

Não era, no entanto, estranhável a sua atitude. Homem rude e temperamental, era dono de um caráter irritadiço e agressivo, que os filhos toleravam pelo respeito que é devido aos pais.

Mourejando em atividade modesta e pouco rendosa, a aproximação da velhice diminuíra-lhe a capacidade de granjear mais recursos, tornando-se, praticamente, um hóspede no lar, que os filhos mantinham graças à luta que travavam. Mesmo assim, impunha-se como o *dono da casa*, numa colocação patriarcal às vezes intolerável.

Não participando das conversações iluminativas, é lógico, prosseguia desacreditando nos fenômenos espíritas, que ele desconsiderava.

Respeitava o Dr. juiz, mas tinha-o na condição de ingênuo, por gastar tempo com essas ridículas questões.

Considerava a filha uma doente mental que se entregava à preguiça, enquanto os outros trabalhavam.

Armindo lhe recebia maior soma dos doestos e ironias, com que o humilhava, chegando ao descalabro de criticar o filho nas suas rodas de amigos, nominando-o como espertalhão e imaginativo.

Mas não se vinculava a outra religião, não possuindo qualquer compromisso de fé. Repetia as velhas fórmulas recitadas e detestava, igualmente, a Igreja, censurando a conduta dos sacerdotes e o poder socioeconômico do clero.

Definamo-lo de uma vez: era um crítico azedo, homem impertinente, um quase psicopata.

Os visitantes que lhe iam ao lar preservavam um relacionamento gentil, distante, mesmo porque ele não permitia aproximação, em face do semblante carrancudo, com aparência de indisposição.

Procedia, porém, o Sr. Demétrio Patriarca de Jesus de um passado tumultuoso. Suas raízes psicológicas e vinculações espirituais com a família remontavam ao período da Primeira Cruzada,[30] quando seguira à Terra Santa, emulado pela cobiça de arrebanhar os tesouros orientais, sob a vã desculpa de defender o túmulo vazio de Jesus Cristo, qual fizeram outros fracassados europeus, que se deixaram ludibriar pelas arengas religiosas que os alucinavam...

Havia partido da Europa ao lado de Raimundo de Saint-Gilles, conde de Toulouse, sob as bênçãos de Urbano II, que pregara a Cruzada durante o Concílio de Clermont.

Vivendo uma fase de decadência do próprio feudo, utilizara-se do ensejo, mais pela aventura e possível rapina do que pelo interesse real de realizar uma peregrinação religiosa aos *Lugares Santos*, então sob o jugo dos muçulmanos.

Assinalado por uma crueldade que chegava à selvageria, nas lutas pela conquista de Antioquia notabilizara-se, despertando tal ódio entre os vencidos e rixas no meio dos vencedores, que foi assassinado por um jamais descoberto criminoso, que se sabia ser vassalo do conde de Toulouse...

Nas sucessivas reencarnações, repetiu as experiências mirabolantes e inditosas, até ser personagem de destaque na grande matança de 1572...

_____

30. Primeira Cruzada – Iniciada no ano de 1096, durou até 1099, com a tomada de Jerusalém, que caíra nas mãos dos turcos desde 1076. Foi chefiada por vários príncipes do Ocidente, entre os quais Godofredo de Bouillon, Boemundo de Tarento, Raimundo de Saint-Gilles...

Lentamente se foi vinculando àqueles de quem necessitava o perdão, ou tornando-se severo cobrador de quantos lhe caíam sob a tutela brutal.

Era justo que, na atual conjuntura, se encontrasse açodado pelas perturbações íntimas em psicoses de auto-obsessão, fomentadas, naturalmente, pelos cômpares e adversários desencarnados.

Astuto e frio, duvidava do valor moral das demais pessoas, claramente por desacreditar de si mesmo, da sua inteireza moral.

Em face de tais antecedentes e das convivências psíquicas, usava dos aperitivos como fuga à realidade, aos compromissos e às responsabilidades.

Eis um excelente *caldo de cultura moral* para a fermentação de muitos males.

Dentre os vários filhos do Sr. Demétrio, podemos destacar Julião e Rosabela, que pertenciam ao grupo dos primogênitos, ambos já casados por ocasião destes sucessos.

Julião acompanhava todos os passos da nova situação com acendrado interesse, verdadeiramente integrado nas revelações, que aceitava com entusiasmo, e no conteúdo da Doutrina, que passou a estudar conforme lhe permitia a limitada cultura.

Generoso e de mente vivaz, tornara-se agradável aos novos amigos e benfeitores, conquistando-os e sendo conquistado, dialogando com agilidade de raciocínio e preenchendo as lacunas íntimas sobre a fé com os profundos ensinamentos espíritas.

Fizera-se amar pelos demais irmãos e cumpria retamente com as obrigações que lhe diziam respeito, apesar da profissão modesta na qual hauria os recursos para a sobrevivência e dignidade familiar.

Era o confidente de Armindo, que nele se apoiava desde a infância, graças à sua claridade e agudeza mental.

As lições do Espiritismo significavam-lhe a resposta feliz da vida às mil interrogações que, não raro, antes, sem resposta, afligiam-no. A partir dos primeiros contatos com a ciência espírita, renovaram-se-lhe os painéis da alma, enriquecidos agora de idealismo e altivez moral. Todas as coisas passaram a adquirir sentido, ampliando as finalidades da própria vida que saltava as barreiras limítrofes da morte, após o que se engrandecia.

Rosabela, igualmente dócil e cismarenta, tornara-se mãe de dois meninos enfermos e dependentes de carinho, de assistência médica especializada, que reduzia, cada vez mais, os minguados rendimentos do esposo, sapateiro de profissão, sem mais amplas possibilidades de aquisição pecuniária.

O burgo era de pequeno desenvolvimento, e ele sem mais amplos recursos de técnica ou conhecimento para uma mudança, conquistando, quiçá, um ofício mais rendoso.

Os irmãos amparavam Rosabela e família, especialmente Armindo, que, nas horas de folga, que eram escassas, ajudava-a com as crianças e cooperava com algum dinheiro para melhorar-lhe a renda familiar.

Durante o transe experimentado por Augusta, na sua etapa inicial, Rosabela fora igualmente acometida de grave melancolia, que lhe foi diminuindo a capacidade de ação, anulando-a, quase, para os deveres domésticos. Desinteressando-se da família, caminhava a largos passos para uma alienação depressiva que somava preocupações extras aos demais irmãos, incapazes de minorar-lhe a situação.

Com as tertúlias e assistência a Augusta, foi trazida para receber algum auxílio, o que redundou em imediato benefício.

Em avançado estado de gestação, o recurso fluidoterápico e as palestras edificantes constituíram-lhe força oportuna para a *délivrance* próxima.

Os problemas psíquicos que padecia eram decorrência da reencarnação, por seu intermédio, de impenitente sicário dos *dias do Terror*, que volvia ao proscênio terrestre em grande tribulação íntima e sob vergastadas morais e *físicas* aplicadas pelos inumeráveis inimigos que tiveram a vida ceifada pela sua loucura, pela sua absurda megalomania...

Naquele grupo familiar as responsabilidades eram muito grandes, como efeito inevitável dos abusos perpetrados que os reuniam outra vez, no mesmo palco das tragédias que desencadearam, para ulterior recuperação moral, entre lágrimas e necessidades múltiplas.

Como o Amor de Deus superintende todas as realizações, travavam contato com a Revelação Espírita, a fim de que esta nova revelação da verdade lhes despertasse a consciência para os deveres humanos, ao mesmo tempo confortando-os durante o transe redentor.

Nestas circunstâncias, após os trabalhos extenuantes do parto, retomou o corpo carnal o revolucionário de antanho, Sr. de P., cuja vida passada levara ao holocausto, notadamente pela guilhotina, inumeráveis homens de bem e do populacho, da burguesia e da ralé social, quando da sua absurda ascensão ao poder, que a morte, igualmente, interrompeu.

Um novo calvário se ergueria naquele humilde lar, porque o recém-nascido, além da anomalia física que o deformava, padecia a sanha dos inimigos desencarnados que o afligiam, numa programação bem urdida para interromper-lhe a reencarnação.

Armindo, quando visitou o sobrinho debilitado, deixou-se tomar por imensa compaixão, percebendo o grupo de Espíritos hostis que o agrediam ferozmente, como desforço insano pelos sofrimentos antigos que experimentaram.

La caque sent toujours le hareng[31] – repisa o prosaico brocardo com sabedoria.

O homem resulta das aquisições que soma no transcurso das existências sucessivas, transferindo-as de uma para outra experiência através dos penetrais do túmulo e, posteriormente, do novo berço... O que apresenta no renascimento corporal, a desencarnação avalia, num exame de resultados.

Desde a chegada do pequeno Roberto, a mãezinha experimentou o transe da psicose puerperal, segundo a diagnose médica, não sendo, porém, outra a enfermidade, senão o resultado do assalto dos vingadores que a atingiram, antes do parto, desencadeando o desequilíbrio na parte emocional, graças à disfunção orgânica...

De quando em quando, era tomada pela ideia de estrangular o filhinho, o que não consumava, porque, sem a perda total da razão, buscava, na prece, o reconforto, saindo com a criança na direção do lar dos irmãos, onde Célia a atendia com passes e psicoterapia evangélica.

Ainda não se restabelecera de todo Augusta, e Rosabela se encontrava acometida do mesmo quadro obsessivo, apesar de em menor intensidade.

Redobravam-se esforços, na família, ora confiante e resignada, para atender ambas as enfermas.

Armindo, que percebia a melhora acentuada de Augusta, solicitou ao cunhado permissão para dormir na sua casa, de modo a auxiliar Rosabela em alguma eventualidade noturna.

A atitude providencial do jovem veio a diminuir o assédio à senhora, pois que o irmão era portador de admiráveis títulos morais de

---

31. *La caque sent toujours le hareng* – O que o berço dá, o túmulo o leva.

enobrecimento, impedindo ou diminuindo a intensidade das agressões espirituais aos ali residentes.

Habituado às noites de vigília, dedicava largas horas de assistência carinhosa ao sobrinho limitado, conversando com ele, que chorava quase sem cessar, indiretamente falando aos impiedosos algozes que o martirizavam.

Nessas oportunidades, pelo fenômeno da ideoplastia, captava as cenas hediondas que lhe projetavam os desencarnados que de Roberto sofreram a sanha homicida, experimentando verdadeiro horror ante os quadros que presenciava.

– *Ele mandou-me guilhotinar* – afirmava um de cabeça ceifada –, *para assenhorear-se dos meus bens, sem qualquer objetivo pátrio...*

– *A mim* – arengava outro –, *deixou-me apodrecer na* Conciergerie,[32] *num verdadeiro fosso infestado pelas ratazanas, para matar-me depois, somente para dar uma demonstração de força.*

– *A nós outros* – acudiam diversos de aspecto patibular e horrendos –, *para atender a interesses mesquinhos de amigos cínicos e despudorados, que nos disputavam o destaque e a glória que saíram de nossas mãos...*

– *Não nos escapará* – afirmavam todos a uma só voz – *sem que sorva, gota a gota, o ácido e o fel do nosso imenso rancor.*

Armindo observava como os verdugos agrediam o Espírito em processo reencarnatório, chibateando-o, usando chuços pontiagudos que produziam dores a refletir-se no corpo frágil como estertor ou convulsão...

O médium solícito, compadecido do sobrinho e dos seus verdugos, elevava-se em orações e rogava clemência a estes últimos em nome de Deus, afinal, o Todo-Clemência e Misericórdia.

Apesar de não os sensibilizar, a emissão de forças benéficas atenuava o quadro de dor, e o pequenino repousava...

Noutras oportunidades, quando Rosabela se apresentava excitada com as síndromes da obsessão quase subjugadora, os impertinentes perseguidores exclamavam para Armindo:

---

32. *Conciergerie* – Quando o palácio da cidade deixou de ser residência real, em 1392, aquela parte da construção medieval, hoje incorporada ao Palácio da Justiça, tornou-se prisão. Em 1418, ali se deu a chacina dos Armagnacs. Durante a Revolução Francesa tornou-se presídio para muitos, entre os quais André Chénier, Carlota Corday, Danton, Robespierre, Lavoisier, Maria Antonieta e seus filhos, Madame Elisabeth.

– Também ela, criminosa e cortesã, que ao monstro servia e se beneficiava, já está julgada por nós e deve perecer, lentamente, quanto o seu comparsa. Demoramos de identificá-la, mas como eles se reencontraram para dar prosseguimento aos seus compromissos infelizes, apercebemo-nos, então, a pouco e pouco, de quem era ela, resolvendo-nos por arrebatá-la do corpo...

O médium, que se adestrava pela aprendizagem correta nos mecanismos da Vida espiritual, evitava dialogar, atitude sensata que o resguardava de tombar em envolvimentos desnecessários, com riscos de fascinação perigosa, silenciando, confiante nos desígnios superiores, e deixando a tarefa para a habilidade e competência do Dr. Hélio, de Guilherme ou dos mentores espirituais, por programação destes últimos.

Recordava-se de que, em certo momento, vencido pela compaixão e pelas lágrimas, entregara-se à silenciosa lamentação e ao pessimismo, quando lhe surgiu, na tela mental, o instrutor, que indagou:

– Por que choras?

– As lágrimas e o desalento me dominam, amado benfeitor, porque examino o drama da minha família, deparando-me com uma irmã saindo da loucura, e outra nela adentrando-se...

– Pois é de surpreender essa sua atitude de piedade extrema, porque todas as criaturas são nossas irmãs, e não são estes os nossos primeiros familiares a experimentarem a bênção da alienação por obsessão, além do que, só Deus pode examinar, com a necessária imparcialidade e justiça, os dramas e sucessos humanos, a nós cabendo a prerrogativa de saber que tudo quanto nos acontece é justo e necessário, submetendo-nos com resignação dinâmica, sem pieguismos dispensáveis nem protecionismos inqualificáveis. Portanto, esqueça a lamentação e sigamos para a atividade produtiva.

Desde então, ele procurara reajustar-se aos acontecimentos, considerando como irmãos, que o são verdadeiramente, também aqueles que se arvoram à cobrança inglória.

Infelizes que eram, seguiam o *rio* da alucinação, a que se acostumam os homens dominados pelas imperfeições, e que, ao desencarnarem, prosseguem sustentando os mesmos caprichos de que não se libertaram quando deviam fazê-lo.

Como o tempo a todos alcança e a vida tudo corrige, despertariam no momento próprio, para mais amplo entendimento dos deveres e compreensão das leis que, de certo modo, já estão *impressas* na consciência de cada um, que as identifica à medida que se liberta do bruto que nele jaz, para alcançar a angelitude que o aguarda.

De fato, as ocorrências que envolviam o clã do Sr. Demétrio encontravam-se no limiar dos muitos sucessos que estavam por vir.

Reunidos para reajustamento, antigos perdulários e déspotas que delinquiram ao longo da História, em outros países, hospedavam-se no Brasil, em razão de não estarem vinculados negativamente ao novo berço pátrio, o que lhes amenizava a aspereza da reconciliação com as suas vítimas, assim como a conquista da paz íntima resultante da consciência tranquilizada.

◆

De certo modo, todos ou quase todos os transeuntes da evolução encontramo-nos incursos nos mesmos itens dos Códigos da Justiça, que sempre nos alcança, estimulando-nos, pela dor ou mediante as aspirações do amor, à vitória sobre as inferioridades remanescentes das experiências primeiras, do processo de crescimento para a perfeição.

Aqueles que já compreendem esta realidade são mais bem aquinhoados de recursos, melhor entendendo os impositivos da luta e não se permitindo repouso no afã, que atrasaria a marcha, pela inoportunidade de fruí-lo.

Eis por que a vida de uma Doutrina como o Espiritismo, pelas suas implicações científicas, filosóficas e ético-religiosas de grande porte, se nos afigura de emergência, em face do potencial informativo e confortador que possui, ensejando a experimentação dos seus postulados através da pesquisa criteriosa, sem manejamentos de interesses perniciosos e comprometedores.

Quando se diluírem as últimas barras levantadas pelos preconceitos cultural e social; quando a dor não conseguir a diminuição de intensidade pelos métodos convencionais; quando os fatos se tornarem irrespondíveis por outros quaisquer mecanismos; quando conquistas novas do pensamento dilatarem o conceito de vida, da Terra para o Universo; quando o homem já não se contentar com palavras e fugas à responsabilidade pessoal, assumindo, conscientemente, os seus desmandos e tendo coragem de os enfrentar, o Espiritismo gozará de cidadania intelectual e moral na sociedade humana, que nele encontrará o apoio para o avanço e as técnicas superiores para a luta.

Não está longe essa época, que já se anuncia na Terra conturbada destes dias.

A família Patriarca de Jesus já vivia esses momentos de abertura para a Era Nova.

13

A REBELDIA COMANDA A TRAGÉDIA

Armindo e os familiares percebiam a gradativa decomposição moral do genitor, que amiudava as doses de alcoólicos, chegando à embriaguez que o tornava irresponsável e turbulento.

Nessas ocasiões, exigia dos filhos extrema paciência evangélica, em face do comportamento agressivo e da linguagem, que primava pela obscenidade.

Recuperando a lucidez, não se arrependia dos excessos cometidos; pelo contrário, vangloriava-se dos feitos aberratórios e ameaçava os assustados membros do clã, afirmando que futuros dissabores os aguardavam.

Assim procedendo, ruiu, em queda vertiginosa, que não pôde ser evitada, já que se obstinava em não receber qualquer ajuda que o pudesse amparar.

Ninguém pode socorrer com êxito a quem se nega a oportunidade de recuperação.

O homem é um cosmo, uma consciência livre que lhe permite optar pelo que lhe parece melhor, após o que, a cadeia sucessória dos efeitos não pode ser arrebentada, fazendo cessar as consequências. A opção é o antes, à ação sucedendo os resultados dos cometimentos.

Não será de estranhar-se que o Sr. Demétrio tombasse, irremissivelmente, nas urdiduras malsãs dos seus inimigos.

Por não haver envidado qualquer esforço em favor da própria elevação íntima, renovando o campo mental, então encharcado de pessimismo e revolta, onde os resíduos da insatisfação e da malquerença exalavam o tóxico pestilento do permanente mal-estar, tornou-se mais fácil presa daqueles com os quais compartia as preferências emocionais, entregando-se-lhes, literalmente, na rebeldia a que se doava.

As orações dos filhos e a simpatia com que o envolviam, estes e os novos amigos, não logravam atingi-lo, em razão da autodefesa mental com que se resguardava a respeito dos tentames em seu favor, que mais o irritavam.

Percebendo o quadro familiar desagradável que se agravava, o Dr. Hélio Garcia, após uma carraspana turbulenta, que levou policiais ao bar em que o ébrio se agitara, provocando desordem e briga com um parceiro, chamou o Sr. Patriarca ao seu gabinete, na condição de autoridade e amigo.

Dando solenidade à conversação, numa tentativa de despertá-lo para o perigo que o ameaçava, falou com bondade e energia:

– *O Sr. delegado de polícia notificou-me sobre a arruaça da noite passada, produzida pelo amigo e um seu companheiro. Afirmou-me, sabendo da amizade que une as nossas famílias, que, apesar disso, noutra ocorrência de perturbação da ordem, não trepidará em encarcerá-lo, por já estar cansado da repetição de tais incidentes. Pediu-me, por fim, que o admoestasse, que o aconselhasse...*

O colocutor nada respondeu, assumindo um ar de indiferença, de cínico desinteresse.

Assim mesmo o juiz prosseguiu:

– *À margem o problema, gostaria de dizer-lhe, na condição de amigo, que o alcoolismo é uma* enfermidade *curável. Dependência orgânica e psicológica, tem conotação obsessiva, isto é, de interferência espiritual, já que os antigos viciados se utilizam de pessoas conflitadas para as dominarem, dando curso aos seus despautérios antigos, ou pode ser inspirada por ferrenhos inimigos que desejam destruir aqueles a quem perseguem, recorrendo a esse expediente infeliz.*

Um pouco de vontade para vencer a impulsão do vício, adiando a dose inicial; a prece de humildade, rogando a divina ajuda; a meditação a respeito do sentido da vida são antídotos eficientes contra a embriaguez alcoólica.

– *O doutor me parece mais um padre do que um juiz* – revidou o interlocutor, com indisfarçado mau humor.

– *E tem razão* – concordou o Dr. Hélio. – *Sacerdotes e juízes têm muito em comum, por conhecerem as leis, que estudam, as humanas e as divinas; por ouvirem as criaturas em dificuldade; por conviverem com delinquentes e equivocados que lhes chegam a cada instante...*

– Mas é que o senhor – interrompeu com indelicadeza *– não tem os meus problemas.*

– Aí está um dos seus erros básicos. Todos temos problemas, maiores ou menos graves, e ninguém se apresenta em processo de exceção. A forma eficiente de enfrentar dificuldades não é esta, que desencadeia novas complicações, tornando-se instrumento para vários crimes: agressão, homicídio, suicídio ou distúrbios outros, como a loucura, os derrames cerebrais, *o câncer hepático, as doenças do aparelho digestivo. Além disso, pense nos danos, nos prejuízos que advêm para a família, nos dissabores que lhe são infligidos...*

O Sr. Demétrio congestionou a face, tomado de ódio súbito, e resmungou, contraído:

– Pois a minha desgraçada família é uma das causas da minha revolta, das minhas bebidas. Sou ali um estranho detestado, um peso desagradável... Os desconhecidos são muito melhor acolhidos do que eu, na minha própria casa...

A alfinetada bem aplicada não passou despercebida do homem das leis, que contornou a indireta ciumenta, esclarecendo:

– Observo os fatos de maneira mui diversa. Sua família trata-o com um carinho que não recebe resposta de sua parte, jamais lhe criando qualquer embaraço pessoal ou social, econômico ou de responsabilidade, honrando-o através da conduta moral que se impõem todos, amados e respeitados no trabalho e na comunidade onde atuam. Quanto aos desconhecidos, o tratamento que lhes dispensam é o da gentileza que nos devemos todos uns aos outros, de modo a podermos viver em paz na sociedade, recebendo equivalente consideração. Somos criaturas humanas dotadas de raciocínio, para sabermos como nos conduzir em relação a nós próprios, ao próximo e a Deus...

– Eu não compreendo bem o palavreado do Dr. juiz – disparou, na defensiva, agressivo.

– Serei mais claro. Ou o amigo se corrige, ou não haverá alternativa entre as duas que lhe apresento: internamento hospitalar para o tratamento da bebida, ou encarceramento, na primeira oportunidade, por provocar desordem, perturbando o equilíbrio público...

– E que dirão os meus familiares, ante o juiz, seu amigo, que assim age contra o seu pai, enquanto prega a fraternidade e o amor?

– Sabem eles que a fraternidade e o amor não compactuam com o desrespeito aos direitos alheios, nem com a desconsideração às leis que regem os

comportamentos dos indivíduos e da sociedade. Mais do que isso, eles compreenderão que essa será uma atitude preventiva contra futuros desatinos que o seu genitor poderá praticar ou sofrer. Ensinar a conduta reta, de forma nenhuma permite a anuência com a vida desequilibrada, por tolerância com aqueles que se comprazem em manter-se no esquema do menor esforço, com o prejuízo alheio. Outrossim, a amizade que devotamos a alguém não pode nem deve ser interpretada como um paternalismo indigno, que concorda com o erro do outro por falta de coragem moral para reprochar o deslize, onde, em quem e quando seja praticado, com bondade, é certo, mas com energia disciplinante para o bem do perturbador, sem a menor dúvida.

– Deixo, então, o futuro nas mãos de Deus, e agradeço os cuidados do senhor, Dr. Hélio, que reconheço não merecer...

Pareceria uma resposta humilde ou de submissão à incapacidade de resistência contra a dipsomania obsessiva que o vencia, mas não o era.

Telementalizado pelos consórcios espirituais empenhados na sua desdita, que ironizavam contra a atitude conciliatória, conselheira do magistrado, o aturdido e iracundo protagonista ansiava por dali sair, procurando, dessa forma, encerrar a entrevista desagradável para ele e a que se vira compelido.

Sensível a esse intercâmbio com os sobreviventes espirituais, o doutrinador, percuciente, utilizava-se da conversação com o quase alcoólatra, de modo a alcançá-los.

Porque notasse a sua ansiedade pelo encerramento do diálogo e em face da circunstância que lhe era favorável, insistiu:

– Desculpe-me, o amigo Demétrio, por alongar-me um pouco mais, fruindo o prazer desta conversação.

O outro resmungou contrafeito, desconfortado.

– Gostaria de narrar-lhe uma parábola oriental, atribuída a Maomé, o profeta que o mundo árabe considera como o maior de todos os emissários jamais vindos à Terra. Conta-se que o Tentador *encontrou um homem que ambicionava a posse de uma grande fortuna e dispôs-se a ajudá-lo a consegui- -la, caso ele aceitasse uma das três seguintes propostas: matar a esposa, surrar a mãe até inutilizá-la ou embriagar-se. O candidato à abundância respondeu: "– Do que me adiantam um grande poder e a riqueza, após matar a minha esposa, a quem muito amo ou à minha mãe inutilizar, retribuindo- -lhe a todos os sacrifícios e dedicação afetiva com tão estúpida ação?"*

"– Então aceita embriagar-se, apenas uma vez?" – propôs o Perverso. *Acreditando que os efeitos da bebida logo cessariam e que o ato seria de curta duração, o ambicioso aquiesceu, negociando a fortuna pelo embebedar-se. Tomou altas doses de vinho e de aguardente, perdendo o controle e desequilibrando-se, lamentavelmente. Porque a esposa o admoestasse, ignorando o que se passava, ele agrediu-a, grosseiro, empurrando-a com violência, o que redundou em ela chocar-se contra a parede e perecer de fratura craniana, no mesmo instante. A mãezinha, que observara o desditoso incidente, correu a auxiliar a nora, enquanto ele, desarvorado e odiento, reagiu, agredindo-a e produzindo-lhe fraturas ósseas e hemorragias que a inutilizaram. O homem, que se negara, no exercício da razão lúcida, a praticar apenas um mal, quando embriagado, descambou para a dolorosa realização de todos os males.*

Medite, meu amigo, a bebida alcoólica é má companheira, levando a sua vítima a terminais sem retorno possível.

O interlocutor agradeceu, e porque se sentisse exonerado de ali ficar, partiu diretamente para o bar...

Naquela mesma noite, quando veio trazido ao intercâmbio mediúnico, pela psicofonia de Armindo, um soez adversário do Sr. Demétrio, que recebeu carinhosa orientação e atendimento fraternal, quase que sem lhe mudar as intenções criminosas, o Dr. Hélio minudenciou aos Patriarca de Jesus a conversação mantida com o genitor doente e aduziu:

– Receio que uma grande tempestade se apresta para desabar sobre o lar de vocês. A luta, que agora travamos, é de alta magnitude, porque definirá os rumos do nosso porvir. Certamente, há muito interesse, nos círculos inferiores da Erraticidade, em torpedear o programa do bem, no qual nos encontramos matriculados. Para o desiderato funesto, essas mentes não hesitarão em usar de quaisquer meios favoráveis ao seu plano, que lhes facultemos. Todavia, somente nos acontecerá o que merecemos, ou melhor dizendo, o que possa contribuir para a nossa ascensão, se soubermos retirar os proveitos benéficos. A invigilância e o desequilíbrio precipitam acontecimentos que talvez fossem dispensados de suceder, em face das conquistas morais que poderiam anular ou diminuir a intensidade de muitas provações. Desde que não podemos impedir que outros desencadeiem-nas, alcançando-nos, cumpre-nos a resignação em atitude dinâmica, sem desânimo nem comportamento incoerente em relação àquilo em que acreditamos e por que lutamos.

Após alguma reflexão, para melhor clareza das suas observações, continuou:

— Há uma conceituação muito equivocada a respeito do sentido da vida e da morte, que nos cabe abandonar. Refere-se à felicidade presente e futura do homem. A primeira é considerada, puramente do ponto de vista do prazer físico ou emocional, imediatista, que sempre deságua em frustração, em tédio, em amargura, impelindo a novas buscas mais tormentosas e menos saciadoras, até a entrega às aberrações, aos vícios escravizadores, pórtico da loucura e do suicídio. Há pessoas que, atingindo expressiva idade física e apercebendo-se da proximidade da morte, fenômeno biológico esse que pode ocorrer a qualquer instante, não se dão conta da finalidade da vida, dos seus objetivos, descobrindo, tardiamente, que não a aproveitaram devidamente e que a existência transcorreu quase em vão... Os que assim procedem atravessam esse período, a terceira idade, intolerantes, irreverentes, mal-humorados, difíceis de ser suportados, porque se desforçam do próprio fracasso, embora inconscientemente, naqueles que lhes compartem a desagradável convivência. A segunda, a felicidade futura, a que vem após a morte, é posta à margem, pelo horror que ela – a desencarnação – inspira, inclusive a muitos religiosos que nela veem o fim da vida, desarmados de conhecimentos para entendê-la. Com o Espiritismo, melhor compreendemos o sentido da morte e a finalidade da vida, desde que as barreiras de separação diluem-se, transformando-se em campo de vibrações que podem ser penetradas, de um para outro lado e reciprocamente.

Ora, essa visão e compreensão da vida e da morte, bem como a posse dos valores que capacitam a um pleno entendimento das suas realidades, resultam, de certa forma, das heranças ancestrais do ser, que as acumula no transcurso das reencarnações anteriores.

Novamente parou a reflexionar, coordenando os pensamentos para uma síntese final, conforme aludiu:

— O Sr. Demétrio, como nós próprios, procede de graves deslizes que ainda o aturdem e padece a conjuntura deles decorrentes nas tenazes daqueles a quem vitimou. Não seja de nos surpreender, portanto, que tombe numa cilada, por imprecaução ou desespero, fraco, conforme é, de reservas morais e recursos espirituais defensivos. Assim, cerquemo-lo de maior carinho, mesmo que discretamente, para não se perceber demasiado protegido, e de orações que alcancem os seus inimigos, inditosos irmãos nossos que teimam em

permanecer na retaguarda do processo. No mais, confiemos em Deus e, agindo no bem, a Ele nos entreguemos.

A conversa amistosa generalizou-se, diminuindo a preocupação dos familiares, e algumas doses de alegria foram completando a etapa final, na qual foram servidos chá e biscoitos, assim, encerrando-se a convivência da noite.

Tomadas as providências recomendadas, em regime de discrição, as atividades exaustivas preencheram as horas dos candidatos aos labores do Reino de Deus, no mundo e em si mesmos, conforme se nomeavam, sem pretensão jactanciosa.

A verdade, porém, é que o genitor se tornava mais arredio, colérico *de plus en plus fort.*[33]

Repetiam-se as cenas desagradáveis, no lar e na rua, dia a dia mais graves, numa alucinação progressiva.

Todas as tentativas para trazer o atormentado à razão, à ordem faziam-se baldadas.

Os filhos já se haviam resolvido pelo internamento hospitalar do turbulento obsesso alcoólatra, sem dar-lhe notícia da providência que pretendiam iniciar com a ajuda do Dr. Hélio, quando ocorreu a desventura.

Porque se demorasse até altas horas na rua, embriagado e implicante, foi levado por amigos à sofrida área do *bas-fond*, onde enxameiam as misérias morais a braços com os infortúnios, e ali, por *dá cá aquela palha,* surgiu uma acalorada discussão com um outro, que degenerou em agressão furiosa, resultando que o opositor, indivíduo conhecido pelos seus péssimos antecedentes no lugar, sacou de um punhal e cravou-o, repetidas vezes, no embriagado, em desconcerto do juízo e da emoção.

A cena de sangue produziu enorme escândalo entre os noctívagos ali presentes, acompanhada da gritaria infrene de mulheres e crianças, enquanto o homicida foi alcançado na fuga que empreendera, sem meios de evasão...

Quando o sangue lhe gorgolejava pelas carnes dilaceradas e pela boca entreaberta, antes da queda na inconsciência total, desobstruíram-se-lhes as percepções e ele pôde rever cenas antigas, nas quais era o verdugo inclemente, enquanto ouvia vozes que o escarneciam e praguejavam,

---

33. *De plus en plus fort* – Cada vez mais.

ameaçando-o de mais cruas penas que lhe iriam infligir, a partir daquele instante.

Foi, portanto, impotente para retroceder, naquele momento fatal, que o Sr. Demétrio Patriarca de Jesus retornou, fracassado, à Pátria de origem.

Somente pela manhã a polícia fez o levantamento cadavérico com a presença do médico, sendo o corpo transladado para a residência da família, já informada da infausta ocorrência, a fim de ser velado e, após, inumado no cemitério da cidade.

Com o choque, Augusta e Rosabela caíram em desoladora prostração, amparadas pela fé e coragem de Julião, Célia e Armindo, sofridos, bem como dos outros irmãos que tinham a alma alanceada pelas dores superlativas, que os atingiam de chofre, inclementes, no processo restaurador do equilíbrio espiritual com vistas à ascensão.

Todos amavam aquele pai desastrado, antigamente gentil, que cumpria, à época, os deveres, e sentiam-lhe a falta. Os seus títulos de benevolência e a sua ignorância seriam analisados durante o próximo despertar, favorecendo-o, embora as dissipações e fraquezas a que se entregara nos últimos tempos.

O homem que se recusa a autossuperação logra-a mesmo assim, através das lutas inevitáveis, na sucessão dos tempos, por injunção das Leis do Progresso, que a todos alcançam.

14

RENDIÇÃO AO AMOR

A maioria dos infortúnios que desabam sobre os homens, quando não enquadrados nas excruciantes expiações, podem ser minorados, quando não evitados, em face da conduta mental e moral dos incursos nas leis de reajustamento espiritual.

A função do sofrimento é essencialmente educativa, propiciando o despertar do precito para a vivência ética dos códigos de elevação, de enobrecimento.

A desconsideração pelos valores positivos da vida desencadeia efeitos que comprimem o invigilante, levando-o à ação correta, embora a penas de sacrifícios e lágrimas, única metodologia a que se submete sem perigo de complicar a própria situação.

As desgraças, os infortúnios, que abalam o indivíduo como a comunidade, as convulsões sociais, as calamidades sísmicas, as guerras, as epidemias são produzidas pelo desconcerto emocional daqueles que lhes sofrem a injunção penosa, efeito, portanto, dos seus implementos de ódio, de volúpia degenerada, largamente cultivados e aplicados sob o comando da loucura que os governa. Constituem, desse modo, recurso renovador, que purifica a psicosfera e a vida moral de quem e do lugar onde ocorrem. É a fase de encerramento do ciclo dos despropósitos graves que desencadearam essas aflições.

O infortúnio real não é aquele que se apresenta em forma de dor, alcançando o trânsfuga do dever, mas o é a ação primitiva que prejudica o próximo, causadora de males que a outros infelicitam, levando-os a paroxismos imprevisíveis, que lhes matam a esperança, golpeiam as aspirações e asselvajam os sentimentos.

Esta a chispa que ateia o incêndio devorador que irrompe num momento e alastra a destruição por largas faixas, consumindo vidas e realizações na sua voracidade insaciável.

Eis por que o Cristianismo é uma Doutrina de não violência, de não resistência ao mal, esfacelando todas as forças desagregadoras desencadeadas e restaurando a harmonia, que começa no íntimo de cada indivíduo, a estender-se, suavemente, em sua volta, envolvendo aqueles que se lhe acercam.

Inicialmente, para que essa conduta pacifista se estabeleça e predomine no homem, faz-se necessária uma vontade forte que promova a revolução interior, em *violência* contra si mesmo, através da revisão e reestruturação dos conceitos sobre a vida, assumindo uma posição de princípios definidos, sem titubeios nem ambiguidades escapistas.

Tomada essa conduta, a marcha se faz amena, porque o homem passa a considerar todos os sucessos do ponto de vista espiritual, isto é, da transitoriedade da existência corporal e da perenidade do Espírito.

Desse modo, muda a paisagem dos fenômenos humanos que, efeitos de causas profundas, devem ser examinados e corrigidos nas suas gêneses, antes que mediante a irrupção de novos incidentes, em razão das reações tomadas contra eles.

Agir com lucidez em vez de reagir pela força é a conduta certa, porque procedente da razão, antes que decorrente do instinto-paixão dissolvente.

Não há alternativa para o ser inteligente, senão o uso da razão em todo momento e em qualquer ocorrência na qual seja colhido.

A sua reação não pode ultrapassar o limite do equilíbrio, sustando o golpe que lhe foi desferido ou amortecendo-o no algodão da misericórdia em favor de quem lho aplicou...

Mediante esse processo, ruem as barreiras da intolerância e do ódio; acabam-se as distâncias impeditivas à fraternidade; apagam-se as mágoas; diluem-se os rancores, porque ninguém logra vencer aquele que a si próprio já se venceu.

Os ultrajes não o afetam; as agressões não o intimidam; a morte não o atemoriza, porque ele é livre, portador de uma liberdade que algema nenhuma escraviza ou aprisiona, nem cárcere algum limita...

É, portanto, imbatível, terminando por fazer-se amado, mártir dos ideais e das aspirações de todos. *Voilà tout.*[34]

✦

A ruína do Sr. Demétrio foi a sua impetuosidade nascida dos seus antagonismos à fraternidade, ao bem.

O ciclo que agora se iniciava era um recrudescer de dores consequentes aos desatinos perpetrados, desencadeadores do infortúnio que lhe consumiu a existência corporal.

A piora no estado emocional de que foram vítimas Augusta e Rosabela pareceu um regredir nas conquistas alcançadas em torno da saúde mental de ambas.

A resistência pacífica da família e a real submissão ante os acontecimentos inevitáveis amorteceram os comentários desairosos da comunidade, que não poupava críticas ao desencarnado e respeito à família, produzindo petardos mentais que alcançavam o Espírito em profunda perturbação a que fazia jus, graças às atitudes antipáticas que lhe eram habituais.

Num próximo encontro mediúnico, Leclerc-Antoine, acicatado na paixões que pareciam estar em calma, ressaltou a vitória dos companheiros odientos, ameaçando repetir a façanha, embora de forma diversa, com que esperava alcançar Augusta...

E dando ênfase às diatribes, arrematou:

– *Somos uma força indomável. Mudamos de direção conforme sopram os ventos das circunstâncias, desde que afetem, favoravelmente, os nossos interesses. Quando alguém tomba, parte da Humanidade cai com ele, facilitando tentames outros, mais audaciosos...*

– *Não há dúvida* – interceptou-lhe a palavra o magistrado. – *Todavia, a recíproca é também verdadeira, o que equivale a dizer que alguém, quando se levanta, com ele se ergue a Humanidade. E é o que se dará com o amigo caído em desgraça em si mesmo, por enquanto desejando a outros infelicitar. Assim, tão logo se resolva por soerguer-se da ruína em que se compraz, e todos os que lhe sofrem a sanha ascenderão com a sua elevação. Nenhum*

---

34. *Voilà tout* – Pronto! Acabou-se; não há mais nada.

revide, portanto, de nossa parte, exceto a vibração de amor e solidariedade para com o seu sofrimento.

Surpreendido pela resposta oportuna, o desafortunado Espírito encerrou a psicofonia por Augusta.

Nos dias subsequentes, à medida que o golpe contundente era amortecido pelo veludo do tempo, a família foi retornando à normalidade, as pacientes se apresentavam mais bem reajustadas e a pressão diminuiu ante a ausência dos despautérios do Sr. Demétrio.

Por outro lado, D. Nícia, que seguia todo o drama do companheiro, intentando impedir ou adiar aquela crua cena de sangue, acorreu a socorrer o invigilante, evitando que a vampirização por parte dos malfeitores e doentes do Além se consumasse junto ao cadáver, ou diretamente contra o Espírito recém-desencarnado, não, porém, liberto.

Portadora de inumeráveis créditos, conseguiu interditar o corpo e o ser espiritual à sanha desvairada dos exploradores dos restos vitais, envolvendo-os em energia impeditiva à monstruosidade de baixo teor moral.

Assim também interpôs barreiras vibratórias que defendessem o antigo lar, poupando os familiares às irradiações psíquicas do sofrimento e da loucura que, logo depois, irromperiam no recém-desencarnado, como consequência do seu convívio mental com a dissipação e caturrice inveterada.

Apesar disso, prosseguiria vigilante, visitando-o, no lugar em que estivesse, de forma a poder socorrê-lo, assim ele se fizesse receptivo a qualquer mudança...

Tais providências minoraram o campo vibratório do lar que se tornava, a pouco e pouco, um santuário doméstico.

O hábito das conversações sadias, o exercício da meditação, as leituras edificantes e as preces ungidas de ardente fé passaram a atrair Espíritos visitadores que, informados dos esforços que os irmãos envidavam por adquirir uma situação superior de vida, ali permaneciam em tertúlias ou repousos dos seus muitos quefazeres, saneando, com as suas irradiações mentais, a psicosfera ambiente.

Augusta, que participava dessa tarefa de renovação com muito esforço, já não concedia campo mental às interferências do adversário espiritual, que não se sentia bem naquele lar, que alterara sensivelmente o *padrão vibratório*, modificando os hábitos e anulando os resíduos da época anterior.

Tais disposições afetavam o perseguidor, que se sentia impedido de prosseguir no programa de vindita, simultaneamente, desmotivado pela falta de resistência e do alimento do ódio, que não lhe chegava em dose alguma estimuladora.

Como abutres se alimentam apenas de carne em putrefação, o ódio sustenta o revel, que não sobrevive quando escasseia tal nutrição.

Da surpresa inicial, pelo autodescobrimento, o antigo indigitado algoz passou à reflexão, examinando as vantagens e os prejuízos da sua atitude em relação a si mesmo.

"Conhecia, por experiência pessoal – reflexionou em momento oportuno –, a veracidade da reencarnação, o que lhe dava pequena margem de vitória, na pugna, uma vez que poderia ser encaminhado ao corpo sem poder impedi-lo, já que isto não dependia da sua vontade... Igualmente, não desconhecia o sofrimento que o amargurava, fazia tanto tempo! À medida que afligia, mais se agitava, ao revés de acalmar-se. Odiava, sem ser odiado. Perseguia a quem lhe bendizia a ação perniciosa, orando em seu favor... Valeria a pena prosseguir? E até quando continuaria a contenda sem adversário contra quem lutar?"

Pela primeira vez sentiu-se frustrado, e chorou, experimentando vergonha pelas ações praticadas.

Passou-lhe pela mente que ainda amava Germaine, ou Jeanne-Marie, ou Augusta, embora a antipatia que se demorava em relação a Guilherme, ou Claude Joseph, ou Bertin, o déspota que a arrancara do seu carinho e o levara ao cárcere, à guilhotina...

"Poderia amá-la, ainda – interrogou-se –, sabendo-a próxima ao homem que o desgraçara? Bem, a verdade é que ele o assassinara antes, dando início à corrente de despropósitos... Todavia, ela era jovem, no corpo, e ao lado do antigo amante, provavelmente isto lhe ressuscitaria a paixão anterior..."

À evocação de tal possibilidade, perturbou-se.

Esclareçamos, de imediato, porém, que as considerações mentais de Leclerc-Antoine estavam sob inspiração superior.

Desde que os impulsos destrutivos de vingança foram diminuindo, os mentores de Augusta, o seu próprio e o de Armindo acorreram em auxiliá-lo na mudança de raciocínios.

Tão logo o ser se abre ao amor, ou pelo menos se apresenta cansado do erro, já o amor o alcança, penetrando-o em forma de bênção.

Na sucessão dos dias repetiram-se aquelas demoradas reflexões.

As orientações recebidas durante as comunicações passaram a merecer suas mais amplas atenções, retornando-lhe ao plano mental, que agora as digeria mais vagarosamente, beneficiando-se do seu oportuno e sábio conteúdo.

Passou a visitar as reuniões de estudo, no lar do magistrado, não mais com os anteriores propósitos nefastos, entretanto, na condição de observador, descobrindo que, naqueles comentários e lições proveitosos, havia benefícios que o alcançavam e cujo valor não percebera até há pouco.

A companhia dos amigos perversos já lhe não fazia bem, em face da temática das suas conversações e propósitos vis com os quais não mais sintonizava.

Foi nesse estado que passou a anelar por repouso mental, paz íntima. *Por onde andariam os seus afetos e quem eram?* — inquiria-se. Desaferrando-se de Jeanne-Marie, sentia necessidade de reencontrar os antigos familiares, os amigos que não se encontrassem vitimados em si mesmos, carregando o fardo das próprias desditas.

Recordando-se mais e aprofundando a sonda das inquirições, espraiava os interesses, até então fixos na ideia malfazeja da perseguição, em outras áreas da vida, das relações humanas e acerca do futuro, que sempre lhe parecera sombrio e destituído de finalidade, querendo encontrar agora uma trilha de segurança para palmilhá-la com coragem, um alvo à frente e uma certeza de felicidade como guia.

Amanhecia nas paisagens espirituais do antigo e pertinaz obsessor. E com as claridades da fé que já lhe bruxuleavam, a realidade, ainda sem contornos firmes, todavia, definia-se-lhe na área das aspirações pessoais.

Como consequência mais imediata, Augusta readquirira as feições do equilíbrio. A organização psíquica refazia-se e a alegria que a abandonara, fazia muito, retornava, levando-a a participar das conversações com mais verve, ao mesmo tempo que as disposições orgânicas retemperadas reconquistavam o ritmo da saúde.

A cor voltara-lhe à face, os olhos readquiriram o brilho, e o gosto pelo vestuário assinalava-lhe a saída da penosa situação obsessiva.

A Guilherme não passavam sem nota as mudanças na moça, por quem nutria crescente afeição, que não se atrevera a demonstrar, receando perturbá-la com cogitações que, talvez, não lhe interessassem naquele transe, igualmente temendo as reações violentas do seu antagonista.

Cercando a jovem com demonstrações de afetividade controlada, foi sensibilizando-a, embora se mantendo discreto.

Por sua vez, à moça não ocorria a ideia de ser eleita por pessoa tão distinta, pertencente a uma classe superiormente mais confortável, social e economicamente, razão por que repelia qualquer insinuação íntima que lhe acudisse quando em reflexão a respeito do matrimônio.

Ela ignorava as informações dadas por Leclerc-Antoine a respeito do passado pessoal e até mesmo das peculiaridades que lhe engendraram a problemática do sofrimento. Genericamente sabia ser endividada, em relação ao Espírito que a tumultuava, desconhecendo os detalhes e mesmo as suas causas mais profundas. Assim, estava desinformada *in totum* quanto às anteriores vinculações afetivas e comprometedoras com o engenheiro atencioso e culto.

Do ponto de vista estético, Augusta era atraente sem ser perturbadora, nem dotada de qualquer *sex appeal*[35] que seduz os homens. Mais simpática do que bonita, suas linhas faciais eram harmônicas, e o seu porte, agradável, sem petulância. Sorria jovialmente, deixando à vista as duas fieiras de pérolas bem engastadas nas gengivas róseas. Educada, mas sem refinamento, humilde, mas sem vulgaridade, possuía os requisitos próprios para ensejar felicidade no matrimônio, felicitando-se também.

Num dos ensejos mediúnicos, Leclerc-Antoine veio, espontaneamente, à comunicação, ignorando, é certo, estar sob a custódia dos mensageiros espirituais, diretores do núcleo.

– *Aqui não me encontro para reivindicar direitos* – explicou com certo titubeio na voz. – *Após pensar demoradamente, e graças à cordialidade com que tenho sido tratado por todos os presentes, sinto-me impelido a esta decisão difícil: apresentar a minha renúncia aos propósitos maléficos a que me tenho agarrado... Não me é fácil a posição que pretendo assumir,*

---

35. *Sex appeal* – Encanto sexual.

desacostumado à paz e à amizade... No entanto, é a alternativa compatível com o meu atual estado íntimo... Descubro que os senhores não são meus inimigos... Ergui a clava de justiceiro, inimizando-me, sem conhecer-lhes a situação, especificamente impelido pelo orgulho que me cegou, em relação aos motivos de Jeanne-Marie... Ninguém fere sem uma razão, injusta que seja... Compreendo melhor a sua desídia e tomo conhecimento dos fatores que a propeliram à desonra... Agora entendo por que se vinculou ao Sr. Bertin, que dispunha do "Jornal dos Debates", de grande influência então... Eram dias terríveis aqueles, bem o recordo. *O* amante *aproximara-se de Jean-Paul Marat, a partir de quando se fizeram amigos, o figadal adversário dos girondinos, cuja queda conseguiu em junho...*[36] *Agora, essas reminiscências dolorosas, que eu evocava a cada instante para aumentar-me o rancor, a sede de vingança, produzem-me náusea, imenso sofrimento... Ce n'est pas de jeu*[37] *prosseguir por mais tempo na disputa inglória... Venho render-me...*

Havia, na declaração, todo o sofrimento de uma existência. A honestidade do combalido se exteriorizava no desejo, a esforço conseguido, pela reconciliação, pela conquista da paz.

Ante a emoção geral de quantos acompanhavam a exposição sincera, o Dr. Hélio, que participava de cada lance da comunicação feliz, com grandeza moral e elevação d'alma, ripostou:

– *Nesta luta não há vencidos. Todos são vencedores, porque ela tem dignificado os seus participantes; no entanto, se alguém aqui é o triunfador, esse é o Cristo, que nos inspira simbolizando o bem geral, após a pugna, que cessa, para a fraternidade, que se estabelece.*

Há mais grandeza em ceder do que em impor; mais glória em ajudar do que em submeter. Assim, és o exemplo do poder da razão, sem mordaça nem anestesia; da audácia, que dispensa a petulância e a insolência para triunfar, originada na coragem do amor que tudo transforma, e vence as tramas, as urdiduras do mal.

Não te arrependerás, nunca mais, pois que os teus amigos, que caímos contigo, estaremos unidos para marchar ao teu lado, agora sob os estímulos

---

36. 2 de junho de 1793 – Esse golpe que Marat desferiu provocou em Charlotte Corday o ódio que a levou a assassiná-lo, a 13 de julho, pagando, ela própria, com a prisão e a morte na guilhotina logo depois, a audácia imprudente.

37. *Ce n'est pas de jeu* – Não é lícito.

da vera fraternidade que um dia governará os destinos humanos, tornando todas as criaturas verdadeiros irmãos. Conta, portanto, com o pouco de que dispomos, que é tudo quanto podemos oferecer-te. E que Deus a ti e a nós abençoe-nos!

A voz se lhe embargou na garganta. Todos se encontravam, em ambos os lados da vida, comovidos e sintonizados com as Fontes do Bem, de onde fluíam as dulcíssimas vibrações que dominavam no ambiente espiritual.

A médium levantou-se, ainda *incorporada* por Leclerc-Antoine, e exclamou:

— *Esta é uma aliança para o futuro, que rogo a Deus abençoar!*

E a seguir, arrematou:

— *Peço a Guilherme e a Augusta, em especial, e a todos em geral, que me perdoem o mal que lhes hei causado, assim como me libero de todo o ressentimento e suplico a Deus que me perdoe. Adieu!*

— *Não é adeus, meu irmão* — completou o doutrinador. — *Digamos: au revoir!*

No silêncio que se fez natural, Armindo foi instrumento da palavra do mentor, que entreteceu considerações preciosas quão oportunas, acenando alegrias, não sem os naturais testemunhos do caminho redentor.

A reunião foi encerrada sob forte emotividade geral, num ambiente feérico de claridades siderais, e balsâmico pelas blandícias do bem.

Período novo se iniciava para os incursos nos Códigos da Justiça Divina.

15

RECOMPENSAS AO SOFRIMENTO
E NOVOS DESAFIOS

O casal Sr. Antônio e D. Beatriz Ferreira, que gozava de boa posição social na comunidade, havia aderido aos estudos e reuniões espíritas, na residência do Sr. juiz, por problema de saúde da senhora. Não se tratara de uma alienação na área mental, mas de uma pertinaz enfermidade que não cessava, apesar do conveniente tratamento médico.

Amigo do magistrado, o Sr. Antônio, em ocasião própria, confidenciou-lhe a preocupação que o desnorteava, vindo a tomar conhecimento da filosofia religiosa que o amigo vivenciava, assim se informando dos benefícios que podiam ser auferidos por aqueles que lhe militassem nas fileiras, em face das instruções que os Espíritos transmitem, das acertadas diretrizes para o equilíbrio emocional e da renovação que decorre do conhecimento de questões embaraçosas no campo do comportamento moral e espiritual.

Ele próprio, o Dr. Hélio, adentrara-se no estudo da novel Doutrina, quando jovem, estudante de Direito.

Suas dúvidas religiosas e suas indagações filosóficas então se equacionaram, levando-o a uma apurada pesquisa dos fenômenos mediúnicos que, cada dia, mais lhe consubstanciava os ideais, irrigando-o de constante entusiasmo.

Ao consorciar-se com a moça Helena, encontrou, nas suas faculdades mediúnicas, que jaziam em germe, um campo para exploração cuidadosa, passando à realização de sessões hebdomadárias, no próprio lar, quando, conforme lhe permitiam as oportunidades, abria-o aos interessados que estivessem motivados por legítimas razões acima da vã curiosidade.

Naquela cidade, há quase um decênio, não eram desconhecidas da população as suas atividades doutrinárias, compatíveis, é lógico, e refletidas na sua conduta profissional, no seu recato moral e nas suas atividades sociais.

O Sr. Antônio conduziu, então, a esposa às atividades espíritas, e, embora o seu temperamento recalcitrante, a princípio, ela pareceu adaptar-se aos postulados do que tomava conhecimento.

Instável, emocionalmente, D. Beatriz não se interessou muito em realizar a revolução íntima proposta pelo Espiritismo, permanecendo na superfície dos enunciados e, por que negá-lo, não demonstrando maior interesse, passada a fase inicial das observâncias.

Por uma ou outra razão, certamente graças ao auxílio espontâneo dos bons Espíritos, a sua saúde se normalizou, o que lhe constituiu motivo de júbilo, mas que ela considerava uma simples coincidência.

Foi a partir da presença de Guilherme, homem guapo e culto, nas reuniões, que a senhora pareceu mais integrar-se no grupo.

Confabulava com o engenheiro animadamente, demonstrando vivacidade intelectual e entusiasmando-se com o exame de questões variadas e perturbadoras para as religiões e que o Espiritismo esclarecia com admirável dose de lógica.

Elucidemos que a presença do cavalheiro cortês a entusiasmava.

Um tanto frívola, procedente de uma educação mais aparatosa que profunda, parecia querer flertar, embora com discrição, com o elegante confrade.

A princípio Guilherme sentia-se lisonjeado com a animação da dama, o que a todos agradava. Todavia, à medida que se passava o tempo, ele percebeu que aquela consideração exorbitava e, não obstante lutasse contra a ideia que lhe visitava a mente de quando em quando, confirmou que a senhora derrapava, lentamente, para uma área muito perigosa do relacionamento. Outrossim, percebeu que ela estava sendo instrumento dócil em hábeis maquinações de Entidades perversas, que planejavam um escândalo ou lamentável e desconcertante tormento que lhe cumpria evitar.

Exercendo, Guilherme, a mediunidade briosamente, não se permitia, em coerência com a convicção espírita abraçada, as leviandades sempre em voga, tidas como inocentes, no entanto, desencadeadoras de males e problemas perturbadores.

Árdua ascensão

✦

No relacionamento entre as criaturas e especialmente entre homem e mulher, nunca são demasiados o cuidado mantenedor do equilíbrio, o respeito moral, que evita o relaxamento das atitudes, e o pudor, que preserva de intimidades perniciosas.

Conduzir e superar as paixões inferiores, disciplinando a vontade e resguardando a honra, mesmo que outras pessoas com tais atitudes não se preocupem, são deveres do cidadão honesto e desafio para quantos adotam uma filosofia dignificante qual o é a espírita, que tem a ver com o homem integral, preparando-o para uma realidade após a morte e uma existência antes dela, que não se coadunam com as permissividades que intoxicam a mente, amolentam o caráter e decompõem os sentimentos morais da criatura.

Acrescente-se, às aberturas viciosas dos tempos atuais, a influência sórdida dos Espíritos atormentados, que se comprazem na permanência e prosseguimento dos prazeres, nos quais consumiram os corpos, e teremos ciladas, conúbios perniciosos, obsessões soezes que resultam da perfeita aquiescência, por afinidade, daqueles infelizes desencarnados com os insensatos e frívolos do corpo físico, descambando para promiscuidades e delitos morais, na área da luxúria, com consequências imprevisíveis nos resultados infelizes.

Muitas construções do bem têm ruído e diversos obreiros malogrado por se permitirem os *sonhos* lúbricos, a princípio nos relacionamentos *inocentes*, para depois os resvalamentos danosos nos fossos das alucinações e dos desconcertos morais de difícil reparação.

Dando-se conta das intenções que inquietavam D. Beatriz a seu respeito, Guilherme passou a tratá-la com cortesia, porém indisfarçada frieza, com a qual desanimava os estímulos embaraçosos.

Por lealdade a Dr. Hélio, confidenciou-lhe as impressões, assegurando-lhe quanto aos propósitos que sustentava e levaria adiante, em face dos compromissos doutrinários de ordem superior.

O amigo, que se apercebera da desconcertante atitude da dama, agradeceu o testemunho de nobreza de que fora objeto, confirmando-lhe a firmeza da estima recíproca e do esforço que envidaria para libertá-la da situação fascinadora pela qual enveredava.

127

Nessa oportunidade, ante as alegrias defluentes da transformação de Leclerc-Antoine, Guilherme considerou chegado o momento de desvelar os seus sentimentos a Augusta, totalmente recuperada e agora dócil instrumento dos emissários da luz que a utilizavam nas reuniões habituais, bem como a Armindo, a fim de instruir e educar espiritualmente os membros do pequeno grupamento espiritista.

Através desta decisão, Guilherme aplicaria um golpe aniquilador nos intentos nefastos, em andamento, pela inspiração dos inimigos dos veros ideais, confirmando a interferência dos guias vigilantes, sempre ativos na prática e preservação dos labores de edificação humana.

Passando dos planos mentais à ação, o engenheiro pediu uma entrevista à ex-obsidiada e referiu-lhe a afeição que lhe devotava, considerando-lhe os dotes morais e os elevados sentimentos, propondo-lhe, de futuro, a união matrimonial, caso ela partilhasse da mesma emoção.

A moça enrubesceu e não pôde ocultar a perturbação de júbilo que a dominou.

Tratava-se de sua primeira experiência afetiva, e, porque nada dissesse, o vigilante enamorado ajudou-a, habilmente acrescentando:

– *Não é necessário dizer-me nada neste momento. Haverá muito tempo para pensar sobre o assunto. Espero que sua resposta cinja-se ao sentimento de amor, se o houver, sem qualquer compromisso de gratidão ou de pura amizade. O casamento, para ser feliz e duradouro, conforme eu o concebo, deve resultar de muitos fatores, entre os quais o amor tem predominância, estabelecendo um vínculo profundo entre os dois consortes que se completarão numa união ideal...*

Depois da sua resposta, notificarei à família e aos nossos amigos, a fim de que o nosso compromisso e a nossa alegria sejam partilhados por todos.

Se, no entanto, você não se sentir emulada ou não estiver disposta ao comprometimento, permaneceremos como bons amigos, ligados ao ideal que nos irmana e trabalhando por ele com a dedicação que nos é habitual.

Augusta, da surpresa inicial, passou à emotividade, tartamudeando:

– *Reconheço não ser digna do senhor engenheiro...*

– *E se o não fosse* – interceptou-a Guilherme –, *não a teria elegido, nesta fase de minha vida, quando não sou um ancião, é certo, mas já superei os encantamentos e os impulsos juvenis.*

– *Receio não lhe corresponder à expectativa... Faltam-me trato social, educação aprimorada e muitas outras condições que reconheço não possuir...*

– *A minha pergunta, no entanto, ainda não foi respondida. Não lhe indago quanto aos valores ou requisitos que os já avaliei, durante estes meses de convivência, e como sei que sou exigente nesta conduta, é que me demoro solteiro até este momento. Portanto, não se deve preocupar, arrolando falsos impedimentos, já que os não há reais, exceto se a minha pessoa não lhe inspira amor.*

Isto é o que desejo saber, e nada mais.

Convidada, sem rebuços, a uma resposta sem evasiva nem timidez, Augusta, de olhos baixos e esfogueada na face, gaguejou:

– *Nunca aspirei a tanto, na minha existência despretensiosa... No entanto, às ocultas, sei que o senhor me inspira um imenso e impossível amor, razão por que evito pensar no assunto...*

Guilherme foi tomado de grande alegria, e abraçou-a, num transporte de intempestiva felicidade.

A moça, desacostumada a um sentimento de tal porte, prorrompeu em pranto, que o futuro noivo consolou.

– *Informemos a Célia* – sugeriu ele – *sobre a nossa afeição, passo primeiro para um pedido formal de casamento ao nosso caro Julião, por ser o membro mais velho da família.*

Tomando conhecimento do fato, para ela imprevisível, a irmã, com os olhos nublados, somente pôde afirmar:

– *Deus meu, a felicidade veio morar em nossa casa. Louvado sejas!*

Ato contínuo, abraçou Augusta e beijou as mãos, que juntou às suas, do futuro cunhado.

A notícia espocou na família Patriarca de Jesus, como uma bomba que estourasse, inesperadamente, a todos colhendo numa festa de felicidade.

Aqueles indivíduos modestos e afeitos ao bem recebiam o auxílio da Vida, na expressão da elevada estima do cavalheiro gentil, e antegozavam da felicidade que inundava o coração da antiga sofredora, navegando agora em mar de bonança sob o comando e a tutela do amor...

Terminada uma das reuniões de estudos, no lar dos Garcia, Guilherme, de chofre e jubiloso, informou aos amigos e confrades:

– Não se trata de um compromisso oficial, porque ainda não está formalizado o pedido de casamento...

Fez uma pausa, que foi acompanhada por grande curiosidade dos ouvintes, para logo arrematar:

– Há dias, concertamos com Augusta a decisão de casamento, oportunamente, já que nos amamos e estamos dispostos a enfrentar, juntos, os sucessos do futuro que o Senhor nos conceder...

Não terminara de fazer a declaração quando D. Beatriz, que ficara muito pálida, em decorrência da notícia, desmaiou, provocando um susto nos presentes.

O esposo acorreu a socorrê-la, e o fato não passou despercebido, nas suas causas, ao juiz e ao futuro noivo...

Tão pronto se refez, a dama pediu licença para demandar ao lar, em face da indisposição que, consoante alegou, vinha rondando-a desde a véspera.

Os amigos anuíram e ficaram inocentes a respeito do incidente ridículo.

✦

Enquanto numes tutelares compensavam as dores no lar dos Patriarca de Jesus, o mesmo não sucedia em relação a Rosabela e ao filhinho Roberto.

Participando dos júbilos com a recuperação da irmã querida e o seu próximo noivado, não ocultava as dores que lhe pungiam a alma, em face dos testemunhos vigorosos que lhe chegavam com o pequenino, por quem sentia desencontradas emoções: amava-o por dever e experimentava grande repulsa, simultaneamente.

Como a criança apresentava graves distúrbios neurológicos, inclusive lesões cerebrais irreversíveis, participava do mundo exterior mediante os sofrimentos que lhe chegavam pelo corpo limitado, como também pelas percepções decorrentes da parcial liberdade que o Espírito desfrutava naquele demorado e afligente processo reencarnatório. Essa peculiaridade permitia-lhe registrar as vibrações maternas, rechaçando-o, ao mesmo tempo que padecia os acicates e investidas dos adversários espirituais, que permaneciam dispostos a desgraçá-lo até as últimas consequências.

Como reação, chorava, agitado, produzindo cansaço nos pais até a exaustão, ao mesmo tempo gerando contínua irritação no genitor, que necessitava de dormir depois das atividades cansativas do ganha-pão.

Não fosse a abnegação de Armindo e a sua caridade benevolente, algum infausto acontecimento teria sucedido contra o sofredor.

Junto ao tio, que penetrava as percepções além das barreiras físicas – o servidor do Evangelho acompanhava as agressões impiedosas e envolvia os verdugos em vibrações de paz e de perdão –, amenizavam-se-lhe as aflições, conseguindo interregnos de repouso, de recomposição orgânica e emocional.

Dia após dia continuava a expiação redentora, num calvário da família comprometida com os infelizes, que se transferiam da posição de vítimas para a de cobradores inclementes, mais inditosos, portanto.

As informações espirituais e os recursos terapêuticos que lhe eram ministrados diminuíam em Rosabela a aspereza das provações, atenuando, em alguns dos implacáveis algozes, a sanha perversa do desforço.

✦

Um ano transcorreu após os acontecimentos referidos.

Guilherme e Augusta consorciaram-se havia um mês, porque o engenheiro deveria acompanhar uma obra do governo em outra cidade, devendo para lá transferir residência por um largo período.

Dr. Hélio e família igualmente se encontravam de mudança para a capital, em razão deste haver conquistado uma nova entrância na sua função, cujo exercício se daria naquela cidade.

O casal Ferreira, depois do incidente constrangedor, alegando razões justas para eles, passou a faltar às reuniões até abandoná-las de uma vez.

Os propósitos inferiores de D. Beatriz, rechaçados de frente, não mais a estimulavam ao prosseguimento, transferindo-se para lugar mais propício às suas levianas aspirações.

In petto[38] Armindo sofria a desagregação do grupo, que ora se fazia iminente, inevitável.

Ali, ele e os seus familiares encontravam a vida, a luz da Verdade, a motivação para viverem. Não era de temperamento queixoso, mas sempre resignado. Todavia, a separação dos amigos, que se iniciara com a transferência de Guilherme e Augusta e se consumaria mais dolorosa com a viagem do magistrado e família, dilaceravam-no e os demais membros da pequenina célula cristã.

Antes que o excelente amigo viajasse, reuniu a família Patriarca de Jesus e mais alguns poucos frequentadores da sua casa, solicitando:

— Não deixem que se apague a chama que mantivemos acesa por vários anos nesta cidade. Prossigam reunindo-se, estudando e agindo como espíritas que o são, sem embargo todos os tropeços, dificuldades e defecções que os tomem pelo caminho.

Ninguém é insubstituível. Vocês já possuem maioridade doutrinária para levarem adiante os compromissos e responsabilidades aos quais nos vinculamos.

Calou-se por breves momentos, logo prosseguindo:

— Quanto nos permitam os deveres novos — e iremos continuar com as atividades espíritas onde estivermos, a princípio, no lar, e depois numa sociedade existente, com a qual nos afinemos —, minha esposa e eu aqui viremos periodicamente, unir-nos a vocês, dando continuidade à tarefa.

Armindo, sempre maleável à indução do mentor, pediu licença para falar e, visivelmente telecomandado, entreteceu algumas considerações em torno dos discípulos do Cristo, quando foram, inexperientes ainda, atuar em diferentes partes, levando a mensagem da Boa-nova, guiados pelo Senhor, concluindo:

— Por que não fundarmos um grupo, de caráter público, que funcione, transitoriamente, numa casa de família até o momento de construir-se uma sede?

A ideia encontrou imediata guarida em todos, e Julião completou:

— Embora modesto, o meu lar é de todos, desde que minha esposa, que aqui está presente, comparte dos nossos anseios e ideais espíritas, facultando-me colocá-lo às ordens pelo tempo que se fizer necessário...

O silêncio e as lágrimas que perolavam todos os olhos foram a resposta da aquiescência à feliz alternativa, que passaria a constituir o futuro Grupo Espírita, para a libertação das criaturas que se demoravam nas galés da ignorância, esmagadas pelos sofrimentos sem consolação.

---

38. *In petto* – No peito, intimamente.

D. Helena levantou-se, descreveu as cenas espirituais que se desenrolavam no ambiente e, expressando os sentimentos gerais, muito inspirada, orou, agradecendo pelas bênçãos recebidas até então e exorando auxílio para os empreendimentos futuros.

Despediram-se afetuosamente, prometendo-se ajuda recíproca.

Distância física, em verdade, não é separação real, tanto quanto presença corporal nem sempre traz união fraternal.

Alguns daqueles amigos jamais se separariam.

Viandantes do tempo, haviam-se reencontrado para seguirem unidos pelos rumos sem fim.

Armindo e os familiares volveram ao lar, antecipadamente presas de saudade imorredoura, indescritível.

A Terra, pela transitoriedade e circunstancialização das suas proposições, não pode, ainda, propiciar a felicidade sem interrupção, nem a paz sem as preocupações. Assim o será, ainda, por muito tempo.

Chegando ao lar, o médium buscou o quintal, a noite estrelada, a fim de conversar com os seus irmãos do arco-íris, que lhe iluminavam a alma quando as sombras do abatimento e da dor intentavam dominar-lhe as paisagens da esperança...

Segunda parte

1

O PORQUÊ DO ESPIRITISMO NO BRASIL

Quando se estruturava a programática da reencarnação do missionário Allan Kardec, em Lyon, na França, como Embaixador do Cristo, para dar início à Era do Espírito Imortal, considerando-se as tarefas que ali desenvolvera, dezenove séculos atrás, na condição de sacerdote druida, tiveram em mente, os instrutores da Humanidade, eleger Paris para tal advento, levando-se em conta o elenco dos obreiros da latinidade que o acompanhariam, antecipando-o e dando prosseguimento ao extraordinário acontecimento.

Graças às vivências anteriores, em que amadurecera as experiências relevantes e acurara a sabedoria, mártir, mais de uma vez sacrificado em holocausto dos ideais humanistas, filosóficos e cristãos, Allan Kardec mergulharia na densa névoa carnal, após a França retirar dos ombros a hegemonia política dos Bourbons, quando as aspirações máximas da Humanidade, que a revolução de 89 viera implantar, abrissem campo aos supremos anseios da felicidade.

Nenhum país reunia condições, naquele momento histórico, que pudessem rivalizar com as ali conquistadas, e lugar algum, exceto Paris, dispunha dos requisitos culturais e tradições da inteligência para o tentame ímpar.

En douceur,[39] os gênios benfeitores do homem estabeleceram que a França, mais uma vez, hospedaria o missionário, a fim de que dali partissem, pulcras e imbatíveis, as diretrizes para o pensamento em relação ao futuro.

---

39. *En douceur* – Devagar, sem pressa.

Laboratório de ideias que fermentavam ante a força dos elementos em debate, estavam presentes, então, todos os recursos para a avaliação dos conceitos expostos, no momento em que a Ciência, libertando-se das algemas dogmáticas e dos preconceitos do *magister dixit*, alicerçava os seus fundamentos na insuperável linguagem dos fatos testados nas experimentações incessantes.

Ao mesmo tempo, a Filosofia arrebentara os grilhões das escolas ancestrais e abria campo a novos cometimentos, aliando-se, no futuro, ao materialismo dialético, histórico e mecanicista, num afã de destruir o passado para edificar o futuro em bases inteiramente descomprometidas com quaisquer vinculações precedentes.

Nesse ínterim, a Religião, dividida em ortodoxias rivais que se digladiavam reciprocamente, apresentava a paisagem desvitalizada do Cristianismo, numa Instituição formal e de superfície, que em nada recordava o Revolucionário do Amor, que libertara as consciências para um Reino sem fronteiras, onde pudessem viger a fraternidade sem limite e a paz sem qualquer convulsão.

As ideias, em consequência, nesse campo de batalha, muitas vezes nasciam ao amanhecer, envelheciam ao meio-dia e morriam à noite, sepultadas, logo depois, nos jazigos do esquecimento.

Melhor ser vaiado em Paris – afirmava-se, então – *e no mundo inteiro ignorado, do que aplaudido em toda parte, mas, em Paris, desconhecido.*

Não era jactância, nem presunção, e sim o retrato vivo de uma cidade que se sabia iluminada, de um povo *ateniense* que a habitava consciente das próprias conquistas. *C'est tout dire.*[40]

Ora, esperava-se que o impacto de uma ciência nova, de cujos alicerces ressumasse um conteúdo filosófico, no báratro das escolas de pensamento as mais proeminentes, deveria ser amortecido pelo choque decorrente do atrito com as demais áreas ideológicas, conforme havia sucedido antes e acontecia continuamente. Isso, porém, não se deu em relação ao Espiritismo.

Incontestado na sua origem – o fenômeno da imortalidade da alma, confirmado através da comunicação mediúnica –, porque todas as contradições que se levantaram careciam de estrutura experimental e

---

40. *C'est tout dire* – É quanto basta.

as aguerridas acusações de que padecera resvalavam pela rampa do fanatismo religioso ou do materialismo sem os subsídios dos fatos, sobreviveu, adquirindo cidadania científica.

Concomitantemente, o seu contexto filosófico, remontando às mais antigas doutrinas do reencarnacionismo oriental, do pitagorismo e do idealismo grego, constitui a única forma cultural de compreender Deus e a origem da vida, o homem e as causas das aflições, o destino e a finalidade do ser na Terra...

Ao mesmo tempo, afirmando que Jesus é o "Ser mais perfeito que Deus ofereceu ao homem para servir-lhe de Modelo e Guia",[41] ressuscita a Sua Doutrina, em toda a sua grandeza moral, cujos princípios dividiram a História, trazendo as linhas mestras do comportamento ético-social do indivíduo em relação a Deus, a si próprio e ao seu próximo.

Resistindo a todas as objurgatórias, assim como demonstrando-as falsas, o Espiritismo venceu os acanhados dom-quixotes das lutas inglórias e saiu dos arraiais sitiados onde parecia submetido, para ganhar as léguas do mundo...

Religião do amor, empreendia a batalha da transformação do mundo por meio da renovação e aprimoramento ético do homem, que se utiliza do progresso intelectual para adquirir o moral, definitivo, religando, em perfeita união, a criatura ao Seu Criador.

Quando Allan Kardec desencarnou, a Doutrina permaneceu e firmou os seus *pilotis* no cerne da cultura adversa que, lentamente, o absorveu e aceitou, em face do desempenho dos seus adeptos e da fortaleza dos conceitos apresentados, que decorrem da demonstração experimental, resistente a quaisquer suspeitas e indisposições adredemente estabelecidas.

Entretanto, quando se organizavam os roteiros para o *advento do Consolador* na Terra, mediante a Doutrina Espírita, os abnegados e sábios mentores da França foram informados de que ali se iniciara o programa, que, todavia, se iria fixar, por algum tempo, em outro país, de onde se dilataria, abraçando todo o planeta ao longo dos séculos...

A *alma francesa* contribuiria com o tesouro cultural para os primórdios da "fé raciocinada", contudo, seria num continente jovem, num povo em formação, no qual se caldeavam raças e caracteres, que mais

---

41. Questão 625 de *O Livro dos Espíritos*, de Allan Kardec.

ampla e facilmente se desenvolveria, especialmente, levando-se em conta a falta de *carmas coletivos* naquela nacionalidade.

A França, onde renasceram os atenienses, estava assinalada por glórias e misérias, guerras externas e lutas intestinas que lhe não permitiriam, por enquanto, a dilatação dos ensinamentos cristãos nos enfoques da vivência moderna, demonstrando moralmente a grandeza do Espiritismo.

Desse modo, tão logo estivesse implantado o ideal espírita, seria trasladada a *árvore evangélica*, de cuja seiva a ciência se sustentaria para os arrojados cometimentos futuros e em cuja filosofia racional as criaturas se nutririam, adquirindo o vigor para as existências enobrecidas.

O Brasil, porque destituído de débitos coletivos mais graves, houvera sido escolhido para esse segundo período da realização e crescimento espiritista.

Sem comentar os acontecimentos de menor gravidade histórica, a escravatura negra e a guerra do Paraguai pesam-lhe na economia evolutiva.

A primeira, como herança dos colonizadores, que a Princesa Isabel encerrou, mediante a Lei Áurea, e a segunda, a nação, no futuro, se reabilitaria, por meio de inestimável auxílio ao progresso do país irmão, que lhe fora vítima, após a provocação perpetrada pelo seu então ditador Lopez...

Convencionou-se, desse modo, que muitos franceses fossem transferidos, em Espírito, para as terra novas, a fim de receberem a Doutrina, oportunamente, quando para o continente americano do Sul fosse transportada.

Esse acordo precedeu ao renascimento de Allan Kardec, em Lyon, que anuíra de boa mente com o estabelecido.

Sem embargo, porque na psicosfera da nacionalidade francesa permanecessem dezenas de milhares de revolucionários frustrados, infelizes, vitimados pela arma de Joseph Guillotin, que os ventres das mulheres aturdidas se negavam a receber em maternidade redentora, assim abortando em larga escala, foi concertado que o Brasil receberia esses Espíritos sofridos, de modo a auxiliá-los no processo da evolução, reparando as faltas e ajustando-se às linhas do progresso intelecto-moral, ao mesmo tempo que contribuiriam para a fraternidade e a liberdade de consciência de que o Espiritismo se faz paradigma por excelência.

O método dialético e o cartesiano utilizados por Allan Kardec para estruturar a Codificação no cimento da lógica e do fato exigem atenção e discernimento para de início serem penetrados.

Dessa forma, tão logo os reflexos doutrinários da Mensagem alcançaram as praias brasileiras da cultura, nos primórdios dos anos 60, do século XIX, a sintonia filosófica dos antigos *revolucionários*, dos lidadores da latinidade gaulesa reencontrou o pensamento, de imediato adotando a sua ética e aceitando os seus postulados que, ao mesmo tempo que lhes falavam à mente arguta, sensibilizavam-nos, acalmando-lhes os sentimentos controvertidos e angustiados...

Não seja, pois, de estranhar-se a *predestinação* do Brasil para o labor espírita nem a sua aceitação ampla e profunda por todos os segmentos da sua sociedade desde o princípio, salvadas raras exceções.

Após a desencarnação de Allan Kardec, companheiros seus de lide e médiuns que cooperaram na realização da obra colossal retornaram ao corpo, na pátria brasileira, para darem continuação ao programa estabelecido com entranhada fidelidade aos postulados que exigem dedicação, renúncia até o sacrifício e fé estribada na razão.

Renasceram, portanto, em número expressivo, espíritas por segunda vez, alguns outros que conheceram a Doutrina antes do retorno ao corpo, a fim de promoverem a grande arrancada da divulgação e da realização doutrinária, capacitando-se a devolvê-la ao berço de origem e ao mundo, na mesma pureza e limpidez com que a herdaram do insigne missionário.

Não que tudo transcorresse em clima de facilidade e mesmo de harmonia, porque onde se encontra o homem, aí se fazem presentes as suas paixões.

O trabalho se apresentava e prossegue gigantesco.

Fazer derrubar velhas e arcaicas estruturas do comportamento ancestral, utilitarista e apaixonado, para dos escombros emergir uma nova mentalidade aberta à vida, que faculte espaços à solidariedade e ao amor, constitui um desafio dos mais expressivos. Ainda mais se for examinado que muitos dos modernos trabalhadores da seara espírita são antigas personagens comprometidas com facções religiosas beligerantes, bem como partidos políticos exaltados, ora aprendendo disciplina e submissão, transferidas das posições relevantes para as de serviço, que o mergulho no corpo não pôde obnubilar completamente as anteriores impressões que lhes caracterizavam antes a conduta.

Penetrando no espírito do Espiritismo, ressumam, inevitavelmente, em todas as criaturas, as suas antigas predisposições, seja na área da informação científica, da filosófica, seja da religiosa. Todavia, na síntese perfeita em que se apresenta a Doutrina, como campo de harmonia desses três fundamentos do conhecimento humano, é que se expressa o conteúdo do Espiritismo que não pode nem deve ter dissociado nenhum dos seus membros.

Objetivando, porém, essencialmente, preparar o homem para a continuação da Vida além do túmulo com todas as responsabilidades que lhe dizem respeito, é inevitável que a feição moral, rica de religiosidade, desperte-lhe os sentimentos superiores, plasmando-lhe a conduta evangélica, consequência natural da comprovação científica e da compreensão filosófica.

Outrossim, porque consoladora, alcança de imediato o ser perdido nos abismos do desespero, da angústia e da saudade, liberando-o dos tormentos, por atingir o âmago das questões que desencadeiam os sofrimentos e acenar-lhe com as esperanças felizes, mediante a ação do trabalho e a experiência autoiluminativa da caridade.

Eis por que os litigantes de ontem, os delinquentes do passado, que arrastam pelos séculos os caprichos e efeitos dos crimes, vieram reencontrar-se no pequeno burgo interiorano da comunidade brasileira, cenário novo para as lutas de redenção. Formavam o grupo dos que haviam sido transferidos, reencarnando-se ou não, para as plagas onde não tinham compromissos infelizes e poderiam com melhores probabilidades redimir-se, purificando-se no crisol das aflições que o encontro com o Espiritismo decantaria, na sucessão das experiências da evolução.

Superados os primeiros embates, os membros da família Patriarca de Jesus seguiam as rotas do programa evolutivo que os atos anteriores e o comportamento atual haviam traçado.

2

DEZ ANOS DEPOIS

Nesse ínterim, o novel Grupo Espírita fundado para dar prosseguimento às atividades que tinham lugar no domicílio do Dr. Hélio Garcia desenvolveu-se com simplicidade, fixando raízes que
lhe permitiriam, no futuro, mais amplas realizações de ordem doutrinária e de ação social.

A humildade de Julião Patriarca de Jesus fazia-o crescer no conhecimento, a que se afervorava com dedicação invejável, levando-o a reco-
nhecer a profundidade da Doutrina abraçada e a corresponde necessidade de estudá-la com afinco e continuidade.

Concomitantemente, a mediunidade de Armindo oferecia rico re-
positório de sabedoria, facultando aprendizagem segura para os membros afeiçoados ao labor edificante.

Instrutores espirituais interessados no progresso das criaturas ensi-
navam em todas as reuniões mediúnicas as técnicas experimentais, inspirando, nas sessões de estudo dos temas doutrinários, a compreensão
das teses profundas do contexto da Codificação, em cuja fonte inex-
cedível todos hauriam conhecimentos e advertências relevantes para a
conduta exemplar. Também eram trazidos ali os Espíritos infortuna-
dos, para receberem consolação; os rebeldes para serem acalmados; os
odientos para a terapia da fraternidade e os perversos para desperta-
mento pelo amor...

O Dr. Hélio, conforme se comprometera, sempre que as suas atividades permitiam, acompanhado pela esposa, vinha oferecer solidariedade e experiências no trato com os sofredores de ambos os planos da
vida, com os obsessores e obsidiados, auxiliando o desempenho de tarefas especializadas nessa área da alienação mental.

O pequeno Roberto, filho de Rosabela, vencendo todos os prognósticos pessimistas, continuava a carregar a sua cruz de expiações, supliciado pelos verdugos impenitentes que o maceravam, embora encarcerado num corpo limitado e enfermo que resistia aos embates, de modo a poder concluir o fadário que se lhe fazia bênção liberativa.

Tout de même,[42] ante os testemunhos contínuos, seus pais terminaram por amá-lo, liberando Armindo, de alguma forma, da assistência mais constante que concedia ao sobrinho enfermo, pois que as suas atuais atividades se multiplicaram em vasto ramo de serviços fraternais de assistência a doentes esfaimados e moribundos, no que era sempre acompanhado por Célia e Julião, perfeitamente integrados na equipe da caridade.

As renúncias e testemunhos que o jovem médium se impunha despertavam em algumas pessoas simpatia e respeito, enquanto noutras açulavam a ira e a agressividade, que voltavam contra ele, em intentos infelizes de descoroçoar-lhe o entusiasmo e a fé.

São mais solitários aqueles que se movimentam entre as criaturas ensinando técnicas da vida feliz e da alegria, sorrindo, e a sós, sem ninguém que lhes comparta as necessidades do sentimento nem da emoção. Os seus beneficiários afetivos exigem sem dar, impõem sem contribuir e esperam que eles sejam constituídos por elementos especiais que lhes organizam o ser, fazendo-os diferentes, insensíveis à vida, não obstante ricos de valores emocionais para repartir com todos.

Era o caso de Armindo. Cercavam-no pessoas sequiosas de afeto, apresentando-lhe suas dificuldades e problemas, sem excogitarem das suas carências humanas, supondo que ele nem sequer as sofresse...

Quando outros corações o buscavam, em tresvario emocional, era mais para comprometê-lo do que aliviá-lo, motivados por fascínio extemporâneo e alucinado, com que pretendiam enredá-lo em cipoais de futuros sofrimentos e desequilíbrios...

Ele, porém, permanecia sob a inspiração dos seus guias e o amparo do Cristo, renascendo a todo instante após cada testemunho, mais trabalhando e mais seguro em si mesmo para os desafios do futuro.

---

42. *Tout de même* – Mesmo assim.

Experimentou, mais de uma vez, o escárnio quase geral, em sua terra, açoitado pela calúnia e asfixiado pela incompreensão, sofrendo, mas não desanimando.

Assim se fortaleceu no trato com os espezinhados, convivendo, quanto lhe dispunham as poucas horas de repouso, com os crucificados nas enfermidades repelentes e na miséria socioeconômica, em cujos filões de dor descortinava as fortunas da fraternidade e da compreensão com que se renovava.

Tão habituais se lhe fizeram esses labores, que para outros seriam extenuantes, que passou a anelar sempre pela convivência ao lado daqueles indesejados e esquecidos, que Jesus também havia elegido para apresentar a Sua Doutrina.

Isso não quer dizer que se furtasse à comunicação com as demais pessoas, inclusive aquelas que o afligiam, já que os infelizes eram o seu refúgio, e os infelicitadores, igualmente desditosos, eram o seu cadinho purificador.

Já Guilherme, somente poucas vezes retornou àqueles páramos, trazendo a esposa.

Na cidade nova fixara residência, não mais dali se transferindo para outro lugar.

As percepções mediúnicas de ambos, por falta da continuidade no exercício, diminuíram, e embora mantivessem reuniões no lar vez que outra, com o tempo reduziu-se-lhes o ardor inicial; a família em formação, os deveres novos absorveram-nos, o que, certamente, não justificava a falta de atenção para com os compromissos mediúnicos. Todavia, o homem é sempre livre para agir, sendo levado a colher os efeitos inevitáveis das suas ações.

A pouco e pouco chegaram pelo *milagre* da reencarnação os Espíritos com os quais mantinham compromissos transatos, que se reemboscavam no corpo, para darem curso ao processo renovador.

D. Augusta sofria muito durante a gestação, seja pela necessidade de resgatar antigas dívidas, seja pelo intercâmbio fluídico com os reencarnantes, que lhe transmitiam impressões de angústia, mal-estar contínuo, exigindo-lhe esforços até a exaustão, a fim de levar a *grosse*[43] a bom termo.

Mediante a terceira gravidez, retornou ao proscênio de lutas o Espírito Leclerc-Antoine.

---

43. *Grosse* – Gravidez.

A senhora, com a sensibilidade mediúnica lúcida, percebeu durante a gestação de quem se tratava, passando a experimentar sentimentos díspares, controvertidos.

Muitas vezes desejou, inconscientemente embora, que a gravidez não prosseguisse, sofrendo uma interrupção natural...

Entojos e náuseas constantes atormentaram-na durante todo o período, exaurindo-lhe as forças, consumindo-lhe o equilíbrio.

Na esfera dos sonhos, revivia o passado afligente, arquivado nos tecidos sutis do perispírito, despertando angustiada, inquieta.

Recordando-se, porém, do compromisso espiritual que a fé espírita lhe firmara na mente e no coração para com aquele companheiro de infortúnio, dulcificava-se e anelava para que a oportunidade se coroasse de êxito, e, no amor, todas as reminiscências desagradáveis cedessem lugar à esperança e ao reencontro da felicidade.

Por sua vez, o amante traído aspirava ao recomeço e temia...

Detestava as lembranças, que ainda o feriam intimamente, desejando ser amado.

Não se lhe apagaram todos os vestígios do fogo abrasador, que um dia desencadeara as tragédias cujos efeitos perduravam.

É certo que houvera preferido recomeçar ao lado da amada de ontem, usufruindo as alegrias da afetividade conjugal... A condução de filho causava-lhe estranheza, por falta de amplitude mental para entender a complexidade do amor em todas as suas formas de manifestação.

Somava, a essas reflexões, a desconcertante realidade: ver a mulher querida de ontem, que o preteriu, vivendo com aquele que a roubara do seu convívio, integrando a trama que o vitimara... Mas reconsiderava que ela volvia àquele a quem, por sua vez, ele infelicitara fazia quase quatro séculos...

Digamos definitivamente: era uma situação canhestra para o reencarnante, em face do intricado das leis que regem a vida.

Embora houvesse perseguido quem lhe conduzira à guilhotina, sofria, por sua vez, a perseguição de outros revolucionários que, nas batalhas oratórias inflamadas entre os girondinos e a *Planície*,[44] na Assembleia,

---

44. *Planície* – Na convenção francesa, assim se chamavam os deputados que se situavam entre os girondinos e os montanheses, graças à sua formação e interesses políticos.

degeneravam em ódios acirrados que conduziam a execuções pura e simplesmente.

Recordava-se de Bertin, o inimigo do *Jornal de Debates,* igualmente odiado por aqueles a quem acusava, e temia o retorno entre os fogos cruzados das vis paixões.

É certo que Leclerc-Antoine fora também um perseguido, enquanto sitiava a *casa mental* de Augusta.

Àquele tempo, açulado pelo desejo de vingança, não sofria diretamente os espículos dos outros desditosos.

Na atual situação, todavia, mudava-se o quadro. Os liames do processo reencarnatório, de certa forma, deixavam-no à mercê da ira dos verdugos que agora se acercavam com ferocidade.

Certamente que ele não se encontrava sem o superior amparo.

Convenhamos, porém, que lhe chegava a hora de colher os cardos semeados pelo caminho que ora lhe cumpria percorrer, aprendendo a valorizar o bem, a lealdade e o amor de que se olvidara nos relacionamentos anteriores.

Por seu turno, Guilherme, que contribuíra para a eliminação da sua anterior existência física, não defrontara, até então, os inamistosos companheiros de ontem.

Graças à mediunidade que exercitou, granjeara amigos desencarnados e acolhera vítimas suas em aturdimento. Não obstante, permaneciam diversos alienados pelo rancor, que ora se aproximavam, a fim de que o reequilíbrio das leis se fizesse com segurança. Naturalmente que o amor dispõe de todas as terapias refazentes e que os Códigos Divinos possuem os meios adequados para a reestruturação da harmonia. Quem, no entanto, se atreve a tomar nas mãos as rédeas do desforço tomba, sem dúvida, na armadilha que, para o adversário, coloca.

Enquanto o homem não se cingir ao dever com as suas corretas implicações, pedirá justiça para as faltas alheias e clemência para os delitos próprios. Assim, a tolerância que se observa em relação às imperfeições pessoais, com uma vasta cópia de escusas, deve servir de medida para ser aplicada quando do exame das deficiências morais dos outros.

Guilherme, na medida em que o tempo transcorria, passou a sentir a psicosfera negativa dos seus companheiros traídos e dizimados.

Conhecedor das técnicas da oração e dos benefícios da leitura edificante, recorreu, de imediato, aos expedientes da higiene mental, da autorrenovação, preservando-se da telementalização tóxica, evitando o desvão obsessivo. Todavia, enleado na dívida em relação à vida, não se pôde furtar aos testemunhos que passaram a chegar-lhe, a princípio indiretamente, e depois com assiduidade, com frequência chocante.

Dificuldades surgiram-lhe na área do trabalho, provocadas por pessoas inescrupulosas que se candidataram a tomar-lhe a função de confiança, utilizando-se de uma competição infeliz mediante a calúnia, numa rede de intrigas cujos resultados culminaram no intento nefasto...

Exatamente quando as necessidades se lhe faziam maiores, a perda do rendimento da função gratificada pesou-lhe na economia doméstica, agravando a situação.

De imediato, uma jovem colega dele enamorou-se com insistente perseguição, por pouco não degenerando o cerco em atrito no lar, embora, digamo-lo honestamente, ele não haja dado campo ao exorbitar de tal desequilíbrio.

Mesmo assim, não se pôde furtar à influência perniciosa que, resultante da ação mental da jovem, passou a estabelecer uma sutil quão perigosa obsessão de um encarnado sobre outro. Por sua vez, a moça se encontrava induzida por hábil adversário dele, que a usava por encontrar campo propício na leviandade a que ela se permitia.

Como se não bastassem esses problemas, a saúde se ressentiu, apresentando distúrbios orgânicos que o levaram ao leito.

Nesse período, que se fazia coincidente com o processo reencarnatório de Leclerc-Antoine, Guilherme resolveu-se por tornar às origens evangélicas de que se distanciara um pouco, volvendo ao grupo no qual a família Patriarca de Jesus preservava os lídimos ideais espíritas.

Ao primeiro ensejo, propôs à esposa:

— *Acredito que os nossos problemas têm séria origem espiritual de procedência anterior.*

— *Pois eu já havia pensado o mesmo.*

— *Seria, então, de bom alvitre que nos resguardássemos mais, utilizando-nos dos recursos de que nos temos descuidado há algum tempo.*

— *Como faríamos?*

Árdua ascensão

– *Ocorreu-me a ideia de uma viagem, para revermos amigos, seus e nossos familiares, e respirarmos um ar mais puro psiquicamente. Participaríamos das atividades do grupo, estaríamos com Armindo e, certamente, receberíamos segura orientação dos mentores ali...*

– *Não me posso, no entanto, permitir este anelo... Crianças pequenas, gestação difícil...*

– *Para cada dificuldade, uma solução. Levaremos as crianças conosco. E quanto à gravidez, se o mal-estar é constante, pouco importa que a indisposição seja aqui ou adiante. Faremos a viagem a trem, com espaço para nos movimentarmos, e, como não é demasiado longa, ao cansaço sucederão alguns dias de repouso que lhe farão muito bem. O carinho dos familiares, a assistência de Célia, que se elegeu* mãe *de todos, renovar-lhe-ão o ânimo, e a união de sentimentos nos permitirá o reencorajamento de que necessitamos com frutos de paz para a nossa família.*

Era acertado o plano e elaborado com propósitos felizes.

Augusta recordou-se dos familiares queridos e não se furtou às lágrimas de compreensível saudade.

Sem poder sopitar as evocações, volveu ao próprio drama psíquico, às constrições mentais a que se vira submetida, aos estados alucinatórios nos quais se davam as pugnas violentas, e, enquanto a emoção se lhe extravasava através do lenitivo das lágrimas, acariciou a concha maternal, murmurando baixinho, com enlevo de amor:

– *Ah, meu filho, meu filho! Gostaria de haver sido o anjo de uma família que te houvesse perpetuado o nome, através da maternidade abençoada... Falhei, e tombamos todos na mesma rede de desventuras. Não te podendo ser esposa, ajuda-me a ser-te mãe carinhosa, transfundindo a minha na tua vida, para que viajemos juntos pelos caminhos do futuro, pensando no bem, sem nenhuma recordação do mal que nos fizemos. Esta é a nossa oportunidade ditosa, que não podemos perder...*

As mãos que acariciavam o ventre sob a emulação do amor, em tom de carinhosa musicalidade de prece e renovação, exteriorizavam energia irradiante que, alcançando o feto, atingiam o Espírito ainda possuidor de parcial lucidez, que compreendia e sensibilizava-se com o elevado gesto de quem o iria receber nos braços por longos dias em formosa comunhão de enternecimento.

149

Assim magnetizado, o antigo sicário acalmou as ansiedades e receios, formulando projetos de paz e ambicionando concretizá-los.

Após o diálogo agradável com a esposa, planificando os próximos passos para reabastecimento de forças e renovação da paz, Guilherme passou da ideia à ação e buscou o chefe da empresa, a fim de solicitar-lhe uma licença imediata.

O cavalheiro, no entanto, envenenado pela urdidura da maledicência, acreditando tratar-se de uma revanche à perda da função gratificada, negou, em primeira instância, a solicitação, demonstrando a má vontade que o dominava.

A intriga intoxica aquele que lhe sofre a investida, alucinando a razão e deixando marcas profundas de mal-estar demorado.

Guilherme, colhido pela negativa áspera, esteve a ponto de desequilibrar-se. A onda mental de revolta do chefe, não obstante, atingiu-o, quase o fulminando.

Foi-lhe possível silenciar o revide verbal a alto custo, porém, os petardos da ira que lhe foram disparados perturbaram-no de tal forma que, ao retirar-se, escorregou e fraturou, na queda, o fêmur.

Providenciada a competente assistência, ficou imobilizado, aguardando o refazimento.

As nuvens borrascosas, acumuladas, transformaram-se em tormenta prejudicial.

Foi, no entanto, nesse panorama de aflições que uma intervenção cesariana, quarenta dias depois, às pressas, trouxe ao renascimento Leclerc-Antoine, que recebeu o nome de Tarcílio de Jesus Primeva.

O passado cedia lugar ao presente que desenhava o futuro nos painéis das vidas.

3

No recrudescer das lutas, surge o Anjo da Misericórdia

As provações desabaram rijas sobre o lar da família Primeva, produzindo as dores que levam à redenção, quando bem suportadas. A simples fratura do fêmur prolongou as aflições de Guilherme, que se viu forçado, após dois meses, a novas radiografias e cirurgia para corrigir a calcificação defeituosa, que resultara da incorreta imobilização... Como consequência final, após o seu restabelecimento, passou a claudicar da perna direita.

Haviam sido, portanto, dias de sérios tormentos, suportados com estoicismo.

Nesse primeiro decênio chegaram os últimos três filhos do casal, encerrando-se a programática estabelecida, desde quando Augusta, na terceira cesariana, impossibilitada de prosseguir com os órgãos da fecundação, teve-os cerceados cirurgicamente, assim preservando a existência, conforme o médico expusera, como medida preventiva, e fora aceito pelos esposos.

Os seis filhinhos, procedentes de regiões espirituais diferentes, conservaram as marcas das vidas passadas...

Tarcílio revelava alguns traços de mongolismo e uma personalidade desconfiada, arredia.

Aos primeiros tempos, chorava incessantemente, quase levando o pai enfermo e a mãe enfraquecida à exaustão.

Parecia apavorado com a reencarnação.

A genitora, que sintonizava com os seus abnegados mentores, aplicava-lhe recursos magnéticos, conversava enquanto o ninava, infundindo-lhe coragem para o cometimento que então se iniciava. A pouco e pouco, foi-se ajustando ao corpo, amenizando a angustiante situação dos progenitores.

À medida que crescia, denotava alguns limites mentais, experimentando crises de mutismo e revelando agressividade contra os demais irmãos, estados esses que redundavam em pugilato infantil, levando-o a sempre refugiar-se em choro convulsivo, na proteção maternal.

✦

Por outra parte, os sofrimentos não se apartaram do clã Patriarca de Jesus, porquanto Roberto, que completara dez anos, chegava ao fim da experiência reencarnacionista.

A expiação a que fora submetido se encerrava paulatinamente, quando lhe irrompeu uma broncopneumonia que lhe devorou as últimas e escassas resistências orgânicas.

A respiração difícil, em estertores violentos, na excitação da febre, dele faziam um frangalho humano, nos limites em que se escondera o Espírito endividado, para o processo de resgate das alucinações anteriores.

Armindo assistia-o com recursos de fluidoterapia e preces, ao lado dos genitores comovidos, que o amavam com extremado carinho, suplicando forças para o que eles chamavam de "anjo crucificado nas traves da desventura", donde se alçaria, transformando-as em asas de luz para pairar acima das vicissitudes.

Graças aos títulos de enobrecimento granjeados pela dor aceita, mediante o impositivo expiatório, os benefícios da oração e dos fluidos que lhe eram dirigidos, os inimigos impiedosos perderam os contatos geradores de perturbação e foram afastados.

Num desses momentos de conúbio espiritual com as Altas Esferas, em que as harmonias da prece dulcificavam-lhe as ardências da desesperação, Roberto, que era surdo-mudo, conforme recordamos, pela deficiência neurológica, descerrou as pálpebras e fixou suavemente o olhar nas pessoas que lhe cercavam o leito de agonias.

Diminuiu-se-lhe o estertor, o semblante descongestionou-se por um instante, e uma doce expressão de lucidez se lhe desenhou na face, cujos traços adquiriram harmonia e beleza.

Com os movimentos da cabeça que atendia à exteriorização do olhar, deteve-se em cada face magoada pela dor, como a agradecer todos os sacrifícios, enquanto se lhe nublavam de lágrimas aqueles olhos enternecidos.

Após fitar, um a um, os circunstantes, já no limiar da libertação imortalista, com os sentidos espirituais agora aguçados, exteriorizando-se do corpo, foi atendido por Rosabela, a mãezinha comovida, que se ajoelhou ao seu lado e rogou:

– *Diga, meu filho: Jesus, Jesus!...*

Ele não a podia ouvir, entretanto lograva perceber o que ela pedia.

O impacto daquele momento culminante fez que os lábios lívidos do pequeno moribundo se movimentassem e uma débil voz articulasse, num arremedo estranho, o dissílabo representativo do amor:

– *Je... sus!*

A respiração parou, e a cabeça pendeu no travesseiro molhado pela sudorese abundante.

O calvário redentor do chefe revolucionário em França, que se encerrava numa etapa decisiva, abria-lhe as portas para a madrugada da ressurreição, após a longa travessia pela senda espinhosa da reencarnação.

Armindo acompanhou, com a visão psíquica ampliada, a presença de alguns dos vates daquele tempo, de amigos já recuperados e diversas vítimas que se redimiram de outros mais recuados crimes, saudando o recém-nascido, na aduana de chegada, abrindo-lhe a porta triunfal da Imortalidade.

Se a muitos ele houvera infelicitado naqueles tumultuados dias da revolução, entre os esgares do ódio e da vingança, convenhamos que a inumeráveis indivíduos dispensara proteção e segurança, transitórias, é certo, durante o período de lutas atordoantes, que ora o bendiziam e lhe eram reconhecidos.

Mesmo os maus, na sua desordem emocional, não se furtam a gestos de bondade em relação a outros que lhes granjeiam a afeição e a misericórdia.

Como o Bem absoluto é Deus, o mal é sempre finito e transitório, enfermidade da alma gerada pelo egoísmo, que é a chaga pior da criatura humana.

Por mais pareça dominar a maldade em qualquer situação, luz sempre a esperança, favorecendo com a perspectiva da bondade que, em breve, predominará.

A sua violência incendiária e desgastante logo passa, por falta do combustível de sustentação, porque, enquanto aos outros consome, também devora aquele que a desencadeia e propaga.

No término real de toda luta, o seu fracasso é inevitável, e a vitória da paz, clímax do bem, é a coroa que repousa na fronte dos que porfiaram no amor e no não revide pela agressividade.

✦

Tarcílio, experimentando as constrições impostas pelos limites físicos da reencarnação, não podia evadir-se das influências espirituais daqueles adversários que contraíra através dos despautérios revolucionários.

Algumas vítimas da sua truculência e das arruaças antigas reencontraram a oportunidade para os desforços por que anelavam.

Acercaram-se dele e, sem qualquer respeito pelas suas atuais necessidades, passaram a sitiá-lo.

Repetia-se o aforisma popular: *Qui s'y frotte s'y pique.*[45] Sofria, então, o que fizera sofrer.

Açulando-lhe os antigos pendores negativos que o renascimento não anulara, tornavam-no irritadiço e provocador, usando um vocabulário limitado, que produzia compreensíveis e semelhantes reações nos que lhe sofriam a quase ferocidade.

Isso era, também, decorrência do que experimentava na área emocional, como insegurança, mal-estar contínuo, pavores noturnos que lhe mantinham o sono agitado, em decorrência dos reencontros na esfera do parcial desprendimento e graças à intoxicação fluídica resultante da afinidade com aqueles que o aturdiam.

Mesmo as resistências morais de Guilherme fraquejavam diante da impertinência do filho, que necessitava de ajustamento aos compromissos humanos, através de correta disciplina.

Assim, vez que outra, o progenitor, após observar a ineficácia dos corretivos morais contra os quais a criança recalcitrava, aplicava-lhe algumas sovas que redundavam em cenas mais desagradáveis.

---

45. *Qui s'y frotte s'y pique* – "Quem boa cama fizer nela se deitará."

Afloravam no menino os clichês do passado, quando o Sr. Bertin conseguira o seu encarceramento e as rudes circunstâncias em que este se dera, reavivando a animosidade que apenas dormia nos refolhos da alma.

Da mesma forma, impregnando-se, o educador, dos fluidos mefíticos que envolviam o educando, desordenava-se na aplicação da disciplina, caindo em excessos que a intervenção providencial de D. Augusta evitava que degenerasse em agressão furiosa.

Da repetição de tais cenas, ressurgiu no filho o rancor que o tornaria mais recalcitrante e desorientado.

Naturalmente que a disciplina se fazia inquestionável, desde que a reencarnação tem como objetivos primeiros a reeducação moral, o recondicionamento superior das tendências e aptidões negativas que devem ser canalizadas para metas elevadas, o ressarcimento das dívidas e a aquisição dos valores da inteligência e da moral.

Para tanto, o lar é de fundamental importância, por ser o primeiro educandário do Espírito em recomeço, numa aprendizagem que lhe fixará diretrizes para toda a existência.

Sem advogar a defesa dos corretivos mais severos, não podemos desconsiderar que alguns temperamentos infantis, indóceis aos métodos da paciência e do diálogo, da bondade e do esclarecimento diante das faltas, necessitam de mais austeras disciplinas, que os despertam para a compreensão e a anuência aos deveres que se lhes gravam como hábitos para todo o tempo... Todavia, o exorbitar de tal prática põe em ruína o programa educativo, fazendo submeter pelo temor, antes que produzindo o efeito desejado, que é conquistar pelo amor.

O amor, na educação, jamais pode ser conivência com o erro.

Ama, porém, com maior intensidade, quem ajuda – corrigindo, apoia – educando, ampara – disciplinando.

Os instintos devem ser submetidos à razão e tal procedimento somente é possível mediante a educação.

Passadas as cenas mais chocantes, a senhora dialogava com o filho enfermo da alma, explicando-lhe quanto à necessidade da obediência e do equilíbrio, demonstrando que a punição sofrida fora por ele provocada, em razão da sua excessiva rebeldia, o que, de alguma forma, diminuía a reação de ressentimento que o dominava.

Da mesma maneira, despertava o esposo para as altas responsabilidades diante do filho dependente e desajustado, portador de feridas não cicatrizadas, que facilmente se dilaceravam, necessitando de penso curador e bálsamo anestesiante.

O ambiente psíquico do lar, que se alterava nas horas de crises para pior, modificava-se então, suavizando a aspereza do momento e recuperando a calma geral.

Desnecessário dizer que, na desarmonia produzida, alegravam-se os inimigos de Tarcílio, que o não poupavam ao contínuo da perturbação.

Assinalado pela conduta anterior ao processo de lapidação moral, a mediunidade atormentada irrompeu-lhe, dilatando-lhe as percepções, que concorriam para piorar o equilíbrio escasso.

Passou a ver aqueles que o sitiavam, a escutar-lhes as objurgatórias, a experimentar mais duramente as vibrações malfazejas.

Seu estado mental se tornou de tal forma delicado, que os pais, a conselho dos professores, retiraram-no do colégio, porque ele perturbava a ordem e era considerado mentecapto.

Sugeriram tratamento psicológico ou psiquiátrico, acreditando, no entanto, que se agravaria com a idade a sua situação psíquica.

Não havendo alternativa, o pequeno foi afastado da classe e passou a estudar em casa, no que resultava pouco rendimento, em face das dificuldades naturais disso decorrentes.

Na sucessão do tempo, o sistema nervoso passou a apresentar distonias, e tiques desconcertantes apareceram, completando o quadro da alienação mental.

Com o desgaste das energias, submetidas a contínua tensão, advinham-lhe depressões demoradas, em cujo curso o sofrimento, que se lhe estampava na face, compungia.

Orientados pelos pais, os demais irmãos compreendiam o que se passava, relevando, quanto possível, as suas desordens emocionais.

O inconsciente profundo, sem repouso e açodado pelo fluxo psíquico dos Espíritos adversos, liberava dos arquivos as lembranças mais fortes, entre as quais o estupor ante a expectativa da decapitação pela guilhotina, produzindo nele esgares e gritos intempestivos que irrompiam no lar, pondo em desassossego toda a família.

Árdua ascensão

A larga viagem pelo corredor da loucura se iniciava sob as chuvas de fel e amargura que a sua imprevidência desencadeara.

Via-se uma criança em sofrimento, aparentemente indefensa, no entanto, o Espírito que carpia, expurgando, era o responsável por todos os desaires que então o alcançavam.

✦

Dir-se-á que o arrependimento de Leclerc-Antoine se lhe fez presente antes do berço e que propósitos sadios animaram-no ao recomeço. Todavia, tal não basta.

O arrependimento é apenas uma atitude emocional que abre espaço para a ação probante do desejo de mudança de comportamento.

Por outro lado, os propósitos salutares são o estabelecimento do programa de futuras realizações, que dão autenticidade à qualidade dos planos.

Eis por que o arrependimento diante das faltas não concede a recuperação do equivocado, sendo-lhe necessária a demonstração desse estado emocional, mediante o esforço aplicado na recomposição do esquema danificado, na restauração do equilíbrio destruído.

Desnecessário, obviamente, "sofrer na carne o que na carne se fez sofrer".

A dor, entretanto, desperta definitivamente a criatura para a responsabilidade, assinalando-a para o bem e corrigindo-lhe as aptidões que se estimulam no jogo dissolvente das paixões, embora isso seja do agrado quase geral.

Assim, todos os indivíduos quantos se permitem a alucinação de atribuir-se direitos de desforço moral, de cobrança fora dos quadros do Estatuto Divino, assumem, voluntariamente, a responsabilidade deles, vindo a sofrer-lhes os inevitáveis efeitos.

Desencadeado o movimento que resulta de qualquer ação, as consequências se inscrevem na pauta dos compromissos de quem os iniciou.

O Evangelho afirma que o "escândalo é necessário", todavia, lamenta a situação de quem o promove. Isso porque, o incurso na cláusula da Lei desrespeitada será alcançado pelos dispositivos da própria Justiça, não necessitando de intermediários que, acionando os instrumentos da correção, esses liberam da dívida o delinquente, mas, pela força da própria iniciativa para a qual não têm credenciais, vêm a tombar em delito equivalente.

Outrossim, as aquisições do amor, as ações do bem, o esforço pelo autoaprimoramento, as lutas em favor da harmonia pessoal e do próximo contribuem para minorar as marcas negativas do erro, facultando mudanças no quadro dos necessários resgates.

Some-se a essa admirável feição da Justiça Divina a beneficência com que ela examina o grau de responsabilidade do infrator, a consciência deste em torno da ação perpetrada, as circunstâncias em que sucedeu a falha, a época dela diante dos conceitos ético-morais vigentes, assim avaliando a extensão e profundidade da culpa.

Certamente, em época nenhuma e diante de qualquer fator, por mais aziago, ninguém se deve, embora possa fazê-lo, permitir o direito de prejudicar outrem, perturbar a marcha do progresso, ferir, física ou moralmente, as demais criaturas, destruir a vida...

Da mesma forma que são considerados os motivos agravantes do crime, não passam sem exame aqueles que o são atenuantes.

Assim, a visão cósmica das Leis é abrangente, sem particularismos liberativos que denotem favor para uns em detrimento de outros.

"Todos os homens são iguais perante a Lei" – asseveram os estatutos da Humanidade, ainda imperfeitos, mas que refletem a inspiração superior, que se vem materializando desde suas inscrições na estela de pedra, por ordem de Hamurabi, até os mais avançados acórdãos da atualidade, em aprimoramento que bem refletirá um dia a Soberana Lei de Deus.

Na família Primeva, como já o afirmamos, se encontravam outros Espíritos vinculados aos acontecimentos que o ano de 89 desencadeou.

Entre estes, estava Annette, a irmã mais velha de Tarcílio, que o seguia a distância e o amava, sem ao menos haver sido notada.

Quando ele elegeu Jeanne-Marie para esposa, na corte de Luís XVI, ei-la ali, vivendo entre as moças de linhagem que se não permitiram corromper, amando-o em silêncio e sofrendo o que lhe pareceu um golpe de preterimento.

Belga de nascimento, retornou à Pátria, logo depois, quando as circunstâncias permitiram, jamais vindo a saber o que aconteceu àquele afeto não fruído.

Agora, renascida no mesmo lar, experimentava a presença do amor, em forma de compaixão e ternura pelo irmão atormentado e infeliz.

Eram, portanto, os seus cuidados que minoravam as explosões de quase loucura, quando os outros recursos falhavam em relação a ele.

– *Cante para mim!* – rogava o enfermo, muitas vezes, à irmã dedicada.

A música se transformava num doce acalento, e ele adormecia com uma expressão de suave sorriso desenhada na face, que sofria, de quando em quando, os espasmos do tique nervoso.

Annette se identificava com aquele coração, e a sua terna afetividade envolvia-o em paz.

Sem compromisso infeliz para com aquele clã, viera em testemunho de amor para auxiliá-lo, nos primeiros trâmites da existência corporal.

Não seria, no entanto, larga a sua vilegiatura física.

Sem débito, em relação com aqueles Espíritos, era também trânsfuga da vida, cujo corpo ceifara em Bruxelas, quando a soledade lhe amargava os últimos anos, que dedicava às recordações de uma felicidade não fruída.

A educação que viera receber em Paris deveria prepará-la para um matrimônio rendoso, na comunidade ociosa da época. Não obstante, a sua fibra moral anelava pela resposta ao sentimento profundo e não à projeção nos salões, que se lhe apresentava ociosa, vazia de conteúdo e inútil.

Nascida num lar endinheirado e portadora de títulos de nobreza, preferia o amor de plenitude numa família despreocupada de nepotismos e mandos, em que a paz se enflorescesse nas hastes da árvore da felicidade.

Porque houvesse conseguido tudo que o exterior concede e fora vitimada pelo tédio íntimo, deixou-se consumir, fraquejando no ato suicida...

Renasceu, portanto, com deficiência respiratória, vitimada pela asma cardíaca, num corpo de compleição frágil, pálida e delicada como uma flor que se abriu sem a vitalidade do húmus.

Pelo reviver inconsciente da memória passada, sentia que não teria um lar, não se completando com a bênção do matrimônio que lhe não chegaria.

Além dos pequenos afazeres domésticos e da escola, Tarcílio era o seu estímulo e o seu pupilo.

Digamos que ela era um querubim trespassado pela seta da agonia, amparando um anjo desfalecido nos braços frágeis, que Leonardo da Vinci arrancou de um bloco de mármore, com o cinzel, o buril e o martelo talhando as formas, e a inspiração divina soprou naquele conjunto de dor o hálito da vida.

4

HOMO HOMINI LUPUS[46]

As convulsões sociais resultam dos distúrbios emocionais do homem. Célula pulsante da comunidade, ao indivíduo se deve o processo de manutenção do grupo no qual estagia, fator preponderante para a paz ou o conflito, que explode no aglomerado como efeito do estado íntimo de cada um.

Porque não são interrompidos os refluxos dos desajustamentos, através da remoção das causas que os produzem, esses se tornam matrizes de outros males que desabam, em cadeia, gerando as graves arremetidas da violência e da guerra.

As ambições humanas e políticas desvairadas, que não ficaram atendidas em 1870, na Guerra Franco-Prussiana, apenas adormeceram, para um eclodir de paixões destruidoras mais tarde, em 1914, espalhando o caos que esse monstro, na feição de nova *Hidra de Lerna*,[47] ameaçava a tudo devorar. Por sua vez, o armistício firmado, às pressas, em 1918, sem remontar as causas responsáveis pela virulência pestilencial a que se permitem os homens arbitrários, que se transformam em ditadores governantes, faria ressuscitar, com maior fúria, todas as alucinações da hegemonia do poder, desencadeando não menor hecatombe, em 1939, que arrastou a civilização a um estado de selvageria dantes jamais vivido em semelhante grau.

---

46. *Homo homini lupus – O homem é o lobo do homem.* Este pensamento de Plauto encontra-se na Asinaria, II, 4, 88, que se pode interpretar como sendo o homem, não poucas vezes, agressor feroz do seu irmão.
47. *Hidra de Lerna* – O mito descrevia-a como uma serpente terrível, com sete cabeças que renasciam à medida que fossem cortadas. Hércules tê-la-ia vencido, porque as decepou de uma só vez. Acredita-se que a origem da lenda procede de um pântano que exalava miasmas e que foi aterrado.

O novo Tratado de Paz fez que se asserenassem, nas derrotas e vitórias que se consumaram através dos espetáculos hediondos, aqueles exorbitantes sentimentos que iriam mudar de área sem sair do campo causal – a *Guerra Fria* –, gerando os conflitos entre o Ocidente e o Oriente, com as suas doutrinas políticas exageradas, promotoras ambas da escravidão dos povos mediante os estratagemas da vandálica dominação econômica.

Ante a natural sublevação dos sentimentos nacionais, os organismos internacionais de espionagem, a soldo de absurdas táticas de compra das consciências, provocaram as guerras locais para diminuírem os seus depósitos de armas, impondo os seus recursos bélicos ora a governos desprevenidos, ora a revolucionários apaixonados, logrando o mesmo intento, sobre o qual alicerçam as suas modernas técnicas de dominação não menos selvagem...

Hoje, estrugem ainda os efeitos retardados de todos esses adiantamentos, porque não há interesse de solução real, por parte desses mesmos povos, em face das ameaças mais graves da *guerra nas estrelas*, que não facultará recuo de parte alguma, igualmente fazendo que o aparente conquistador tombe sob os escombros do vencido...

Entretanto, houvesse a consciência do espírito ético iluminado pela certeza da imortalidade da alma, ante a transitória experiência carnal, e ditos construtores da civilização moderna, apenas com uma parte dos orçamentos dedicados ao esforço armamentista, cuidariam da saúde, da educação, dos alimentos, da dignidade humana, direitos que pareciam adquiridos pelas lutas do passado, porém, jamais aplicados na vivência dos subdesenvolvidos, dos mais fracos, dos oprimidos, que prosseguem, sob a falsa conquista de algumas comodidades tecnológicas que os anestesiam, impedindo-lhes a aquisição de valores mais expressivos, portanto, verdadeiros.

Em tal momento de falsos confrontos culturais, medem-se as conquistas de um povo, ou de uma cidade, pelo número de antenas de televisão, de automóveis, de eletrodomésticos, sem terem em conta a incidência do óbito por desnutrição de crianças no primeiro ano de vida; ou daquelas que não chegam aos cinco anos de idade; dos amontoados em favelas, que enxameiam, em contraste chocante com os edifícios luxuosos; com as enfermidades não debeladas, embora os recursos profiláticos da higiene ou a terapêutica médica; as infraestruturas de saneamento que escasseiam e, por fim, a miséria socioeconômica levando à loucura, à violência, aos crimes...

Não difere muito a violência truculenta do assaltante alucinado que mata, com aquela indiferença do governante que se locupleta no poder, enquanto os fantasmas de fome e das necessidades mais imediatas rondam os guetos e enlouquecem suas vítimas...

São da mesma procedência os fatores desencadeantes do lenocínio e da luta entre os povos; do tráfico de drogas e da guerra bacteriológica; do sexo em degradação e da agressão ecológica mediante o abuso e a exaustão dos recursos da Natureza, pela exorbitação imobiliária, pela utilização de substâncias químicas que dizimam as vidas vegetais e animais, pela poluição do ar, das águas, das fontes de vida...

O homem cruel, dominado pelos seus "instintos agressivos", eis o responsável pelas convulsões sociais e danos à Criação, que necessita despertar para as responsabilidades mais altas, adquirindo conhecimento, consciência da finalidade da sua existência na Terra, passo inicial para a aquisição do progresso real, que é o intelecto-moral, propiciador da legítima felicidade, afinal, meta e aspiração maior de todas as criaturas, embora os diferentes e, normalmente, equivocados meios de que a maioria se utiliza para alcançar o mister.

Desabara a clava da Segunda Guerra Mundial no dorso dos povos europeus, e o seu clangor repercutiria pelos quadrantes do planeta, despertando outros ambiciosos que se atiraram à liça do extermínio, na disputa inglória de territórios que se tornariam palco das chacinas macabras e dos extermínios inconcebíveis.

O Brasil não ficou à margem dos lamentáveis incêndios do primarismo humano. Convidado a contribuir para restabelecer a paz e defender os oprimidos, dilatou-se até as fronteiras de além-mar, quando as ameaças destruíram os corpos de seus filhos, em plena costa das suas cidades pacíficas, a milhares de quilômetros de distância dos palcos ensanguentados.

Como seria de esperar-se, as expectativas nacionais se tornaram tensas e as dores assomaram, dominando os corações.

Entre milhares de jovens chamados para a preparação que levaria ao solo da Itália, Josué, o primogênito de Julião, foi convocado e partiu para a capital, de onde, após o período exigido, deveria seguir aos campos de batalha.

Muito embora o amor à Pátria, o carinho familiar padeceu a despedida, na pequena estação ferroviária da qual seguiu o jovem com os demais companheiros para atenderem ao dever nacional.

Assim, a dor se instalou na família, que acompanhava de longe os noticiários aumentados nas suas linhas trágicas pela boca escancarada dos boatos levianos.

– *Será um crime atender-se ao chamado da Pátria para ir matar?* – indagou, oportunamente, o pai saudoso ao mentor do grupo, quando as circunstâncias se fizeram favoráveis, mediante a psicofonia de Armindo.

A resposta veio clara, insofismável.

– *O homem nunca tem o direito de matar; todavia, a ele cumpre o dever de defender e preservar a vida. Se puder impedir que o outro pereça, é melhor... No caso, porém, da guerra, na impossibilidade atual de ser evitada, em razão da agressividade que predomina ainda em a natureza humana, esta deve ser travada sem que desapareçam dos beligerantes os sentimentos próprios de humanidade...*

– *Se o medo de ter a existência destruída, no campo de batalha, levar o homem a matar o outro, tomando a iniciativa antes que aquele o intente, será considerado isto um assassinato?*

O mensageiro redarguiu:

– *Sob a ação descontrolada do medo, que é responsável por muitos descalabros e loucuras, o homem que se encontra na área perigosa, para preservar a paz e defender os oprimidos, se toma a iniciativa do ataque, não é tido como assassino, porquanto, não se podendo ali dialogar a estratégia de combate, não raro se utiliza da surpresa para abreviar a luta, diminuir o número dos mortos e restabelecer a ordem. Nesse caso, não há um assassinato, mesmo porque a sua vida está em jogo, exposta a idêntico perigo.*

– *Como se poderá acabar com a guerra?* – propôs, emocionado, o genitor afetuoso.

– *Em tempo que ainda está distante, ela desaparecerá da Terra, quando os homens aprenderem a discutir os seus interesses antes que os impor; atender aos seus deveres sem os transferir para os outros; superar suas ambições exageradas através do comedimento, que aconselha não possuir além do que possa controlar e gerir a benefício de todos; vencer as propensões para*

*o domínio, antes de haver logrado submeter as suas próprias imperfeições...
Quando, por fim, "amar a seu próximo como a si mesmo e a Deus sobre todas
as coisas". Enquanto isso não ocorrer, refluindo de cada indivíduo no rumo
da Humanidade, a criatura pode apagar os pequenos incêndios domésticos
com a água da calma e do esclarecimento, fazendo-se receptivo à linguagem
do bem e da fraternidade no lar, na oficina de trabalho, na rua, onde quer
que se encontre... Dessa paz pessoal, surgirá a paz coletiva que predominará no organismo vibrante da sociedade.*

Terminada a reunião, os dois irmãos demandaram os respectivos
lares, em diálogo reconfortante:

– Agora, após a palavra do benfeitor, tranquilizei-me – informou Julião.

– São dias estes – aclarou Armindo *– de luta redobrada em ambos
os lados da Vida. Cá, na Terra, enquanto se travam os combates para ceifar
existências, legiões espirituais se movimentam, nos campos e linhas de fogo,
para amparar os feridos e mutilados, auxiliar os recém-desencarnados na liberação dos corpos em frangalhos, afastando-os dos cenários terríveis, mini-
mizando neles os choques, à hora do despertar...*

Após um breve momento de reflexão, prosseguiu:

*– Recordo-me de que, numa destas últimas noites, fui levado a um
desses campos de luta, em parcial desdobramento pelo sono, e acompanhei a
faina dos dedicados trabalhadores espirituais em atividade socorrista... So-
breposta à área de beligerância onde nos encontrávamos, havia inúmeros
postos espirituais de emergência, para onde eram trasladados os desencarnados no momento, profundamente adormecidos, embora encharcados pelos fluidos da matéria... Médicos, enfermeiros, padioleiros e auxiliares diversos movimentavam-se em silêncio, e, diligentes, transportavam os* Espíritos
que recebiam imediata assistência, sendo examinados e classificados *para
encaminhamento aos núcleos correspondentes à especificidade do seu padrão
vibratório. Tive a impressão de que eram analisadas as suas condições de
comportamento moral e espiritual, assim os selecionando para atendimento próprio, conforme a faixa de espiritualidade ou materialidade correspon-
dente. Também notei que, apesar de ser dispensado o mesmo trato para ambos os combatentes de um como de outro país, eles recebiam internamento
em núcleo próprio da sua nacionalidade, a fim de que fossem amparados,
posteriormente, por Entidades de cultura ancestral e de idioma idênticos aos
deles, já que só em longo prazo, mesmo nas Esferas espirituais próximas da*

Terra, as fronteiras e as paixões serão ultrapassadas pela conquista da verdadeira fraternidade...

– Quer dizer que, no Além, são preservadas as diferenças nacionais?

– É compreensível que assim seja pelo menos nos redutos mais intimamente ligados às impressões físicas. Quem desperta após o corpo não adquire o dom da sabedoria, nem se apresenta em estado de perfeição... Os Espíritos conservam os hábitos, os costumes e os idiomas nacionais, mantendo as suas afinidades. Imagine se, ao desencarnar, for atendido por bondoso amigo espiritual, que ainda necessita de fazer-se entender por você e não se utilize da língua portuguesa, que não compreende, por falta de experiências pessoais em nossos costumes e cultura? Como se sentiria?

– Tem razão. Nunca eu havia pensado nisso.

– A questão é tão complexa, que na oportunidade vi, em recinto no qual se albergavam desencarnados do mesmo país, que eles eram reunidos, inclusive, em setores, para assistência religiosa, separados por membros dos seus respectivos princípios de fé... É certo que aqueles que os atendiam já haviam superado os conflitos de opinião, as paixões de grei e crença, mas que assim se apresentavam de forma propiciatória a acalmá-los, até o momento em que possuirão o entendimento para o abraço de solidariedade com as mãos da tolerância recíproca.

Após os auxílios de emergência, conforme me foi explicado, eram transferidos para outros setores fora dali, onde seriam tratados, adquirindo condições para o prosseguimento normal do processo evolutivo.

Como a guerra é um momento infeliz de exceção na conduta dos povos, providências inabituais também são tomadas para diminuir as suas consequências espirituais, na face e nas proximidades vibratórias da vida no planeta.

– Alguma coisa lhe chamou a atenção em particular?

– Sim. Observei, por exemplo, que a ferocidade de alguns homens, que passam à posteridade na condição de heróis, é nada mais do que um momento de incontrolável pavor que os domina, levando-os a atitudes de absoluto desinteresse pela vida, quando partem para a conquista que, lograda, deles faz expoentes de coragem. Nenhuma crítica, bem você vê, de minha parte, a esses admiráveis lutadores. O que desejo dizer é que, talvez, noutras circunstâncias, eles agiriam de forma ponderada, resultando em comportamentos diferentes. Naquele ensejo, vi jovens em terríveis corpo a corpo, tomados pelo estado de choque, sem qualquer reflexão, que certamente os faria

fraquejar. Sem raciocinar, mantendo a ideia de sobreviver a qualquer custo, afrontavam os perigos, arrojada, desesperadamente. Os que caíam feridos ou mortos quase não se faziam notados pelos companheiros, ficando a juncar de cadáveres o solo ensanguentado, enquanto os outros, que os sucediam, saltavam sobre eles, avançando ou recuando, conforme as vitórias alcançadas, ou lutas perdidas, no palmo a palmo de terra... Confundidos com os lutadores terrenos, os vigilantes socorristas acudiam aos tombados, livrando-os de vampirizações horríveis, que ocorriam em relação aos mais comprometidos com esses infelizes...

— Vampirismo espiritual no campo de batalha?

— Certamente. Onde se encontra a criatura, aí estão os seus afins. O fato de estarem na guerra não oferecia aos maus, aos empedernidos e cruéis concessões a que não faziam jus. As suas preferências psíquicas imantam-nos aos semelhantes que se lhes homiziam nos mesmos redutos esconsos de interesses, prosseguindo após a ruptura dos laços carnais.

— É verdade. Apesar disso, ficam esses Espíritos sem a conveniente proteção?

— De forma alguma. Consideremos, porém, que, não havendo violência nos Espíritos do bem, a imposição de comportamento e a interrupção dos comensais dos mesmos acepipes constituiriam uma ingerência arbitrária nos interesses daqueles companheiros, não lhe parece? Assim, ficam sob observação, até o momento em que optem pela ajuda.

— E como poderão optar, se a ignoram, ou não sabem como proceder?

— A simples mudança de atitude mental de uma para outra situação já propicia aos Espíritos vigilantes a oportunidade de acercamento deles. A saturação ao que lhes ocorre, o desejo de paz, a lembrança de tudo de bom e nobre que um dia fez parte das suas existências e ficou deixado à margem constituem apelos à Misericórdia Divina, predisposições íntimas ao amparo que jamais falta.

— Mais alguma coisa que me dê dimensão do que ocorre no campo de batalha e foi por você notado?

— Bem, as emanações psíquicas do ódio, a psicosfera carregada acumulavam, sobre a região onde nos encontrávamos, sombras densas em camadas sucessivas, cortadas, de quando em quando, por verdadeiros relâmpagos e raios que as pareciam desagregar, embora permanecesse uma muito desagradável sensação de asfixia.

Fora-me recomendado o equilíbrio emocional, a fim de não criar embaraços aos trabalhadores, assim me refugiava na oração. Ao troar dos canhões e à gritaria dos homens misturavam-se os gemidos e blasfêmias, que nos chegavam aos ouvidos, quase ensurdecedoramente, numa patética que diminuía de intensidade, em razão da presença e da ação dos socorristas espirituais, alguns dos quais portavam lanternas, para facilitar o trabalho, de acordo com o lugar onde atuavam...

Após uma pausa, concluiu:

– *Despertei com muito cansaço. Tenho pensado na guerra, com outros parâmetros, outros olhos de compreensão, e, orando, busco auxiliar os dedicados mensageiros da renúncia para ali destacados pelo Sumo Bem.*

Despediram-se, recolhendo-se à meditação e demandaram os seus lares.

✦

Há quem diga levianamente: – *Passer de vie à trépas.*[48]

A vida, porém, só é melhor no Além para quem a cultivou, na Terra, com dignidade e elevação.

✦

Quando a guerra terminou, anos depois, Josué, que não seguira à Europa por excesso de contingente, retornou ao seio da família que o aguardava com imenso carinho e saudade.

---

48. *Passer de vie à trépas* – Passar desta para melhor vida.

5

A HONRA ATESTA A VERDADE

O idealismo superior dos mártires, dos santos, dos próceres e dos pioneiros do progresso da Humanidade é sustentado com a força da fé e da abnegação de que dão mostras esses homens e mulheres admiráveis, que se agigantam na lide abraçada, sem cansaço nem desânimo até o momento da própria consumpção.

Lutando contra os impedimentos, parecem nadar contra a correnteza, conquistando, a pouco e pouco, o espaço onde se movimentam com arrojo e entusiasmo.

Quando se lhes diminuem as forças, haurem-nas, novamente, nas fontes da inspiração a que recorrem, volvendo ao prosseguimento do trabalho com redobrado valor.

Enfrentam a astúcia dos maus e a traição dos fracos, a violência dos brutos e a insensatez dos parvos, o grotesco dos falsos líderes e a ignorância dos dominadores, sem revidar pelos mesmos métodos, terminando, às vezes, por igualmente os conquistar.

São obrigados, no entanto, à renúncia de si mesmos, sem direito a queixa, nem a reclamação, exemplificando sempre e refletindo na conduta a elevação da sua causa, somente assim conseguindo deixar as marcas da sua passagem no mundo, sinais esses que se transformam em estrelas fulgurantes a iluminar as sombras dos sítios onde foram implantadas.

Armindo, no seu esforço de viver a mediunidade espírita, fez-se um idealista de primeira plana.

Quanto mais se apagava para que fulgurasse o ideal, tanto mais aparecia, e, na razão direta em que se anulava ante os demais, tornava-se mais continuamente solicitado.

Ao grupo modesto eram atraídas pessoas de vários níveis culturais, sociais e econômicos.

Páginas repassadas de rara beleza fluíam dos seus lábios e pelas suas mãos, endereçadas aos homens, que se comoviam, constatando a sua autenticidade.

Mortos queridos retornavam à convivência dos familiares saudosos e desolados, trazendo as claridades imortalistas e o conforto insuperável por que todos anelavam.

Obras de qualidade literária superior enfrentavam a crítica ácida e apaixonada de cépticos contumazes e sistemáticos ridicularizadores da vida mediúnica.

Da mesma forma que a gratidão de alguns beneficiários enflorescia a sua alma de festa, as acusações insensatas e a inveja apedrejavam-no desapiedadamente.

Ele sofria e calava, prosseguindo integérrimo.

Armavam-lhe ciladas, apresentando à consulta mediúnica personalidades fictícias, elaboradas com dados falsos, sem conseguir surpreendê-lo em mistificação.

Por esse tempo, sua presença tornou-se incômoda à intolerância religiosa local, que passou a sitiá-lo com ameaças de excomunhão e mais concretamente com investidas desmoralizadoras.

Mantendo, porém, a pobreza econômica decorrente de sua origem modesta, a mesma jovialidade de trato para com todos, ele desarmava os agressores, que, em contrapartida, redobravam de fúria.

A mansidão dos puros aguça a revolta dos corrompidos e violentos.

Nesse comenos, faleceu, na cidadezinha, um rico proprietário de terras e possuidor de sólida fortuna, o Sr. Alexandre Azevedo, que deixou a família inconsolável.

A viúva, D. Leocádia, esteve no *penetral* da loucura, inconformada com a ocorrência, para ela desditosa, ainda mais porque o esposo fora acometido de morte súbita, tornando mais dolorosa a separação.

Passado o período mais difícil do drama, quando a indiferença pela própria levava-a a uma patologia depressiva de difícil retorno, amigos estimularam-na a recorrer à mediunidade do obreiro do Senhor, numa tentativa de colher notícias do companheiro, se prosseguia vivo, como ensinava a religião esposada, e, em caso positivo, de como se encontrava.

Sem qualquer formação espiritista, ignorando completamente o fenômeno das comunicações espirituais em razão da sua crença católica, a senhora não demonstrou mais amplo interesse pelo tentame. Todavia, não desconhecia as virtudes do médium, apesar dos calhaus que lhe atiravam os desprevenidos e invejosos, que também o procuravam à socapa, pedindo-lhe conselhos e ajuda.

Tão insistentes se fizeram as sugestões, que a viúva aquiesceu em cometer o *pecado* de ir a uma reunião espírita.

O constrangimento, nascido do preconceito social e religioso, se lhe estampava na face, enquanto a curiosidade a arrancara um pouco da depressão.

Iniciada a reunião pela prece e feitas as leituras, o médium pôs-se a escrever, preenchendo com velocidade as laudas de papel que iam sendo retiradas, sem que ele acompanhasse o que era registrado.

O transe mediúnico era patente, inegável.

Concluída a tarefa, foi procedida a leitura dos comunicados do Além.

Entre as mensagens da noite, a carta do Sr. Alexandre produziu compreensível *frisson* nos circunstantes.

À medida que os períodos eram apresentados, a senhora, em crescente emoção, confirmava a legitimidade da procedência da mensagem.

Desfilavam nomes de familiares encarnados como daqueles que os haviam precedido no retorno à Vida; datas e ocorrências reapareciam claras e verdadeiras; anotações íntimas e a explicação dos motivos imponderáveis que respondiam pela morte naquelas circunstâncias eram tão bem definidos que, ao término, em choro de felicidade e dor, D. Leocádia declarou que se tratava do marido, que escrevera em nobre testemunho à verdade.

A notícia eclodiu no dia seguinte, com as alterações compreensíveis.

A mensagem passou a ser a novidade, a emoção do momento alongando-se por toda a semana.

Do púlpito, no domingo imediato, a reação fez-se violenta, no apaixonado das palavras e nas labaredas da cegueira religiosa...

Chegou-se a pedir a volta da fogueira para o bem da comunidade, liberando-a do feiticeiro deslavado, enquanto a reação popular contra o *mistificador* dizia que ele recolhera dados e informações preciosos para ludibriar a senhora aturdida, portanto receptiva às insinuações desonestas do aventureiro, que assim teria procedido por interesses inconfessáveis, já que se tratava de uma dama rica...

Como se não bastasse toda a catilinária arrevesada, foi sugerido um serviço religioso de desagravo à memória do extinto, vilmente enlameada, com um consequente apedrejamento do Grupo Espírita, então apelidado de valhacouto, merecedor de justa coima.

Os ânimos exaltados dividiram os desocupados, não deixando insensíveis as pessoas probas, e até mesmo serenas, do lugar.

Falsos amigos movimentaram-se na atividade de levar e trazer notícias aos familiares Patriarca de Jesus, alguns dos quais tomaram a posição da Igreja...

Aliás, não foram os estranhos a Jesus aqueles que O traíram e O negaram. É certo que Pedro se reabilitou, imolando-se em testemunho posterior de fidelidade e arrependimento. Mas a figura de Judas, hoje em posição invejável, ainda se reflete com o aspecto antigo em muitas almas acovardadas ou levianas das paisagens humanas.

Quando o ouriçar dos comentários começou a atingir Armindo, que foi aconselhado, inclusive, a transferir-se de cidade, tal a exaltação dos ânimos, este, sob a inspiração da sua doutrina e telementalizado pelo seu guia espiritual, redarguiu:

— *Permanecerei onde sempre estive e rogo o favor de não me transmitirem qualquer notícia a respeito deste caso, escolhendo para mim a posição de silenciar a qualquer afronta e continuar no reto cumprimento dos deveres que tenho abraçado durante esta breve, mas movimentada existência.*

Cerrou a porta do coração à maledicência, permanecendo de consciência tranquila e na ação do serviço nobre.

O gesto gentil e definitivo interrompeu a onda da maldade em parte, que não encontrava estímulos nem motivações para alastrar o incêndio da cólera.

Armaram-se debates entre pessoas de opinião e religião diferentes, oportunistas, que chamavam a si a atenção, logo sendo relegadas ao desprezo geral.

Os filhos e demais familiares do Sr. Azevedo cerraram fileira com o pároco, afirmando que a mãezinha, graças ao abalo sofrido, tivera aquele momento infeliz, recorrendo à ignorância de Armindo, que parecia homem honesto, todavia agora demonstrava publicamente não o ser.

Árdua ascensão

A essa altura, levaram o sacerdote para um diálogo com a senhora, que, renovada e consciente do que ocorria, reservou-se a opinar no momento que melhor se apresentasse.

Isto ocorreu quando os familiares preocupados lhe trouxeram ao lar o sacerdote católico, para um lanche, à tarde, e posterior conversação.

Gentilmente recebido, depois das preliminares e das divagações comuns, foi o cura quem se adentrou no assunto que o levara até ali.

— *Reconhecemos o seu natural estado de perturbação após o falecimento do esposo. A Igreja, portanto, perdoar-lhe-á o pecado de haver recorrido aos demônios ou à charlatanice do nosso pobre Armindo, de todos nós muito conhecido...*

— *Perguntaria ao bom amigo se tomou conhecimento da mensagem do meu marido, porque a leu ou porque lhe informaram?*

A indagação lúcida exigiu uma resposta clara:

— *Por informação de terceiros...*

— *Então, mesmo com a sua bondade e critério, que sempre respeitei, não lhe reconheço autoridade para opinar a respeito de algo que não conhece. Estive, sim, com a mente alterada, porque a alma se encontrava extenuada ante o acontecido. A minha religião não conseguiu armar-me para o inevitável, aquilo que, afinal, deve ser a base da crença: a imortalidade da alma! Nada conheço, ainda, a respeito do Espiritismo, que pretendo estudar, mas afianço-lhe que não fui nem estou ludibriada por um intrujão, nem por um demônio, pela imediata dedução e lógica de que o mal não faz o bem e a mentira não suplanta a verdade. Quanto mais leio as páginas que me dirigiu o meu esposo, mais certeza e conforto moral adquiro, a ponto de não mais lamentar em desespero a sua partida, resignando-me e confiando no reencontro, mediante o qual nos é acenada a esperança de felicidade. Agora, passo-lhe às mãos a carta do Além, para que o senhor a possa julgar com conhecimento de causa.*

O sacerdote, que, na sua prosápia, esperava impor a autoridade que se atribuía com a simples presença, conforme o hábito ancestral, ficou estarrecido diante da nobreza da senhora, tanto quanto da sua argumentação e sinceridade.

Saindo do ligeiro estupor, retomou a presunção e redarguiu:

— *Nego-me à afronta. Ler uma peça elaborada por um farsante ou insuflada pelo* Tentador *constitui um desrespeito à minha condição religiosa.*

– *Admira-me esta postura do amigo sacerdote, que muitas vezes nos referiu a advertência do Cristo a respeito do "não julgar", no entanto, sem querer examinar o fato, não apenas o julga, como o condena liminarmente.*

– *A senhora está possessa por uma forma demoníaca!*

– *Se é verdade, cumpre-lhe afastá-la de mim, pois que continuo católica, vinculada à Igreja que o senhor representa, buscando Deus pelo amor e pela razão.*

– *A senhora foi enfeitiçada pelos bruxos...*

D. Leocádia sorriu, mas não saberia dizer se da ingenuidade do sacerdote ou da sua imensa ignorância.

– *Padre, observe. Desde que aqui chegou, ao invés de consolar-me da irreparável perda de meu marido e esclarecer-me, o senhor somente acusa e deplora... Lá, recebi palavras de alento e conselhos de fé. A oração dominical abriu e fechou a reunião, em cujo transcurso as lições do Evangelho foram recordadas através de comentários amenos e de atualidade, convidando-nos ao fortalecimento das virtudes e dos valores morais. Onde a presença de Satanás, ou a manifestação de qualquer outro interesse, exceto o da solidariedade?*

– *É uma armadilha! No começo utilizam-se de uma técnica de hábil aliciamento, para se desvelarem depois.*

– *Nada o indica. Fui ali por indução de pessoas não vinculadas à casa... Não me dispensaram tratamento especial, bajulatório, diferente daquele dado às pessoas mais pobres de nossa cidade, inclusive a alguns mendigos presentes, e não me foi feito nenhum interrogatório... Tudo se apresentou simples e puro como deve ter sido o Evangelho ao tempo de Jesus...*

– *Eles não são cristãos...*

– *Não discuto o que sejam, porque não os conheço ainda. Refiro-me ao que os vi fazer, que me parece mais importante, conforme respondeu o cego de nascença aos que acusavam Jesus de mistificador, e que o preclaro amigo certamente recorda: "– Se é pecador, não sei – contestou. – O que sei é que eu era cego e agora vejo". É exatamente o que se dá comigo. Agora vejo luz diferente que me arranca da cegueira e pacifica-me interiormente.*

– *Blasfêmia!*

– *Não, padre, honestidade.*

– *Vou-me daqui, decepcionado...*

– *Volte quando quiser. Este lar é nosso. Se não há lugar, na sua compreensão religiosa, pelo menos para a urbanidade no trato e a bondade paciente no coração, que recomenda aos outros, mas não faz, não há mais nada que dizer.*

O religioso, irritado, demonstrava o desequilíbrio que a falta de argumentos produziu.

Não conseguindo convencer pela razão, intentou vencer pela imposição, e porque a lógica e a inteireza do fato não se dobravam à sua presunção, caiu na própria armadilha.

O acontecimento tornou-se público, e os comentários, mais acesos.

D. Leocádia mandou convidar Julião para vir ao lar, a fim de pedir-lhe algumas instruções.

O modesto servidor do Evangelho não se escusou, aguardando ocasião propícia para fazê-lo.

O encontro, com a presença dos dois filhos varões da senhora, revestiu-se de simplicidade, sem qualquer nota desagradável.

Relativamente constrangido, pela própria timidez, Julião respondeu às questões doutrinárias que lhe foram propostas, e, sem preocupação de fazer proselitismo, demonstrou tolerância, afirmando a excelência da fé religiosa onde quer que se manifeste, como sendo expressão do Divino Pensamento.

Com palavras simples dissertou sobre a feição religiosa do Espiritismo, elucidando a dificuldade de adentrar-se nas explicações da área científica da Doutrina, por falta de cultura apropriada para tanto. Não obstante, salientou o esforço realizado pelos sábios do passado e os estudiosos do presente, que se afadigaram para negar a evidência das comunicações mediúnicas, propondo teorias outras que elaboraram, terminando, a maioria dos investigadores, por aceitar a realidade que suplantou a fantasia, o fato que superou as hipóteses, somente elucidadas pelo Espiritismo.

Apesar de ter sido recebido como *persona non grata* pelos familiares de D. Leocádia, que ali permaneceram para avaliar o seu comportamento e defenderem a senhora de qualquer armadilha macabra, estes se desarmaram durante o transcorrer da conversação, admirando-se da lucidez do humilde operário, que revelava grande acuidade intelectiva e maduras experiências da razão.

Inconscientemente, compararam aquele ao diálogo com o sacerdote e concluíram pela diferença e qualidade superior deste último. Tal o fascínio natural que o esclarecido visitante apresentava, em irradiante simpatia, que um dos jovens filhos da viúva chamou a esposa à parte e disse-lhe:

— *Vou tomar um pouco de ar, pois receio que estou sendo hipnotizado por ele, para aderir aos seus conceitos.*

— *Não concordo com essa ideia, que me parece tola. Há tempos não ouvia palavras tão claras a respeito de Deus, da Sua Justiça, da fé e do amor. Este homem não é um hipnotizador, mas sim um verdadeiro cristão, daqueles a quem já nos desacostumáramos...*

— *Você também está bandeando para o lado dele?*

— *Não, em absoluto. Estou reflexionando, seriamente por primeira vez, a respeito da vida, da alma, do destino humano.*

E após o silêncio ligeiro da meditação, sugeriu:

— *Voltemos. Não é justo que desperdicemos tão boa oportunidade, porquanto nunca a tivemos antes.*

— *E se for um erro, tudo isso?*

— *A prática do bem, a vivência do amor, a certeza da imortalidade da alma, a submissão dinâmica e consciente à Justiça Divina certamente não nos induzem a erro, senão à verdade, que até então ignoramos e, por isso, tememos encontrar. Voltemos à sala.*

— *Eu gostaria* — solicitou a anfitrioa, num intervalo da narração do visitante — *de ler alguma coisa que me aclarasse a mente, auxiliando-me a compreender o conteúdo dessa seita.*

Sem perturbar-se, o interlocutor considerou.

— *Não desejando deixar equívocos desnecessários, chamemos de Doutrina Espírita, ao invés de seita, a esse corpo de informações, porquanto, fundamentada na razão, não admite culto externo de espécie alguma, nem cerimonial, nem ritualística. Isenta de superstição e de crendice, firma-se nos fatos demonstrados pela experiência científica, oferecendo uma filosofia otimista, que estrutura a religião despida de atavios, processando a religação do homem com Deus.*

E após um breve intervalo:

— *Se me permite a senhora, farei chegar-lhe às mãos as obras básicas de Allan Kardec, retiradas da biblioteca da nossa sociedade.*

— *Livros espíritas, nesta casa?* — reagiu a outra nora da viúva. — *Aonde vamos parar?*

– No lugar em que estiver a verdade – respondeu-lhe, tranquila, a sogra. *– Ninguém lhe irá propor a leitura deles, todavia, ninguém me impedirá de examiná-los. Continuo católica, mas não descarto a possibilidade de ir adiante, em matéria de fé, discutindo e buscando outras informações que me retirem da ignorância.*

A jovem recompôs-se ante a firmeza da genitora do marido, que acompanhava tudo, silenciosamente, e a conversação se alongou por mais um pouco, sendo, logo após, encerrada.

Jeter son bonnet par-dessus les moulins[49] é uma atitude de coragem das pessoas confiantes no que fazem.

D. Leocádia recuperara o valor moral e a inteireza da razão, que foram abalados com a desencarnação do marido, e a sua mensagem de vida eterna lhe restituíra.

Assim, manteve os hábitos antigos e, como de costume, com os filhos e as noras, foi à Missa.

À sua entrada os cochichos passaram de *boca a ouvido a boca*, percorrendo os bancos da pequena igreja repleta para o ofício religioso.

Ela o percebeu, mas não se perturbou. Seguindo a tradição, possuía uma cadeira especial com almofada, conforme o privilégio que gozavam os mais afortunados.

Acompanhou o ritual, e, à hora do sermão, postou-se em atitude de atenção.

O sacerdote demonstrava enfado e mau humor.

Abordou, com rara infelicidade, a parábola narrada por Jesus sobre Deus e Mamon, que não podem ser servidos simultaneamente, afirmando que se é obrigado a eleger um em detrimento do outro. E, com incrível descalabro de lógica, informou que Deus está representado pela Religião Católica, e Mamon, pelas tentações demoníacas do Espiritismo e quejandos, concluindo, rude:

– Como não podem ser conciliados esses dois senhores num mesmo serviço, exige-se uma definição: Catolicismo ou Espiritismo!

Olhando diretamente para a senhora enlutada, que seguia o costume vigente, esta, diante dos que a fitavam com certo assombro, levantou-se e, sem pestanejar ou titubear, retrucou:

---

49. *Jeter son bonnet par-dessus les moulins* – Afrontar a opinião pública.

– Tenho sido fiel católica, cumpridora dos mandamentos de Deus e da Igreja com mais fidelidade do que aqueles que predicam, mas não praticam. Sempre pensei que Jesus habitasse nesta casa de orações, embora Ele tivesse dito que o "Pai não seria adorado em templos nem em montes, senão no coração dos fiéis". Agora constato que, enquanto eu O reduzi a estes pequenos limites, Ele aqui esteve, porque eu assim o cri. Todavia, agora descubro que Ele saiu para as ruas, a fim de atender e amar aos deserdados e infelizes, a céu aberto e com o coração rico de misericórdia. E porque Ele não mais está, aqui se demorando a intolerância e os interesses mesquinhos, eu O sigo, saio também, sem saudade, de modo a poder viver com os irmãos sofredores, Seus "filhos do Calvário", que têm carência de tudo, não nos pedindo transformar pães em pedras de vaidades, como eu e outros aqui fizemos e aí está, mas para converter as pedras do nosso orgulho em pães da humildade e do amor fraternal.

Retirou o véu, segurou o missal e, com a fronte erguida, saiu calmamente, ante o silêncio, o espanto geral.

A família titubeou um pouco, todavia, mesmo não convidada a segui-la, acompanhou-a.

Algumas outras pessoas, chocadas com o disparate do sacerdote, saíram com discrição, solidárias com os Azevedo, e um pesado constrangimento desabou sobre os demais presentes...

O atrevimento recebeu a conveniente resposta, e a dignidade, mais uma vez, permaneceu pulcra, apesar da tentativa de enxovalhamento.

Era o começo de novas e rudes pelejas para os Patriarca de Jesus.

O escândalo abriu as portas do mal, não ficando, porém, ileso à própria maldade.

6

CILADAS QUE SE CONVERTEM
EM BÊNÇÃOS

rmindo continuava a sua rotina habitual como se nada houvesse acontecido.

Lamentava o incidente havido entre D. Leocádia e o pároco, por culpa deste, no entanto, sabia-se sem qualquer responsabilidade. Cumprira a sua tarefa mediúnica, dentro do princípio cristão, que estabelece a prática do bem em relação a todas criaturas sem imposição alguma. Além do mais, a direção espiritual dos trabalhos mediúnicos não é sua, o que lhe não permite eleger quais os Espíritos que se devem e possuem condição para comunicar-se.

O irmão sintetizou-lhe o resultado da entrevista mantida com a senhora, e os acontecimentos não lhes perturbaram o comportamento.

Nunca faltam irreverência e exaltação em sucessos que movimentam a opinião pública. No caso em tela, a irreverência criou epítetos malévolos para ferir o medianeiro, e a exaltação, mais de uma vez, esteve a ponto de agredi-lo.

O religioso, que apenas se apresentava como tal, sem nenhuma expressão comportamental de religiosidade, ao invés de fazer que se asserenassem os ânimos, mais os instigava, não cessando de atacar os profitentes do Espiritismo, incluindo os paroquianos que se fizeram solidários aos Azevedo, por ele insultados.

A situação na família atingida apresentou-se paradoxal: um filho e uma nora de D. Leocádia concordavam com o padre, no conteúdo religioso, embora estivessem revoltados com a maneira como ele o expressara em público. Os conceitos abordados por Julião pareciam-lhes lógicos, no entanto, permaneceriam católicos. O outro filho e respectiva esposa apoiavam a senhora, sentindo o ultraje e discordes com as opiniões do sacerdote.

Num momento de discussão acalorada, no lar, entre os familiares, a viúva os interrompeu, esclarecendo:

– *Fui eu a única pessoa expulsa da Igreja, nenhum outro de vocês. Agradeço a solidariedade, no entanto, a questão religiosa é de foro íntimo. Tenho meditado sobre os fatos recentes e lamento a atitude do padre Otávio. Intolerante, é o mau exemplo do que aos outros recomenda, traindo os ensinos da Igreja. Compreendo que ele não vê na criatura a ovelha do rebanho, mas o que dela pode extrair para os benefícios pessoais... Se outro fora o seu conceito, redobraria esforços para reconquistar o que perdera, mediante linguagem apropriada à ação morigerada pelo bem. Assim, permanecerei afastada da Igreja de pedras, não da convicção que independe dos seus arrazoados injustificáveis. Vocês, porém, contribuem cumprindo com os seus deveres conforme lhes aprouver.*

– *E se ele a excomungar?* – indagou Alice, a nora mais intransigente.

– *Eu ficaria como estou, desde que serei de fato uma ex-comungante.*

– *E não teme os efeitos?*

– *De forma alguma. A boca humana que abençoa num momento de emoção elevada é a mesma que blasfema e amaldiçoa sob o impacto do amor-próprio ferido.*

Depois de uma ligeira reflexão, arrematou:

– *É curiosos notar que tudo decorre da ignorância da Lei de Amor, que é a Lei de Deus. Nunca me ocorreu mudar de religião, porque ela não é um traje que alguém permuta por outro, quando está gasto... A mensagem de meu marido veio confirmar o que a Igreja ensina: a vida prossegue, e cada qual continua com os valores adquiridos antes da partida. Como vimos, Alexandre escreveu com a sua segurança habitual, o seu estilo e afetividade. Graças à sua mensagem, reencontrei a paz, e estímulos novos me chegam, impelindo-me ao prosseguimento das responsabilidades. Estou, portanto, disposta a voltar ao grupo para melhor conhecer os seus membros, examinar os seus estudos, informar-me e, posteriormente, definir os meus rumos espirituais. Os familiares, porém, continuam livres para agir conforme lhes for do agrado. Pretendendo não mais voltar ao assunto, que aqui encerro, mantendo os nossos laços e afetividade, sem a interferência de nossas posturas ou investigações religiosas.*

– *Eu gostaria de acompanhá-la, nessa busca da verdade* – propôs Vanda, a jovem nora que se embevecera com os argumentos que Julião apresentara.

E concluiu:

– *Não me tem sido permitido eleger a fé religiosa mais compatível com o meu temperamento, a minha inteligência. Frequento a igreja formalmente, acuada pelas dúvidas da razão que os dogmas não esclarecem e mais cerceiam a sua elucidação. Desde que não sigo às cegas, já não sou uma boa católica, assim, portanto, sinto-me liberada para outras experiências de fé, mais de acordo com as minhas necessidades emocionais e culturais.*

A partir de então, as duas senhoras passaram, para escândalo da comunidade e desespero do pároco, a frequentar as reuniões de estudo, durante as quais Armindo psicografava páginas de imorredoura e incontroversa legitimidade.

Não apenas as recebia mediunicamente, como vivia no cotidiano as lições do amor, conforme exaradas na palavra de Jesus e expressas na ação da caridade.

Esse exemplo de fé, no que eram unânimes todos os membros da célula espiritista, sensibilizou as damas, que, lentamente, se incorporaram ao reduzido número dos servidores que visitavam, no silêncio da noite, os moribundos e necessitados que a cidade relegava ao olvido.

Os rumores continuavam mantendo acesa a contenda, que não tinha opositores, porquanto os acusados não se defendiam, não revidavam, ignorando os novos fariseus, como Jesus desconsiderara aqueles do Seu tempo.

Tomando conhecimento da ocorrência e sabendo que indivíduos inescrupulosos pretendiam promover uma arruaça durante a próxima reunião pública, Dr. Hélio veio da capital apoiar os amigos e aguardar os acontecimentos, que não se concretizaram.

A palavra do juiz, rica de ensinamentos naquela modesta assembleia, sempre comovia os presentes. Desta vez, porém, ele se tornara um mavioso cantor da Espiritualidade, cuja música penetrava as mentes conduzindo os elevados conceitos da Sabedoria Divina, sensibilizando os sentimentos com a consolação que fluía de cada frase da lição apresentada.

Todos se encontravam encantados pelo verbo-luz do digno magistrado, que captara a inspiração das mentes superiores para aquele momento especial.

Fez uma análise do Cristianismo primitivo, passou pelas perseguições, que o vitalizaram, e encerrou concitando todos ao amor e ao perdão, ante a certeza de que nenhum mal exterior atinge a quem porfia no bem íntimo.

– Jesus nunca nos abandona – concluiu, emocionado –, nem aos perseguidores, nem aos perseguidos, pois que o Seu Amor transcende as faixas das nossas mesquinhas paixões personalistas. Ele é Vida, e a vida espera; é o Caminho, e este tem que ser percorrido com equilíbrio; é Verdade, e a verdade é eterna, jamais perecendo ante as agressões da ignorância e da violência que ela termina por iluminar e vencer.

Todos, unidos na mesma vibração de paz e exaltação evangélica, aquela que predispunha os mártires para o holocausto, sintonizavam na faixa da alegria irrestrita e da confiança ilimitada.

A verdade é que a presença do Dr. Hélio, que ali se demorou por alguns dias, sob a alegação de repouso pelas fadigas dos labores forenses, pareceu acalmar a irritação dos mais perturbados, alguns dos quais seus conhecidos, que lhe deviam inúmeros favores e cujas condutas lhe eram conhecidas.

O nobre amigo auscultou, em particular, o ânimo de Armindo e Julião, que se apresentavam excelentes, fiéis aos postulados a que se entregaram, o que lhe deu incomum satisfação.

Recordaram-se das lutas iniciais e das premonições sobre o futuro.

D. Helena já houvera desencarnado, deixando-o saudoso e reconhecido à abnegada esposa, que, nesse ensejo, veio trazer-lhe expressiva mensagem de carinho, repassada de amor profundo. Referia-se aos filhos que ficaram na Terra, aos amigos que reencontrara no Além-túmulo, às alegrias colhidas pelo dever cumprido, embora as doridas saudades do coração afetuoso.

D. Leocádia aproximou-se do antigo amigo, homenageou-o, no lar, com um almoço, que era extensivo a Julião e Armindo. Os dois declinaram da gentileza, sob a justificativa da exigência do horário de serviço, evitando comentários dispensáveis e deixando ensejo para mais amplas conversações dos amigos, sem a sua presença.

Árdua ascensão

A senhora, que se iniciava nas leituras espíritas, não tergiversou, crivando o convidado de perguntas, que o fizeram, em certo momento, responder com jovialidade:

– *Este caminho, o da Doutrina Espírita, jamais será percorrido durante um almoço... É muito vasto e, semelhante à refeição, faz-se necessário* deglutir *os seus informes,* digeri-los, *a fim de* ingerir *novos acepipes, evitando o fenômeno da* indigestão.

Todos sorriram, e ela exculpou-se.

O assunto variou, retornando, logo depois, inevitavelmente, à mesma tônica.

Concluídos os dias que reservara para conviver com os amigos, havendo atraído curiosos e admiradores ao grupo, que foram ouvir-lhe a palavra irrefutável, despediu-se o Dr. Hélio, retornando a penates.

A aparente calmaria começou a desaparecer.

As diatribes e acusações voltaram à praça dos comentários, porque a quietude era pantanosa, pestilenta.

Havia, na cidade, um senhor bonachão e vulgar, que entretinha os ociosos e era figura quase obrigatória nos círculos das conversações. A sua leviandade era conhecida, no entanto, os prejuízos dela decorrentes não afetavam a ninguém senão a ele próprio.

De alguma forma folgazão, fazia-se agradável e estimado.

Não era militante da religião, tampouco era considerado ateu, embora fosse arreligioso.

Chamava-se Ernâni Ribeiro e já estava aposentado.

Podia-se dizer que era *une vieille barbe, une barbe grise.*[50]

Num comentário com amigo muito chegado ao cura, informou, insensato:

– *De toda essa discussão, os espíritas saem mais fortes, porque usam a técnica da não violência, ficando simpáticos, porquanto a posição de vítima é mais fascinante para os circunstantes do que a de algoz. Eu, se me conviesse, desmascararia Armindo com a maior facilidade...*

O interlocutor nada respondeu, ensimesmando-se.

O assunto pareceu morrer aí, no entanto, foi levado ao cura, que teria uma forma de desacreditar o médium, cuja conduta moral e social era inatacável.

---

50. *Une vieille barbe, une barbe grise* – Um velho experimentado.

Sem desejar comprometer-se diretamente, evitando problemas futuros, o sacerdote esclareceu:

— *Qualquer atitude que demonstre a inautenticidade de propósitos desses charlatães é serviço digno prestado ao público e à Religião.*

Mediante esse aval, o intermediário propôs ao hábil Ernâni que beneficiasse a comunidade, arrancando a máscara da face da hipocrisia.

Curioso, no entanto, arguiu:

— *Como é que fará o amigo para colimar os objetivos?*

O interlocutor sorriu, malicioso, e respondeu:

— *Há três armas que, brandidas convenientemente, terminam por eliminar qualquer impostor. São o dinheiro, a vaidade e o sexo...*

Após pigarrear, zombeteiro, com ares de muito conhecedor da alma humana, porque tomava como padrão o próprio vil comportamento, continuou:

— *Armindo é jovem e astuto. A sua humildade muito decantada é reles expressão de vaidade. Incensá-lo mediante a argumentação dos seus valores de renúncia e abnegação, emulando-o ao devotamento pelos pobres, é recurso com o qual se pode desequilibrá-lo, porém, esse é um método demorado. Acenar-lhe com dinheiro é perigoso, por sua recusa automática, porém dar-lho para os seus pobres, sem prestação de contas, é tiro certo. Como o dinheiro não tem boca para declarar onde dorme escondido, torna-se mais difícil provar-lhe a astúcia e a desonestidade. O sexo, porém, é de fácil resposta... Aguarde o amigo, portanto, o meu plano.*

Os dois intrigantes se apertaram as mãos e separaram-se, antegozando os resultados que esperavam favoráveis na sórdida empresa.

Logo depois, ao primeiro ensejo, o Sr. Ernâni aguardou o médium após a reunião e pediu-lhe uma entrevista, no que foi gentilmente atendido.

Quando se encontravam a sós, sem rebuços disse ao medianeiro:

— *Como você não desconhece, seu pai e eu fomos muito bons amigos, confidenciando-nos nossos problemas e, vez que outra, excedendo-nos num que outro trago... Numa das nossas conversações, o caro e infeliz Demétrio confessou-me a preocupação com a sua conduta espírita, o seu comportamento celibatário, enfim, você me compreende... Embora pobre, seu pai amava alguns prazeres da vida... Pediu-me ele que interferisse no seu problema, com o que anuí, prometendo-lhe que o procuraria quando a ocasião me parecesse própria.*

Armindo quis interromper a desagradável conversação. Súbito mal-estar turbou-lhe a mente, fruto, é certo, da irradiação psíquica perniciosa do visitante, que o intoxicava com os vapores que exteriorizava, gerados pelos *vibriões* mentais da conduta irregular.

Tímido e receando granjear mais um inimigo, esforçou-se por ouvi-lo até o fim.

Estimulado pelo silêncio, o farsante entreteceu diversas considerações chãs em torno da vida, arengando:

— *Todos sabemos dos seus sofrimentos nestes últimos tempos, sob os camartelos da injustiça, da incompreensão... Em homenagem ao seu pai, procuro-o hoje para fazer-lhe um pedido, e não aceito negativa, por ser o presente que lhe iremos dar...*

Amanhã, sábado, um grupo de amigos iremos realizar uma pequena festa de desagravo em memória do nosso Demétrio, e eu elegi você para representar a família, por ser o filho mais jovem e por quem ele mais se preocupava. Assim, passarei na sua casa às vinte e duas horas da noite, para a nossa ligeira reunião, que você não precisar ficar até o término.

Isso agradará os amigos e diminuirá a má vontade de alguns deles para com você. Eu sei que você não precisa de nós, mas o Evangelho recomenda "fazer a paz com os inimigos, enquanto se está no caminho com eles", não é verdade?

Não se surpreenda: eu também conheço alguma coisa...

Armindo, à semelhança da ave que a serpente retém com o olhar hipnótico, ficou parado e, sem dar-se conta, ante a interrogação final do sedutor, concordou que compareceria ao evento.

O Sr. Ernâni abraçou-o, em despedida, agradeceu e saiu contente.

No dia imediato, buscou o comparsa e pediu-lhe que, com mais dois amigos, logo mais, à noite, os acompanhassem, a ele e ao médium, a regular distância, para consumar o flagrante demolidor.

No dia seguinte à entrevista, Armindo despertou angustiado, após uma noite incômoda. Atendeu os compromissos com o coração opresso, não podendo disfarçar a indisposição que o tomava.

Esteve com os seus companheiros na ação social junto aos sofredores, todavia, à hora concertada demandou o lar e aguardou o momento do compromisso.

O tartufo apareceu com pontualidade, sem ocultar a satisfação íntima que o inundava de sorrisos.

– *Nosso encontro será na casa de um amigo, nos arredores da cidade* – elucidou. – *O meu jovem não se incomoda por caminhar um pouco, nesta noite amena, não é mesmo?*

– *Não, não, será um prazer* – gaguejou o aturdido convidado.

A noite estava realmente agradável. O outono emprestava-lhe uma brisa fria, suportável, vestida pelo plenilúnio exuberante.

O silêncio de Armindo contrastava com a loquacidade do companheiro, que não media palavras para exaltar o amigo desencarnado e abordar as excelências da vida, que os jovens podiam desfrutar sem que sofressem os prejuízos que a sociedade impusera às gerações passadas.

Enquanto isso, o sensitivo orava, buscando preservar o equilíbrio, por pressentir algo de desagradável que pairava no ar.

O entusiasmo verbal do Sr. Ernâni, resultado da fixação mental no Sr. Demétrio, atraiu à cena o evocado, indiretamente, que compareceu padecendo os efeitos do comportamento extravagante do passado.

O filho percebeu-o um tanto angustiado, o que lhe fez mais aprofundar a mente no socorro da prece, como a dizer ao genitor que o sacrifício a que se submetia era-lhe uma homenagem.

A rua de acesso ao lugar do encontro, sem calçamento, dobrava-se adiante, prosseguindo ladeada por casas modestas e um simulacro de *boîte*, onde se agitavam noctívagos e atormentados do sexo.

Digamos sem cautelas: era o *bas-fond* da cidade.

Havia movimentação agitada, música muito alta que se derramava de um alto-falante estridente e defeituoso, suspenso sobre a porta do *cabaret*. Algumas mulheres, com evidentes sinais dos próprios equívocos, formavam grupos bulhentos, e alguns homens embriagados completavam a paisagem local.

Armindo surpreendeu-se, e indagou:

– *Por que o senhor me trouxe aqui?*

Havia amargura na voz, que perturbou, momentaneamente, o traidor.

Colhido de surpresa, e ante a ingênua interrogação, ele respondeu, despudorado:

– *Hoje eu cumpro a promessa que fiz a seu pai... Contratei uma jovem que reside aqui, para que ela se encarregue de você...*

Já estavam à porta de um triste lupanar.

À retaguarda, os amigos-testemunha aguardavam o sinal convencionado para se adentrarem pelo antro e crivarem de críticas e amarguras o inexperiente visitante ludibriado.

– *Não se faça de santo comigo!* – grunhiu o velhaco. – *Eu o conheço bem, assim como os hipócritas da sua laia.*

Quando eu conversei com a jovem que contratei, ela me disse que já o conhecia muito bem. Entremos, portanto.

A recepcionista da casa de tolerância, ao deparar-se com Armindo, saudou-o alegre e gritou para dentro:

– *Gente, o nosso Armindo está chegando!*

– *É assim que você nos engana, hein?* – desabou o velho sem compostura. – *Conhecido por todos e recebido com entusiasmo. Eu imagino o preço que paga e a procedência do dinheiro para gastar com esta gente... Aqui só se é querido com bastante dinheiro, e você não o tem em quantidade suficiente.*

A proprietária veio do interior do antro, acompanhada de algumas mulheres, que tomaram o médium pelos braços e o levaram para dentro, alegremente, emocionadas.

O Sr. Ernâni acenou para os companheiros que se apressaram a constatar o fato que eles iriam considerar escabroso, embora fossem *habitués* daquele como de outros recintos do mesmo jaez.

Imediatamente introduzido à sala de refeições, um misto de bar e lanchonete de péssima qualidade, a *madame* declarou:

– *Desliguem a vitrola. Tragam todos. Foi Deus quem nos mandou Armindo aqui e agora... Como vocês sabem, sempre o buscamos pela madrugada, quando acabamos de trabalhar e vamos ao Centro Espírita pedir-lhe ajuda... Hoje, porém, Jesus mandou-o até nós. Vamos todos orar... É feriado!... Chamem o pessoal, abram os quartos...*

O Sr. Ernâni e seus asseclas estavam aturdidos, sem compreender exatamente o que estava acontecendo.

Alguém disse:

– *Eu tenho aqui um Evangelho...* – referia-se a *O Evangelho segundo o Espiritismo*, de Allan Kardec.

Outrem chegou chorando e solicitou:

– *Meu filhinho está com pneumonia e ainda não pude comprar os remédios receitados pelo médico do posto de saúde. Armindo, você poderia aplicar-lhe um passe? A criança está febril. Tenho medo que ele morra...*

– *Sentemo-nos* – propôs o devotado trabalhador espírita – *e façamos um momento de renovação íntima e de prece, conforme nos sugere D. Clarinda, a dona desta casa.*

Diversas mesas foram reunidas e os presentes sentaram-se em torno delas.

Um garçom prestimoso trouxe algumas garrafas com água potável e as depôs sobre a mesa.

Fez-se silêncio geral.

Armindo convidou o aposentado e pediu-lhe que se sentasse, solicitando-lhe que abrisse o Evangelho ao acaso e lesse.

O tema sorteado referia-se aos que necessitam de médicos, os doentes, portanto.

O surpreso convidado ao serviço espiritual leu, constrangido, a página, que lhe embargou a voz.

Ato contínuo, o seareiro exorou a proteção divina, entreteceu algumas considerações, comentou fatos da vida do genitor, que era *habitué* daquele lugar, aplicou passes nos circunstantes, fluidificou a água e foi, com a mãezinha aflita, a um quarto contíguo atender o pequeno enfermo, aplicando-lhe a fluidoterapia.

Ao retornar, ante a expectação geral, encerrou o encontro, despediu-se sob olhares de profunda gratidão e abraços afetuosos...

Sem poder negar a surpresa, já na rua, de volta ao centro urbano, o Sr. Ernâni perguntou:

– *Por que não me disse que era conhecido ali?*

– *O senhor não me informou para onde me conduzia... Além do mais, o senhor me disse que a moça convidada para me acompanhar já me conhecia...*

– *Mas eu não sabia de que forma era você conhecido. Eu supus...*

– *Poderia ter-lhe interrogado.*

– *Há quanto tempo mantém relação com* essas *mulheres?*

– *As irmãs que aí residem, conforme D. Clarinda esclareceu, sempre me buscam, em nossa Casa Espírita, pela madrugada, para um socorro espiritual, um conselho, uma consulta, enfim, para um momento de paz e de reflexão.*

– E você não lhes censura o comportamento?

– Não me atrevo a tanto. Aprendi, desde cedo, que oculto na queda de alguém sempre está o responsável pelo seu acidente. Se não houvesse iniciadores e clientes do vício, certamente se fechariam as casas onde elas estagiam em sofrimentos profundo... Elas me pedem ajuda, e não reprimenda.

– Sim, é verdade! É verdade!...

As testemunhas ficaram no recinto, em interrogatório mal disfarçado, colhendo informes que os surpreenderam ainda mais.

O médium era ali chamado de "o Anjo do Amanhecer", por socorrê-las no cansaço, na desilusão e na miséria.

Mitigava-lhes a fome e a sede de paz, de amor e de pão.

Dava-lhes medicamentos, agasalhos e o apoio espiritual que todos lhes negavam.

Era a voz e a ação da caridade em nome de Jesus, que também, sem exigência ou recriminação, perdoara a mulher surpreendida em adultério...

Os caminhantes chegaram ao centro da cidade, e o senhor Ernâni quebrou o silêncio que se fizera natural durante a marcha, pedindo, sinceramente:

– Desculpe-me o que lhe pretendi fazer.

– Agradeço-lhe o presente que me ofereceu e a oportunidade de recordar-me de papai onde ele era muito conhecido. Boa noite!

A notícia espalhou-se no dia seguinte com desencontradas interpretações, inclusive que o médium recebia estipêndios por alcovitar a conduta das mulheres equivocadas.

Ao mesmo tempo, as informações corretas do Sr. Ernâni sobre a ocorrência criaram em volta de Armindo uma aura de consideração e respeito.

A partir de então, ele mesmo passou a frequentar as reuniões públicas, interessando-se pela Mensagem após constatar os seus efeitos superiores no mensageiro.

Só os homens dignos e fortes têm coragem para a prática do amor e da bondade, enquanto a traição e a crueldade ficam por conta da personalidade mórbida dos covardes.

7

CLARINADA DE LUZ EM NOITE SOMBRIA

A aspereza ou suavidade dos resgates morais corresponde à forma dos gravames perpetrados.

O recrudescer das lutas que a todos ferem constitui o fogo purificador das paixões violentas, que devem ceder lugar à paciência, à resignação e à humildade, ante o determinismo da evolução.

A violência, que nasce nas reações do instinto de conservação primitivo e dominador, é a causadora do medo que agride, da ambição que enlouquece, da posse que ilude. Por isso que, ao ser desencadeada, responde pelas ondas de contraviolência, mais virulenta e cruel do que a iniciada.

O amor é-lhe o antídoto: quando não a estanca, diluindo-a, é porque o seu condutor não o alcançou na dimensão suficiente para o enfrentamento.

O fogo que amolda os metais exige uma temperatura específica para cada substância. Da mesma forma o amor, que comanda a vida e lhe deu a origem.

Assim, iniciada uma ação, retornarão os seus efeitos, embora as dimensões de tempo e de espaço, que não contam, podendo ser de repercussão imediata ou demorada, nunca, porém, tardia. O importante é que, à sementeira, corresponde a inevitável colheita.

As nossas personagens, cada uma a seu turno, iam sendo colhidas nas malhas da rede atirada ao mar da vida, nos dias transatos, nas existências passadas.

A família Primeva lutava sob os vendavais anteriormente desencadeados.

A saúde mental de Tarcílio era precária, facultando acesso às Entidades perversas que o enfureciam, produzindo cenas chocantes, dolorosas.

Os pais se negavam a arrojá-lo a uma cama hospitalar, entre outros enfermos mais graves, numa casa de saúde, onde os recursos terapêuticos e humanos eram mínimos.

Conhecendo as razões dos despautérios do enfermo, sofriam, com a resignação que o tempo estrutura na argamassa da fé religiosa de cada pessoa.

Passada a fúria, na qual a loucura se instalava, ele volvia a uma calmaria mórbida, depressiva, cansada. Depois, lentamente, à instância da genitora, tornava a uma relativa normalidade, até a irrupção de novo ataque, que independia de quaisquer motivações externas.

Guilherme, a princípio, reagia. Sua formação moral austera e suas convicções intentaram amoldar o caráter rebelde do filho, não logrando êxito, mais provocando reações negativas.

D. Augusta, de temperamento mais brando, passou a substituir a doce Annette, que o acalmava com as suas *chansons* criadas especialmente para embalar a *ave* ferida que não sabia cantar.

Muitas vezes, a mãezinha saudosa, em lágrimas de evocação, sofria a ausência da filhinha frágil e meiga.

Ouvia-lhe, então, neste comenos, a doce voz entoando baladas antigas, que tentava repetir para Tarcílio, que igualmente prorrompia em pranto de dor e de melancolia.

Com o tempo, os antigos ferretes de ódio se transformaram em vínculos de amor entre os dois, vencendo as ondas destruidoras das marés altas da loucura.

À instância da esposa, Guilherme dilatava a tolerância, amparando os outros filhos que se rebelavam diante dos maus-tratos sofridos com o irmão psicopata.

Os anos arrastavam-se pesados, e as provações sucediam-se.

O engenheiro, mais de uma vez caluniado, vilmente, arrostou em silêncio todos os infortúnios redentores.

Influências políticas infelizes por parte do seu chefe amarguraram-lhe as horas por largo período.

Não se defendia, não acusava.

Sustentava-se na certeza da inocência atual, quanto da culpa antiga.

As suas *Jersey* e *Guernesey*[51] foram o lar e a comunidade que o sacrificaram na solidão e na amargura.

As perseguições humanas de qualquer tipo são mais cruéis do que a caçada feita por animal vitimado pela fome.

Os adversários não se contentam em destruir o homem, senão também a sua alma, o seu valor, os seus direitos e dignidade, asfixiando a memória e matando-a com o olvido.

Os perseguidos, todavia, se reerguem e ficam, enquanto os pequenos perseguidores passam, recordados apenas pelo mal que fizeram, pelas suas pequenezes e crueldades...

O antigo Bertin que infamara, apaixonado, nos ardores políticos, carpia hoje os efeitos e reconhecia, no chefe que o detestava, uma sua vítima odiada...

A prática da mediunidade, em pequeno grupo de modestas proporções, por ele criado, ao lado da esposa, facultava-lhe renovação íntima e conforto moral para prosseguir sem desânimo ou revolta.

Alguns poucos participantes constituíam a equipe de trabalho na célula de fé viva, amparando-se mutuamente e auxiliando com parcos recursos outros mais necessitados.

Mensagens de elevado teor moral e cultural vertiam da Espiritualidade em contínuas demonstrações de que se encontravam sob amparo superior, não sendo regateados socorros iluminativos para o grupo.

Armindo, por sua vez, escrevia com frequência, dando notícias das ocorrências, entretecendo considerações e relatos dos sucessos espirituais, dos livros escritos, como dos testemunhos sofridos.

De certo modo, pareciam os catecúmenos do Cristianismo primitivo, anatematizados e perseguidos, no entanto, jubilosos e unidos.

Sabendo dos sofrimentos de Guilherme e família, Armindo, em gozo de férias, concertou, com o Dr. Hélio, uma viagem de divulgação doutrinária e refazimento espiritual à cidade onde aqueles seres queridos residiam.

O magistrado, que fruía de justa aposentadoria, anuiu com a propositura do médium, e assinalaram um período para visitar os Primeva.

---

51. *Jersey* e *Guernesey* – Ilhas onde o autor Victor Hugo esteve exilado, respectivamente, de 1852 a 1855 e desde então até 1870, quando da queda de Napoleão III, nesse último ano havendo retornado a Paris.

Informada, a família exultou. Seriam dias de luz e futuras provações, porém, de imediata felicidade.

Guilherme conseguiu, mediante aluguel, um salão na cidade, onde deveriam ser proferidas algumas conferências pelo juiz, e pôs-se a noticiar o evento.

É claro que as portas se apresentavam fechadas. Apesar disso, fez imprimir folhetos que colocou nos postes de iluminação, com os amigos, à noite, em faina esgotadora, nas praças, e distribuindo-os de mão em mão.

A chegada dos visitantes ocorreu em clima de festa com sorrisos e lágrimas.

Hóspedes e anfitriões se reviam com outro aspecto. A dor em todos deixara as marcas dos ferretes em brasa. Na havia amargura retratada em face alguma. Pairava um ar de tranquilidade e superior descaso pelas utopias, posturas e coisas pelas quais a maioria dos homens se afadiga e se arruína.

As conversações edificantes e evocações foram a tônica do reencontro feliz, cada qual narrando as experiências e acontecimentos ocorridos durante o largo período de separação física.

Todos viviam no mesmo estado, relativamente perto uns dos outros, sem embargo era o primeiro reencontro durante os demorados anos transcorridos.

O desfilar de recordações prosseguiu por toda a temporada, com elaboração de planos para o futuro.

Tarcílio, que não conhecia pessoalmente o tio, assim como ocorria com os seus demais irmãos, sentiu-se instintivamente atraído pela ternura, pela amorosa irradiação psíquica de Armindo.

Arredio que era, conseguiu acercar-se e ficar-lhe ao lado, beneficiando-se, sem o saber, do salutar magnetismo que o impregnava. Lentamente se foi agasalhando na sensibilidade do familiar, que o recebeu com carinho estreme, elevado.

Na noite imediata à chegada deveria ocorrer a conferência programada. Ficou estabelecido que, para demitizar o conceito equivocado ali vigente sobre o Espiritismo e a mediunidade, Armindo participaria do labor, colocando-se, passivo, à vontade dos bons Espíritos, quando o Dr. Hélio concluísse a apresentação da sua tese.

Grande expectativa dominava os espiritistas e imensa curiosidade pairava na comunidade local.

Aquela era a primeira tentativa de tal natureza.

A propaganda mais expressiva tivera lugar na igreja, quando o sacerdote condenou a reunião e ameaçou os paroquianos que a prestigiassem.

Não obstante, à hora convencionada, alguns intelectuais da cidade, de pensamento liberal, e pessoas outras compareceram ao evento.

Guilherme apresentou o conferencista, cujos predicados morais, culturais, sociais e jurídicos foram dignamente referidos, cedendo-lhe então a palavra.

O orador, sem circunlóquios nem exórdios extravagantes, adentrou-se no tema da sobrevivência do Espírito à degradação celular, confirmada mediante a comunicabilidade mediúnica. Repassou fatos históricos do passado e do presente, investigações conscientes e incontroversas, confrontou as evidências com os fenômenos sociológicos e conceitos filosóficos, examinou a moral evangélica e concluiu pela irrefutável solidez da Doutrina Espírita, como a mais vigorosa adversária do materialismo e da ignorância religiosa.

Ao concluir, foi calorosamente aplaudido.

Ato contínuo, Armindo passou a psicografar com velocidade, página após página, retiradas por Guilherme, que segurava os papéis, diligentemente.

Ao terminar, o médium leu um poema condoreiro de insigne poeta, que fora psicografado em versos perfeitos, referindo-se à missão do Espiritismo na sociedade e no mundo moderno.

O poema impressionou vivamente os convidados que pediram para lê-lo com atenção.

Acercando-se da mesa dos trabalhos, diversos ouvintes estabeleceram diálogo com o conferencista e com o médium, numa tertúlia agradável que se prolongou por uma hora a mais, após encerrada a reunião.

Todos se comprometeram em retornar na próxima dissertação, trazendo maior número de interessados.

No dia seguinte, o Dr. Hélio recebeu a visita de cerimônia do colega em exercício, naquela cidade, num ato de cortesia, que agradeceu.

A conversação, após os prolegômenos sociais, derivou para o tema da conferência da véspera, cuja repercussão era expressiva.

Prazerosamente o entrevistado relatou fatos, comentou ocorrências, elucidou tabus, oferecendo sólida argumentação espírita às indagações lúcidas que lhe eram propostas.

Todo um universo de questionamentos e dúvidas foi repassado no diálogo dos magistrados, com salutares efeitos para o entrevistador, que se despediu sinceramente tocado pela lógica da argumentação ouvida.

Tarcílio, ao lado do tio, demonstrava um bem-estar inabitual. Não vinculado a ele por qualquer dívida moral, hauria, da convivência, energias que o acalmavam e lhe renovavam o ser atenazado.

D. Augusta e Guilherme volveram ao encantamento do passado, cuja distância no tempo se anulava ante as bênçãos da convivência estimuladora.

Sucede que as afeições legítimas propiciam vitalidade e alegria, pela permuta de vibrações afins, que estabelecem as correntes de segurança e paz nas vidas que se entrelaçam.

Quando os impulsos enfermiços do instinto forem substituídos pelas manifestações da amizade, da afeição real, os desastres morais cederão lugar à compreensão e à fraternidade em campo e ritmo de júbilos.

No trabalho, o engenheiro ouviu referências mui satisfatórias e a afirmação de vários funcionários de que, à noite, estariam presentes ao ato cultural que se fazia a tônica dos comentários na cidade.

O chefe, no entanto, não ocultava o rancor, o mal-estar que o dominava.

O Sr. Augusto Santayana era também engenheiro que procedia da Capital Federal e se encontrava à frente da entidade fazia vários anos. Sustentado no lugar pela politicagem dos triunfadores sórdidos, mais do que pela capacidade que lhe era escassa, detestava o subalterno funcional, inconsciente e conscientemente. De uma forma, em razão das reminiscências que lhe afloravam das paisagens perispirituais, levando-o à antipatia, à animosidade constante. De outro lado, porque reconhecia a capacidade do outro, motivo para ele mais do que justo para o detestar.

O êxito do cometimento cultural e doutrinário se creditava a Guilherme, que suplantava as calúnias e diatribes de que era vítima, sem o revide no mesmo tom, como ocorre com os pequenos homens.

Assim, o antagonista ignorou o que todos abordavam, especialmente porque o apresentador do conferencista desvelou ao público as suas desconhecidas qualidades de oratória e profundidade de conhecimentos filosóficos, embora o breve tempo que se permitiu falar.

À noite, portanto, o salão regurgitava. Todo o seu espaço foi insuficiente para a massa que acorreu, interessada. Os assentos logo se esgotaram, e as laterais, os corredores foram tomados com febricidade, minutos antes da hora prevista.

Quando Guilherme tomou da palavra para a abertura do ato e comentários sobre o orador, o silêncio fez-se natural, profundo.

No momento próprio, Dr. Hélio assomou à tribuna improvisada e abordou com rara beleza e mestria o tema da reencarnação.

Fez um relato histórico dos povos antigos e sua solidez na crença das vidas sucessivas, que lhes constituía fundamento religioso e filosófico, passando do Oriente ao Ocidente, comentando o Orfismo, o Pitagorismo, *Os Mistérios*, Platão, Plotino... para alcançar os gauleses, os iberos e chegar às Américas, em análise dos pensamentos astecas, maias... Estabeleceu pontes ético-filosóficas sobre a Justiça Divina em relação às existências múltiplas, à dignidade do homem na condição de autor do próprio destino, ao invés de vítima aturdida de leis arbitrárias, estabelecidas por um Criador apaixonado quão mesquinho, conforme a visão caótica de que tem sido motivo por parte de doutrinas ingênuas, sacerdotes e pastores que o fazem "à sua imagem e semelhança", transferindo-lhe as suas imperfeições...

Interrompido, várias vezes, por palmas espontâneas, concluiu brilhantemente o tema com as esperanças e as consolações advindas da reencarnação, confirmada em diversos campos da investigação científica, já àquela oportunidade.

Terminando, demorado aplauso de todo o público de pé levou o orador à emoção dignamente controlada.

De imediato, Armindo passou a psicografar, assessorado pelo cunhado, ante a geral atenção e o respeito estampado em todas as faces.

Logo após, o médium leu significativa mensagem firmada por antigo sacerdote daquela comunidade, há muito falecido, cuja lembrança permanecia viva em muitos dos presentes de idade mais avançada.

Nomes de pessoas e fatos do seu tempo desfilaram com esmero de linguagem, ratificando a sobrevivência da vida à morte, a comunicação dos Espíritos, respigando citações do Antigo como do Novo Testamento e produzindo uma forte emoção geral.

Encerrada a reunião, respeitável cidadão acercou-se e solicitou a Armindo a mensagem para um melhor exame, no que foi atendido.

Diversas pessoas aproximaram-se para saudações e permutas de ideias, abraços fraternos, e os diálogos prosseguiram animados.

Quando o cavalheiro terminou a leitura, pediu silêncio aos presentes e declarou:

— *Todos ou quase todos aqui me conhecem. Sou homem austero e de princípios rígidos. Não me deixo ludibriar facilmente.*

Fez uma pausa, e o espanto se estampou em todos os semblantes.

Tratava-se do coronel Sebastião Arcoverde, de velha estirpe local, respeitado e amado pela comunidade.

Pigarreou, num gesto muito do seu agrado, e, sabendo-se ouvido, concluiu:

— *O que aqui está escrito* — apresentou as muitas folhas de papel grafadas — *foi anotado pelo nosso saudoso monsenhor Mangabeira... A forma, o conteúdo e a letra são seus. Como se recordam os mais idosos, fomos amigos íntimos. Estou, desta forma, autorizado a declarar a autenticidade destas páginas. Conheço os eventos referidos e as pessoas citadas, algumas, como nos recordamos, já extintas. O Espiritismo, segundo depreendo do que ouvi e leio nesta noite, é assunto sério, portanto, verdadeiro. Desejo congratular-me com o engenheiro Guilherme Primeva e os seus convidados, que nos brindaram com admirável demonstração do ideal que abraçam e eu pretendo conhecer, com mais largueza, mais aprofundamento. Que Deus lhes abençoe os propósitos!*

Havia lágrimas nos olhos dos circunstantes e dos nossos trabalhadores, diante da espontânea declaração do coronel Arcoverde, que os abraçou e retirou-se, igualmente sensibilizado.

Algumas pessoas demoraram-se por mais algum tempo e o ágape se encerrou.

Os amigos volveram ao lar, exultantes e reconhecidos a Deus pela rica messe.

As clarinadas de luz rompiam as sombras teimosas, que certamente ainda se demorariam, mas inauguravam um dia radioso para depois clarear as vidas em expectativa.

8

São colocadas as balizas do Reino dos Céus

A sementeira de amor desenvolvida através dos anos agora espocava em flores de alegria e frutos de felicidade. Estímulo para futuros embates, era força para sustentação dos ideais.

Nos dias subsequentes, o Dr. Hélio e Armindo receberam a visita de pessoas gradas interessadas em colher informações, receber mais amplas instruções em torno da Doutrina revolucionária.

Tarcílio acompanhava os acontecimentos num misto de interesse e deslumbramento. Apesar dos limites intelectivos, era dotado de grande percepção na área da astúcia, do entendimento daquilo que melhor lhe aprazia.

A movimentação no lar e a presença de pessoas consideradas na comunidade espicaçavam-lhe a vaidade, como a dizer-lhe das *vantagens* que se podia auferir naquele cometimento.

Neste comenos, foi solicitado a Guilherme se não seria possível organizar um trabalho demonstrativo da comunicabilidade dos Espíritos, franqueado a alguns interessados mais sérios. As psicografias públicas haviam impressionado os que as viram. O fenômeno se impusera na sua autenticidade, conforme o declarara o coronel Arcoverde. A repercussão da palavra do respeitado chefe político local e homem de bem fora maior do que se poderia imaginar.

Comentava-se que, a convite do sacerdote para um *tête-à-tête*, ele reconfirmara as opiniões emitidas, adentrando-se em detalhes que exasperaram o religioso, inconformado e rebelde aos fatos.

Levada a proposta ao Dr. Hélio e a Armindo, após estes ouvirem os mentores espirituais, anuíram à solicitação, desde que o labor não fosse anunciado ao grande público, em face da impossibilidade de conter-se a multidão no exíguo espaço do modesto Grupo Espírita.

Convencionou-se que seriam convidadas vinte pessoas dentre as mais cultas e que estivessem realmente sensibilizadas, desejosas de estudar o fenômeno e examinar, imparcialmente, os resultados.

Como a última conferência estava programada para a véspera da viagem, estabeleceu-se que o compromisso seria atendido no dia de reunião da casa, em fidelidade ao programa normal.

Assim, ao ensejo estabelecido, a sala modesta apinhava-se com os convidados e os poucos frequentadores habituais.

A direção do trabalho ficou a cargo do magistrado, liberando-se Guilherme para atuar em qualquer campo da mediunidade, caso fosse necessário.

Seguindo-se a praxe, após comentários esclarecedores a respeito do que se ia realizar, foi proferida uma oração de abertura, após o que se leu um trecho de *O Evangelho segundo o Espiritismo*, facultando-se o uso da palavra a quem o desejasse, para apresentar considerações em torno da página lida.

Nesse momento, agora assessorado pela irmã Augusta, que segurava os papéis para a psicografia, Armindo começou a escrever em transe mediúnico.

Ante o silêncio e o constrangimento dos convidados, que declinaram da oportunidade de falar, um dos membros da instituição referiu-se à excelência do texto lido e da atualidade do seu conteúdo.

A palavra simples era profunda, chamando a atenção dos ouvintes atentos para as peculiaridades do ensinamento exposto, retirando conclusões muito válidas para a aplicação no cotidiano, por quem se interessasse pela paz e equilíbrio na vida.

Percebia-se a surpresa dos presentes, porquanto o expositor, de todos conhecido, era pedreiro de profissão, aparentemente sem mais amplos conhecimentos, ali revelando uma grande acuidade mental e idêntica lógica perturbadora para os mais céticos.

Fenômeno idêntico acontecia com os cristãos primitivos, inspirados pelos seus numes tutelares, a repetir-se periodicamente em muitos fastos da História.

Nas células espíritas a ocorrência já não produzia *suspense*, em razão da sua frequência. Sabem os *iniciados* que, no momento em que "o discípulo está preparado, o mestre aparece", o que, por extensão, significa: quando o homem se eleva moral e espiritualmente, estuda e trabalha pelo bem, entra em comunhão com os Espíritos nobres que passam a inspirá-lo e conduzi-lo com elevação.

A mediunidade de inspiração encontra-se latente em todos os indivíduos, podendo ser educada com relativa facilidade.

A escrita prosseguia com febricidade.

O diretor da reunião deu curso aos comentários, fazendo um relato muito acessível sobre os fenômenos mediúnicos na Boa-nova, entre os povos de todas as épocas, eliminando as hipóteses das superstições, que intentaram desacreditar, bem como referindo-se à fraude, que é falha do comportamento moral do homem, sem nenhuma conotação com eles. Por fim, examinou a colocação frequentemente abordada das intervenções demoníacas, das excepcionais interferências angélicas, da predestinação e da graça, concluindo com as afirmações contidas na leitura da noite, no aspecto das aplicações morais do Espiritismo.

Simultaneamente, Armindo parou de escrever, e a reunião foi encerrada.

Havia transcorrido uma hora e meia, em clima ameno de expectativa e instruções espíritas oportunas.

O médium psicografara três mensagens de teor diferente: um conto de conhecido literato cujo estilo leve e agradável enternecera o país, quando ainda se encontrava no corpo; uma carta de um jovem aos seus genitores presentes, rica de identificação, assinalada com pormenores da vida familiar, referindo-se a acontecimentos domésticos e cheia de esperanças no reencontro, que sensibilizou a todos, mais particularmente aos destinatários, que lhe confirmaram a exatidão, a legitimidade; e um poema assinado por insigne vate português, cujo conteúdo e forma não deixavam dúvida quanto à sua procedência, a quem tivesse, mesmo que ligeiro, qualquer verniz literário.

Guilherme escusou-se de exercer a mediunidade clarividente ou de narrar o que observara, em razão de viver na cidade fazia muitos anos, evitando murmurações e dúvidas desnecessárias.

O coronel Arcoverde e os convidados em geral expenderam suas opiniões ponderadas e positivas, dissolvendo-se o ato, à hora regulamentar.

Ficara patente a elevação de propósitos dos espíritas, e a demonstração, sem quaisquer aspectos de exploração da credulidade, resultara mui positiva.

Os visitantes e seus anfitriões não cabiam em si de contentamento. A cortina do tempo que os houvera separado fisicamente se diluíra e tudo recordava os primeiros dias da ação, quando a tempestade obsessiva cedera lugar à calmaria bonançosa da paz.

Fácil de imaginar-se o júbilo dos cristãos primitivos, em razão do que ao atual grupo ocorria, quando chegavam irmãos de outros núcleos, trazendo notícias animadoras e algum, dentre eles, era portador do dom da profecia, digamos claro, da mediunidade.

A barreira vibratória que separa o mundo dos homens e o dos Espíritos é facilmente transposta, e mais contínuas, repetidas vezes, do que se imagina e se o faz conscientemente.

A incursão produzida mediante o conhecimento e a razão exige cuidados e estudos que facultam os resultados opimos.

Dia chegará, mui próximo, em que o homem educado em totalidade, no corpo, na mente e na alma, viverá em estado de comunhão consciente com a Vida, alcançando o que os iogues denominam por *samadhi*.[52]

Aproximava-se o dia do retorno e chegara a ocasião da última conferência.

Havia júbilos no ar, com algumas exceções: os religiosos intransigentes, ou modernos fariseus, e o Sr. Santayana, cuja animosidade contra Guilherme, agora saído dos conceitos negativos através da conduta publicamente constatada, então, raiava pela fixação alucinada.

Uma hora antes do momento programado para a palestra, o salão se encontrava superlotado.

O acontecimento extrapolara quaisquer expectativas otimistas e transformou-se numa exigência social para a comunidade, na qual rareavam eventos de importância que lhe quebrassem a rotina pachorrenta, especialmente neste campo novo de informações.

---

52. *Samadhi* – Palavra de origem sânscrita que significa estado de plenitude, de paz, de felicidade.

Os membros da cerimônia, sem qualquer nota de presunção, compareceram com a simplicidade e a alegria tranquila que lhes caracterizavam a personalidade.

Repetindo o que se fizera nas noites anteriores como preâmbulo, o conferencista abordou o palpitante problema da loucura sob o ponto de vista espírita. Estudou a alienação mental sob a óptica acadêmica ancestral, referindo-se aos pioneiros da moderna Psiquiatria e aos estudiosos atuais das "ciências da alma" e afirmando o respeito de que gozam esses nobres investigadores, bem como o grande bem que propiciaram à Humanidade, cooperando para aliviar e recuperar os enfermos da mente e da emoção. No entanto, apesar das reais conquistas, um número vasto de enfermos não se enquadrava nas diagnoses psicopatológicas estabelecidas. Eram os obsessores. Atenazados pelos Espíritos perturbados e vingativos, enfermos em si mesmos por efeito do comportamento moral em reencarnações anteriores, resgatavam os delitos sob o açodar das aflições, escoimando-se das impurezas que adquiriram na leviandade a que se entregaram. Abordou a terapia espírita perfeitamente concorde com a aplicada pelo Cristo nos portadores de subjugação dita demoníaca, acrescentando que o esclarecimento da personalidade perturbadora redundava no reequilíbrio do paciente.

A tese cresceu, no desfecho final, ensejando-lhe uma análise rápida, embora, dos distúrbios obsessivos que dominam boa parte da sociedade, e para os quais o Espiritismo é o único antídoto, "resposta do Céu generoso aos angustiados apelos do homem sofrido".

Ao encerrar, o aplauso espontâneo e demorado falou da gratidão e do respeito geral. Havia lágrimas em muitos olhos. Diversas pessoas se identificaram com o orador e o assunto eloquentemente abordado.

Passada a palavra a Armindo, que estivera psicografando a mensagem, fez-se o feliz coroamento da temporada.

Firmada por antigo fundador da cidade, muito querido de todos, este se reportou às origens do burgo, no passado, quando se lutara contra o meio inóspito e as hostilidades naturais do aborígene e das distâncias geográficas... Agora eram lançadas as fundações da cidade espiritual, embora antes, à sombra da cruz, que simbolizava então a fé, se criara a comunidade dos homens ambiciosos pelas riquezas... Descrucificado, Jesus agora ressurgia para libertar das ilusões e despertar para as realidades profundas do Espírito eterno, que ruma para a Imortalidade em triunfo, apesar de viver na mesma imortalidade, porém, encarcerado... As considerações incisivas apontavam novos rumos, terminando com uma conclamação ao estudo da vida e à reflexão da fé, para alcançar-se uma vivência de paz.

O ambiente, impregnado por peculiar magnetismo, reunia aquelas pessoas diferentes numa mesma vibração, que as irmanava, produzindo uma empatia geral, da qual se defrontava em larga escala uma intensa emotividade.

Os visitantes eram considerados como membros de um mesmo clã que os unia, familiares queridos que, em retornando de uma viagem, recompunham o grupo que lhes anotara a ausência.

Estabeleceu-se um círculo de conversação proveitosa com perguntas e respostas bem elaboradas, quais representassem as instruções finais de um salutar programa de estudos felizes.

Lentamente, as pessoas que mais se acercaram foram-se despedindo e, só mais tarde, os Primeva e os seus hóspedes chegaram ao lar.

Após o lanche, a conversação prosseguiu, em família, afetuosa, e novos programas foram propostos com vistas ao futuro.

A esperança os alentava, deixando para o passado, para o esquecimento, quaisquer teimosas lembranças de tristeza e sofrimento.

Todos os filhos de Guilherme e D. Augusta se afeiçoaram ao tio e ao magistrado, que os haviam cercado de carinho e bondade sem afetação.

Armindo pudera rever aqueles Espíritos em luta pela redenção, evocando alguns com os quais mantivera contato antes que se reencarnassem.

De Annette, para os pais e irmãos, recebera uma comovedora mensagem, na qual ela apelava para a união e a vigilância, aprofundando orientações dirigidas a Tarcílio, que lhe parecia preocupar.

O enfermo da alma recebera passes revigorantes naqueles dias, e, muito tocado pela ternura do tio, pedira-lhe para o acompanhar por algum tempo, numa tentativa de recuperação, dando prosseguimento à terapia iniciada.

A genitora não animou o irmão a levá-lo, conforme lhe confidenciara num momento em que o assunto foi trazido à baila. Ela reconhecia que a pesada cruz deveria repousar sobre os seus e os ombros do marido. Temia uma crise do filho, que a não tivera durante aquela temporada.

Todavia, como a insistência do jovem se fizesse muito grande e Armindo aquiescesse, concertou-se que ele viajaria, ficando com os membros da família por um mês, sob a assistência de Célia, que continuava a mãe devotada de todos.

À hora da despedida, na estação ferroviária, D. Augusta pressentiu que não voltaria a ver o irmão, com os olhos físicos, e, não sopitando a aflição, prorrompeu em pranto, no que os filhos foram solidários, embora sem dar-se conta do significado daquela hora.

Guilherme deixou-se dominar pela tristeza, porquanto aqueles lhe haviam sido os dias mais felizes dos últimos tempos.

Os amigos que os foram abraçar, tendo à frente o coronel Arcoverde, não ocultavam a amizade que havia florescido neles, e, sob essas impressões de afeto e dor, retornaram os trabalhadores ao lar, trazendo Tarcílio, embevecido e sonhador...

A pausa de felicidade concedia o tônico vigoroso para as lutas de iluminação em que os testemunhos se dão a cada hora, neste mundo de "provas e expiações", onde a verdadeira paz ainda não pode viger.

9

A infâmia e o choque de retorno

pós a partida dos queridos visitantes, a família Primeva retornou aos hábitos anteriores, sentindo, porém, o imenso vazio que ficara no lar.

Aqueles dias de ação cristã intensa fizeram que retrocedessem ao passado, quando nos primórdios da Revelação Espírita, após a rude peleja da obsessão.

Naquela oportunidade, todos viviam as expectativas de felicidade e, mediante o intercâmbio espiritual constante, hauriam renovação e coragem, fortalecendo os sentimentos na própria luta.

As obrigações de família, a rotina perniciosa foram como ferrugem destrutiva nas engrenagens do entusiasmo, alterando as atividades que, lentamente, se fizeram substituídas por compromissos outros, considerados importantes, no entanto, de menor significação.

As reuniões domiciliares permaneceram como fonte de renovação e vida, impedindo que, de todo, fenecesse a chama da fé por falta do combustível que é a ação.

Daqueles encontros hebdomadários nasceu o grupo de estudos e experiências mediúnicas, atendendo a poucos necessitados.

Tant bien que mal.[53]

Agora, graças à força das realizações públicas e ao *sangue novo* dos amigos, flamejavam as labaredas da atividade, prenunciando um futuro promissor.

---

53. *Tant bien que mal* – Antes assim que pior.

Não imaginavam os esposos Primeva que os testemunhos diante dos ideais abraçados não se fazem esperar, chegando, invariavelmente, com rapidez, qual reação comburente que modifica a estrutura dos metais.

Ainda não se tinham acalmado os ânimos mais exaltados, e o engenheiro Santayana, mancomunado com os reacionários religiosos da comunidade, resolveram encerrar aquele capítulo de revolução filosófica, mediante bem tecida intriga.

O chefe de Guilherme despachou um sequaz com destino à sede central da repartição, levando informações falsas e documentos adulterados, que deveriam demonstrar a leviandade do servidor, apresentado como panfletário e venal, gerando distúrbios na cidade, para prejuízo da imagem da entidade onde mourejava, graças ao seu lamentável envolvimento com bruxarias e superstições.

Pedia-se, por fim, que ele fosse removido para um núcleo distante, onde se acalmasse e não desse curso ao malfazejo labor a que se afervorava com tal entusiasmo.

Se bem foi instruído o intermediário, este melhor se desincumbiu da investidura, ampliando com pusilanimidade o rol da calúnia e dizendo-se um dos representantes da comunidade ultrajada...

Sem qualquer escrúpulo, o encarregado do pessoal, a quem se destinavam os documentos e informações, tomou as providências que melhor lhe pareceram, encontrando uma frente de trabalho, num projeto rodoviário em andamento, na Amazônia... Tratava-se, dessa forma, de um exílio ardilosamente estabelecido.

O mensageiro retornou exultante, menos de uma semana após haver viajado.

Na primeira ocasião, antegozando a vingança que lhe brotava do inconsciente profundo, o chefe mesquinho mandou chamar Guilherme ao seu gabinete.

Sem maior delonga e com rispidez, como sói acontecer com os fracos de caráter, passou-lhe o memorando, no qual estava exarada a sua transferência por urgente necessidade de serviço.

Ao lê-lo, o funcionário empalideceu, emudecido, quase desmaiando.

Olhos fixos no servidor, o Sr. Santayana ficou, momentaneamente, penalizado, reagindo, porém, de imediato, e fruindo a sensação da vitória, o poder do bruto, do primitivo, sobre a vítima indefesa.

O pranto chegou-lhe da alma que, num relance, examinou a gravidade da ocorrência inditosa.

Mais de quatro lustros se haviam passado desde que ali chegara, recém-casado, construindo, com probidade e honradez, a família que lhe constituía base da vida tranquila. Enfrentara dificuldades com estoicismo e sofrera dores extenuantes sem queixas. Ali enterrara a sua doce Annette. Os outros filhos se iniciavam na vida, quando perdera a função gratificada, sofrendo rude golpe financeiro... Agora, quando aguardava a justa aposentadoria pela compulsória do tempo de serviço, deveria enfrentar amargo recomeço.

Guilherme já era um homem com mais de cinquenta anos, cujas resistências físicas diminuíam, sem o entusiasmo aventureiro dos jovens. Pela mente em aturdimento naquele instante, via-se na Floresta Amazônica, longe do lar, entre desconhecidos e alguns sabidamente malfeitores.

Nesse momento, não pôde evitar que as lágrimas transbordassem, contínuas.

Com a voz embargada, agradeceu a notícia, e, sabendo-se detestado, levantou-se para sair.

– *Nenhum comentário, engenheiro?* – rugiu o chefe. Ele agora desejava gozar o prazer sobre o infortúnio alheio.

– *Nada, senhor. Está tudo bem!*

– *Esses espiritistas são mesmo um mistério!* – grunhiu, em provocação.

– *Não tanto assim* – redarguiu o interlocutor, que não perdera a calma, embora a dor e o impacto da notícia. – *O único* mistério, *que será desvendado, é claro, trata-se das razões sórdidas, certamente, do ato que me transfere.*

Colhido pela resposta inesperada, o outro arguiu:

– *Acusa-me de algo,* engenheiro? – a palavra fora grifada com sarcasmo.

– *Não, colega. A sua consciência, sim, é que o acusa. Nada mais tenho a declarar.*

O Sr. Santayana esboçou um sorriso irônico; não se poderia saber se era de prazer ou se se tratava de um esgar nervoso.

O servidor retornou ao lar, abatido, em desfalecimento de forças.

A esposa, que jamais o vira em tal condição, afligiu-se, correndo para ele, a fim de inteirar-se do motivo que o angustiava.

Sem poder verbalizar os sentimentos, a decepção e a dor que o dilaceraram, explodiu em pranto convulsivo, quase incontrolado.

A senhora segurou-lhe as mãos e elevou o pensamento a Deus, sentindo-se impulsionada a pousar a destra sobre a cabeça do marido, que ardia sob a tensão nervosa que o dominava.

Temendo um derrame cerebral, induziu-o com calma, seguramente teleguiada por abnegado benfeitor espiritual, à paciência e à coragem.

– *Não nos esqueçamos* – falou com meiguice – *de que jamais recebemos o que não merecemos. Após as excelentes dádivas com que fomos brindados, não nos podemos surpreender com o que nos venha a acontecer. Não há mal que nos faça mal, exceto se sintonizarmos com ele. Assim, asserene-se e conversemos. Para cada problema, a sua própria solução, e para cada dificuldade, uma específica ajuda. Não estamos a sós, meu querido...*

A interferência lúcida de D. Augusta e as energias que ela lhe transmitia acalmaram-no, permitindo-lhe narrar o desagradável acontecimento.

Igualmente surpresa, a esposa ouviu e, resignada, tranquilizou-o:

– *Se assim for, aceitaremos o desafio-provação, e o Pai, que a ninguém abandona, proverá. Que isto não nos turbe a paz, levando-nos ao desespero.*

– *Que será das crianças?* – interrogou, magoado. – *Se as levarmos, será necessário interromper-lhes os estudos, o trabalho do Júnior... E as condições na região hostil? Se aqui ficarem, estaremos divididos...*

– *Pensemos com cuidado. Há prazo para apresentação na nova sede?*

– *Sim. Por lei, um mês após a assinatura do ato. Temos, desse modo, pouco mais de vinte dias.*

– *Então, sugiro-lhe apresentar um recurso, com uma exposição de motivos e, se nada for favorável, ainda dispomos da possibilidade de uma licença, por algum tempo, sob a alegação de* interesse particular.

– *Mas, assim, não terei salário.*

– *Não importa. Todos trabalharemos como sempre, enquanto a situação se resolve.*

– *Eu não desejo sobrecarregar a família...*

– *Nem a família deseja extenuá-lo, perdê-lo. Agora, recuperemos a serenidade e programemos o que nos cumpre fazer. Não é justo que soframos por antecipação, quando as Leis Divinas, interferindo, de momento, podem tudo mudar. Mais tarde examinaremos, após orar, qual a primeira e melhor providência a tomar.*

Guilherme aceitou o alvitre sensato e, sem discutir, buscou renovar-se.

O espinho da angústia, porém, permaneceu cravado no peito, macerando-o.

À tarde, retornou ao trabalho como de hábito.

A notícia sigilosa, marca da traição que era o segredo, espalhou-se como rastilho de pólvora no qual caísse uma fagulha.

Diversos colegas vieram solidarizar-se com ele, e as versões desencontradas passaram ao comentário que ganhou as ruas...

Dizia-se, quase unanimemente, que aquela transferência fora sugerida como reação da mesquinhez dos interessados em afastar o espírita da cidade, após o retumbante êxito do seu trabalho.

E acertaram, os que assim se referiam.

Juntando pedaços de conversas ouvidas aqui e acolá, os funcionários, que estimavam o colega, lograram quase recompor o nefando conciliábulo da infâmia.

Desse modo, foi impossível manter-se em silêncio a indigna atitude.

Dela tomando conhecimento, o coronel Arcoverde foi visitar Guilherme e inteirar-se, pessoalmente, do que houvera acontecido.

Homem probo, de rígidos princípios morais, culto e veraz, conforme já o constatamos, sem rodeios pediu ao engenheiro que lhe narrasse o fato perturbador.

Guilherme relatou em breves palavras o sucedido, entregando-lhe o memorando.

De temperamento forte, o visitante não ocultou a revolta, explodindo:

– *É uma trama sórdida para retirá-lo daqui. Não ficará assim. Também tenho amigos na capital da República e garanto-lhe que não silenciarei ante a injustiça, inclusive, se necessário, encabeçarei um abaixo--assinado dirigido a quem de direito, impedindo que esta abjeção se concretize. Tranquilize-se, porque eu sou seu amigo, e muito reconhecido pela luz intelectual que me projetou na mente teimosa, através desta Doutrina que me chega no crepúsculo da vida, como uma das mais expressivas dádivas colhidas nesta existência. Os amigos são a mais alta conquista do homem, desde as expressões do instinto até as elevadas posições angélicas. Examinando o Cristo, com a visão espírita, reservo-me, nestes últimos dias, a satisfação de chamá-lO Mestre ou Amigo. Assim, não tome providências precipitadas nem se agaste.*

– Pensei em redigir um recurso ao diretor da repartição, na Capital Federal. Que lhe parece?

– É o passo legal primeiro e mais viável. De minha parte, irei descobrir como se originou e desenvolveu a trama, a fim de desmanchá-la na própria fonte.

Tomadas essas decisões, a conversa rumou para o inevitável tema do Espiritismo, originando-se uma agradável tertúlia, que transcorreu rica de recordações dos dias passados, dando lugar a planos auspiciosos para o futuro, tão logo se resolvesse a questão pendente, que certamente seria solucionada de forma feliz.

Ao despedir-se o venerando amigo, a confiança restaurou em Guilherme a paz e o bem-estar.

O coronel Arcoverde era homem decido, não postergando deveres.

No dia seguinte solicitou uma entrevista ao diretor da repartição, havendo sido recebido de imediato no seu gabinete.

Após as saudações, abordou, sem delongas, o assunto que o levara ali, indagando:

– A cidade foi colhida de surpresa com a desagradável notícia da transferência do engenheiro Guilherme Primeva para uma frente de trabalho rodoviário na Floresta Amazônica. Sem a intenção de imiscuir-me nas decisões funcionais, venho, no entanto, ao chefe local saber a respeito da procedência desse ato, que chega às vésperas quase da aposentadoria do digno cidadão. Poderia dizer-me algo que aclarasse a nebulosa e sórdida providência?

Embora houvesse percebido o móvel da entrevista, o Sr. Santayana não esperava que esta se desenrolasse em clima de aspereza.

Assim, com a dissimulação dos covardes, o interrogado procurou transferir a responsabilidade para o órgão superior, informando:

– Nós outros, igualmente, fomos notificados dessa decisão, que nos chegou de improviso, sem que antes fôssemos consultados – ele esperava com essa saída encerrar o assunto.

– Quer dizer que o senhor de nada sabia, nem teve ingerência direta na sua elaboração?

– O amigo está extrapolando o limite da nossa entrevista. Trata-se de um interrogatório?

– Ainda não! Procurei-o, diretamente, porque sou um cidadão portador de inteireza moral, sem rodeios nem meias-atitudes.

O senhor chegou a esta cidade há alguns anos e talvez ainda não nos conheça como deveria. Encontrou aqui, em função respeitável, o engenheiro Guilherme Primeva, que foi destituído de uma chefia por motivos que são apenas do seu conhecimento... A sua animosidade contra ele é sabida e comentada. Isto, todavia, são problemas entre ambos, que não nos dizem respeito. Nossa comunidade sempre lhe tem destacado com admiração, havendo-o acolhido e a família com carinho e consideração. A mesma deferência concedemos ao engenheiro Primeva e seus familiares, que têm honrado o nosso povo mediante conduta irreprochável. Trabalhador útil, a todos nos cativou desde a primeira hora pela humildade e nobreza de caráter.

Fez uma pausa para, sem rebuços, melhor penetrar na questão.

— Recentemente — prosseguiu —, como é do seu conhecimento, pois que público, ofereceu-nos uma semana de extraordinária contribuição intelectual e filosófica através de familiar e hóspede que assinalaram profundamente aqueles dias, atingindo-nos, em grande número, com uma visão otimista e feliz da vida.

Ainda não se apagaram as claridades culturais do evento e esta borrasca desaba sem preâmbulos, intentando afastá-lo daqui.

Pergunto: para o lugar que ele ocupa virá alguém substituí-lo ou não se fará necessário?

O Sr. Santayana estava rubro de cólera. Pusilânime, receara dissentir do respeitável visitante que, digamos a verdade, não tinha o direito de questioná-lo. Fazia-o porque conhecia a vileza moral do visitado.

Desejando parecer inocente de qualquer interferência indigna, o interlocutor respondeu:

— Virá, sim, um substituto, porque a sua função ficará vaga.

— Isto quer dizer que ele é necessário?

— Digo que a função não pode ficar sem titular para o trabalho de responsabilidade que representa.

— Então, não há lógica na remoção de dois funcionários.

— Como dois?

— O que sairá e o que chegará. É mais econômico e mais prudente que o candidato ao posto daqui seja encaminhado à vaga na Amazônia. Exceto se pesar algo contra a conduta do transferido...

Era uma isca apresentada ao visitado, que a mordiscou com cautela.

— Contra a conduta funcional do Guilherme nada há...

— *Deve ser, certamente, contra a sua moral.*

— *Não o diria assim... Parece-me, no entanto, que um funcionário do governo não se deve intrometer em questões que perturbem a opinião pública, sem sofrer as consequências da sua imprudência.*

— *Como assim?*

— *Conforme o coronel declarou, a semana de conferências e atos atentatórios à fé católica perturbou muitos cidadãos, que ficaram desgostosos com o engenheiro...*

— *Agora está claro. No entanto, recordo-lhe que, felizmente, já não estamos na Idade Média e que logo mais o homem não será somente terrestre, mas espacial. Outrossim, vivemos num país de comportamento laico em matéria religiosa, onde o direito de crença pertence à liberdade de consciência.*

Eu assisti e participei de todos os atos públicos e de um único privado, e engrandeci-me moral, intelectual e espiritualmente, vivendo horas das mais felizes da minha existência atual, nada encontrando que atentasse contra a "fé católica". Digo mesmo que ali foram apresentados os recursos e fatos que comprovam a validade da fé religiosa, graças à irrefutável demonstração da sobrevivência da vida à morte e da extraordinária Justiça de Deus a que se reportam as religiões sem o demonstrarem, todavia.

Aí está, pois, o busílis. Eu sabia que fora tramada aqui a conspiração.

— *Sinto-me atingido com esta colocação injusta. O senhor coronel por acaso está acusando-me de conspirador?*

— *Ainda não! Mas eu o farei publicamente, quando possa prová-lo. E se o for, denunciá-lo-ei a quem é de direito por infâmia e indignidade no exercício da sua função. Em caso contrário, pedirei desculpas, porquanto o que a cidade viu e aplaudiu mais a engrandeceu e felicitou, ultrapassando tudo quanto se podia esperar e foi, a princípio, recebido com a reserva necessária...*

Agradeço-lhe a gentileza de receber-me, e, como primeira providência para reparar este lamentável erro, iniciarei, hoje mesmo, um abaixo-assinado solicitando a permanência da vítima em nossa cidade.

A perplexidade estampou-se no semblante do administrador, que se denunciara, qual ocorre com todo culpado que não consegue esconder a consciência intranquila nem a presunção dominadora por muito tempo.

O coronel afastou-se, deixando o interlocutor a cismar, considerando a afoiteza, que certamente lhe traria os dissabores que pretendera para o seu servidor.

Enquanto o homem não vencer os *instintos agressivos* que o fazem violento, passando a agir com retidão, sem a infeliz postura de prejudicar o próximo, colherá sempre o rescaldo dos incêndios que promover, arriscando a paz e o equilíbrio.

Não apenas são violências a atitude agressiva que esbordoa e fere, o crime público, a sanha selvagem, o homicídio, o assalto, a violação espúria, mas, também, os planos infames que prejudicam outrem, urdidos e realizados em gabinetes elegantes, a calúnia e a infâmia, o escorchar dos preços de utilidades vitais, o desrespeito ao direito alheio, o ciúme, a inveja...

O primeiro dever de um homem repousa no respeito à dignidade e aos valores do seu próximo, daí decorrendo os seus próprios direitos.

Enquanto não viger o amor no comportamento humano, refletindo, quando nele alguém se contemplar, a face do seu irmão, e daí ao infinito, a desdita semeará os dissabores para aquele que a difunda, objetivando alcançar os outros.

O amor promove a honra e sustenta os valores da dignificação humana, construindo uma sociedade mais justa, mais compatível com os foros de civilização nos quais se diz assentar.

O engenheiro Santayana, naquela mesma noite, recorreu ao religioso que compartia das responsabilidades da sua atitude, relatando-lhe a entrevista mantida com o coronel Sebastião Arcoverde.

O sacerdote, por sua vez, inteirou-o da altercação que tivera com aquele senhor, quando da *semana espírita*, como passou a ser denominada.

Não havia, no momento, alternativa senão esperar.

As listas para as assinaturas pedindo a permanência de Guilherme na cidade começaram a circular referendadas por uma comissão de pessoas distintas que as subscreviam primeiramente.

Dois dias depois, o engenheiro deu entrada no protocolo da entidade a um recurso, solicitando ao chefe, conforme a praxe, encaminhá-lo à instância superior.

A cólera e o medo simultaneamente passaram a assediar o engenheiro Santayana.

Neste comenos, o portador da documentação difamatória apresentou-se e propôs ao atemorizado amigo:

— *Podemos resolver o problema de outro modo. Em minha fazenda eu tenho quem solucione este impasse de forma definitiva, retirando o inimigo de cena...*

— *Você enlouqueceu?! As proporções do escândalo seriam imprevisíveis. Agora é tarde, pois que já é do domínio público e qualquer reação de nossa parte produzirá efeitos inimagináveis, contrários a nós próprios.*

Aguardemos! Haverá alguma outra saída. Esperemos a reação da sede.

A trama abjeta colhia os envolvidos nela, arrastando-os para os abismos desconcertantes da revolta e da insegurança.

O estigma do mal sempre fere primeiro aquele que o desencadeia, num inevitável *choque de retorno* a quem o agasalha e o promove.

10

PROVIDENCIAL INTERFERÊNCIA DIVINA

Os partidos logo se apresentaram com linhas bem demarcadas graças ao comportamento dos seus aficionados. O primeiro era o grupo que defendia a honorabilidade do engenheiro Guilherme, lutando pela sua permanência na cidade, comandado pelo coronel Sebastião Arcoverde, que reunia intelectuais, alguns livres-pensadores e a grande massa; o segundo era o partido conduzido pelo sacerdote e pelo engenheiro Santayana, que se constituía pelos católicos ortodoxos, pelos beatos e muitos inescrupulosos que sempre se comprazem nas contendas e nas perseguições gratuitas. Por fim, havia os indiferentes, os neutros, os que aguardavam os acontecimentos, informando que a luta era dos poderosos, e que eles, portanto, se extinguissem.

O partido religioso, assim chamado pela voz popular, que se apresentava para combater o materialismo e a bruxaria, que diziam grassar desenfreadamente na cidade, graças às artimanhas fetichistas de Guilherme, blaterava: *On verra de quel bois je me chauffe.*[54]

A conduta retratava a tradição imperialista ancestral dos religiosos que pregavam a paz em nome de Cristo e fomentavam a guerra para o bem-estar de Mamon; que mantinham aposta na face a máscara da mansuetude e nos lábios a palavra suave, preservando no coração o ódio e a dureza dos sentimentos.

Por sua vez, o grupo conduzido pelo coronel Arcoverde revidava na palavra vibrante do chefe: *Tirer au clair.*[55]

---

54. *On verra de quel bois je me chauffe* – Eles vão ver com quem se meteram.
55. *Tirer au clair* – Tirar a limpo.

Aclarar tudo era a primeira meta, desmascarando a hipocrisia, para depois manter o caluniado no seu lugar e, talvez, recuperar-lhe a função miseravelmente retirada.

– Nunca perdi uma luta – esclarecia o coronel. *– Isto porque as causas em que me empenho são as da justiça e tomo sempre o partido dos fracos, dos oprimidos...*

Sim, era verdade. Todo o seu empenho se dirigia para o bem da comunidade. Era homem probo e trabalhador. A sua austeridade moral, que lhe respaldava a autoridade, era a marca defluente de uma vida sem jaça, de um passado sem mancha.

Enquanto os ânimos se exaltavam e cada lado buscava conquistar adeptos, chegou ao lar dos Primeva uma correspondência de Armindo, narrando o retorno feliz, agradecendo a hospitalidade e os ensejos de trabalho espiritual edificante, fazendo-se acompanhar de uma página psicografada que lhes dirigira o mentor do grupo.

O sábio instrutor abordava os acontecimentos sem rodeio, convidando Guilherme à paz, especialmente por ser ele a vítima do ardil traiçoeiro.

– Quando ocorrem conosco – elucidava em certo trecho *– acontecimentos que não desencadeamos conscientemente, mesmo que lamentáveis, produzindo dores, é que os merecemos e deveremos recebê-los com dignidade e harmonia íntima.*

Não que sejamos apologistas da injustiça ou anuamos com a submissão sem defesa ante a arbitrariedade, num comportamento masoquista, alienado.

O direito de defesa, a necessidade do esclarecimento fazem parte de qualquer confronto moral, de toda acusação.

Referimo-nos à conduta cristã pacifista, que caminha ao lado do estoicismo, da dignidade.

A consciência do dever rigidamente cumprido propicia serenidade ao homem e enrijece as fibras da fé, emulando-o até o holocausto da própria vida, quando se torna inevitável.

O idealista é mais feliz quando tomba na liça do que ao apagar-se-lhe a vida física na lentidão do desgaste orgânico. E se assim ocorre, mediante o deperecer de forças, ei-lo otimista, confiante, ensinando pelo exemplo.

Nas refregas em que se apresentam as paixões de grupos, os resultados são sempre prejudiciais, mesmo para os que triunfam, porque o rescaldo dos ódios permanece aparentemente apagado, no entanto, reacende sob a ação de quaisquer combustíveis que lhe estimulam as labaredas.

Guilherme e senhora fizeram uma pausa na leitura, para uma breve avaliação do seu conteúdo.

A verdade é sempre cristalina, sem adorno, sem posturas dúbias; define-se e apresenta-se luminosa.

É certo que o engenheiro em transferência não desencadeara aqueles acontecimentos; antes, fora neles arrojado, por um como por outros contendores.

A advertência chegava, todavia, no fragor da luta.

Após rápida reflexão silenciosa, o casal prosseguiu a leitura.

– *O que nos acontece* – afirmava o missivista do Além – *é o de que necessitamos, sempre melhor para o processo evolutivo se soubermos aceitar a ocorrência e retirar dela os resultados salutares.*

Confiar em Deus sempre, agindo com retidão, é a mais segura conduta do homem que crê, aguardando a Sua superior interferência, que ocorre quando menos se espera.

O amor, expressando-se em não violência, é força que ninguém dobra e que nunca se dobra ante nada, degenerando na agressão que os opositores provocam e aguardam.

O exemplo máximo, ao lado de outras vítimas inocentes que a História registra, foi Jesus, o Crucificado sem culpa e sem rancor dos Seus oponentes.

A mensagem referia-se a esperanças e vitórias futuras, não, porém, desses triunfos que se convertem em conflitos íntimos ou se estruturam no material da ruína alheia.

Terminada a leitura, os esposos se abraçaram numa efusão de ternura, perfeitamente conscientizados das suas responsabilidades espirituais, do agravamento das circunstâncias, da volúpia humana pelas lutas vãs.

– *Intentarei cessar a peleja* – falou, por fim, Guilherme – *apresentando a mensagem ao coronel Arcoverde e afirmando-lhe a minha decisão de carregar esta cruz conforme determinado pelo Pai...*

– *É uma resolução feliz* – respondeu D. Augusta –, *porquanto o assunto tomou um vulto inesperado, indesejado, liberando antigas rixas de famílias rivais, que agora vêm a campo, apoiando este ou aquele contendor, entretanto, dando prosseguimento aos seus antigos desatinos, como se estivessem em defesa dos interesses da comunidade...*

O assunto ficou encerrado ante o alvitre, e os deveres do dia, no lar, retomaram o seu curso.

Tão logo se delineou o ensejo, Guilherme procurou o coronel Arcoverde e apresentou-lhe a comunicação espiritual que, após lida, ensejou-lhe informar a disposição de retirar o recurso apresentado à sede e aceitar a transferência.

O amigo não se opôs, todavia, asseverou:

– A injustiça perpetrada contra você abre comportas para o caudal da desonra, emulação para novos crimes.

A sua aceitação pessoal revela o seu caráter concorde com a sua fé pacificadora.

A nossa comunidade tem também o direito de preservar os valores da honra que dá segurança aos que a constituem.

Não lograremos mudar a face conturbada e malfazeja do mundo, apesar disso não nos cabe cruzar os braços, sendo o dever nosso iniciar ou dar prosseguimento ao labor da verdade contra a infâmia, do bem contra o mal, embora os riscos disso decorrentes. Não combato o infame, senão a sordidez que nele domina, como não persigo o criminoso, mas não permito que a impulsão vandálica de que se faz portador destrua os inocentes.

O engenheiro cresce no meu conceito com a sua retirada corajosa, exemplo de valor moral, ao mesmo tempo que me estimula a prosseguir com a sua causa, que representa o direito dos oprimidos, dos injustiçados...

Guilherme tinha túmido o peito pelas emoções, e lágrimas lhe marejavam os olhos.

Sem uma palavra, apertou a mão do nobre amigo e retirou-se tranquilo, reconhecido.

Periodicamente a entidade rodoviária era visitada por inspetores procedentes da sede central com tarefas especiais ou com misteres mais específicos.

Nesse ínterim, chegou uma comissão de auditoria para exame pericial de contas e outras providências.

A ocasião não poderia ser mais oportuna.

No mesmo dia, seus membros perceberam a movimentação e a pesada *psicosfera* do ambiente, vindo a saber dos fatos com os exageros das informações provindas de fontes equívocas.

Despertada a curiosidade, os auditores passaram, a partir de então, a auscultar uns e outros, inquirindo o engenheiro Santayana, que fez um relato muito do seu agrado, despertando maior suspeita.

Guilherme foi convidado a uma conversação amistosa, na qual pudesse apresentar a sua versão dos fatos, iniciando-se uma nova fase do *affaire*.

Um dos membros da comissão era cultor da Metapsíquica[56] e interessava-se pelas manifestações e ocorrências paranormais.

Embora essa pesquisa científica estivesse algo ultrapassada desde que Richet se afastara do campo da investigação, a partir da sua aposentadoria compulsória pelo limite de idade, remanesciam adeptos e estudiosos independentes em toda parte.

O Dr. Egas Pacheco logo percebeu a trama que se desenrolava contra o engenheiro, identificando como fator causal a perseguição religiosa.

Ele se deixara atrair pela pesquisa dos fenômenos paranormais quando estudante de Direito, defrontando-os, em formas estranhas de *apport*, de obsessão e loucura, na *república* onde residira durante o período letivo.

Ouvira falar das interferências demoníacas e espirituais na vida dos homens, no entanto, desprezou tais conceitos que lhe pareciam impossíveis de comprovar-se.

Os fatos aconteciam diante dos seus olhos, sem qualquer possibilidade de fraude. Objetos *voavam* sem contato humano, arrebentavam-se outros, desde que uma jovem interiorana viera auxiliar nos serviços da pensão.

Acoimada de ser feiticeira, embora a sua ignorância e ingenuidade sobre o que sucedia ao seu redor, era a primeira a temer os fenômenos que a afligiam e terminavam em grosseiras convulsões que a prostravam demoradamente.

Pessoas *entendidas* foram chamadas para solucionar a dificuldade, sem qualquer êxito.

Por fim se revolveu o impasse, quando a jovem foi mandada de volta às suas origens.

---

56. Metapsíquica – É a ciência que, segundo a definição do Prof. Charles Richet, o seu fundador, tem como "objetivo os fenômenos, mecânicos ou psicológicos, devidos a forças que parecem ser inteligentes ou a poderes desconhecidos latentes na inteligência humana" (*Traité de Métapsychique*). Este termo foi por ele proposto em 1905, sendo unanimemente aceito por outros cientistas.

♦

Este é o meio mais fácil da comunidade solucionar desafios, como aliás sucede com a sociedade contemporânea, industrializada, que se vendo incapaz de resolver os urgentes dramas da fome, da doença, da miséria e da morte, a fim de ser feliz ignora-os como se não existissem, e esse comportamento se torna tão anestesiante que, para essas consciências distantes da aflição, do sofrimento, eles realmente não existem.

Infelizmente, para estes que dormem, sempre chegam os momentos de os encarar face a face, em si mesmos, quando colhidos pelos dramas morais, as enfermidades, ou sentem a aproximação da morte...

Alucinados, buscam soluções simplistas conforme a vida que tiveram, recorrendo à *caixa de Pandora*[57] que parece guardar prêmios e concessões, defrontando, no entanto, males mais perturbadores.

♦

A partir de então buscou respostas para aqueles curiosos fenômenos.

Infenso a esclarecimentos religiosos, por abraçar conceitos materialistas, veio a travar conhecimento com as investigações metapsíquicas, pelas quais passou a interessar-se.

Agora, diante de Guilherme, que era um sensitivo sob os camartelos da perseguição promovida pela intolerância, interessou-se pela sua causa.

Ouviu-o, desse modo, com cuidado, sem trair-se, impressionando-se fortemente com o magnetismo e a personalidade do acusado.

Como seria de esperar-se, o coronel Arcoverde e alguns amigos, em comissão, solicitaram uma entrevista aos auditores e apresentaram as ocorrências com franqueza e correção.

Terminado o encontro, os senhores prontificaram-se a recorrer à sede, tomando as providências que anulassem a transferência e mantendo o clima de paz na comunidade.

Assim aconteceu.

No relatório final das suas atividades foi anotada a ocorrência e se fez referência ao comportamento irregular do engenheiro Santayana,

---

57. *Pandora* – Personagem da Mitologia Grega, que corresponde à primeira mulher criada por Hefasto, por ordem de Zeus, sendo assim, semelhante a Eva, porém, portadora de uma caixa onde estavam guardados todos os males. Atena dotou-a de todas as graças e beleza e fê-la vir habitar a Terra. Casando-se com Epimeteu, o primeiro homem, este abriu a caixa e espalharam-se as calamidades, pelo mundo, ficando apenas, no fundo, a esperança.

que se utilizava do cargo que exercia para pressionar pessoas e retirar outros proveitos da situação...

A conduta do cavalheiro era reprochável sob vários aspectos, agora relacionados, e, de uma ou outra forma, passada ao conhecimento público.

O que antes era uma cilada contra Guilherme tornou-se uma armadilha para o seu inimigo, que nela mesma tombou.

Menos de um mês após a auditoria, o engenheiro Augusto Santayana foi removido para outra cidade, e veio substituí-lo outro funcionário, que reconduziu Guilherme à função que houvera perdido.

Nestas circunstâncias, antes da viagem, o Sr. Santayana foi homenageado com um ato litúrgico na igreja, em desagravo pela *injustiça* sofrida, e os seus partidários viram-se obrigados a uma retirada conveniente, constrangedora.

– *Perde-se uma batalha* – afirmou, no sermão, o padre Geraldo –, *mas se ganha a guerra, que é o importante, mesmo que seja exigido um sacrifício sobre-humano. Ninguém perde por esperar...*

A ameaça ficava como uma *espada de Dâmocles*[58] sobre a cabeça de Guilherme.

Na sucessão dos dias, o assunto foi superado, e as mágoas, silenciadas no algodão do esquecimento.

O Dr. Egas Pacheco passou a corresponder-se com Guilherme, com quem palestrara noutras oportunidades, em torno da sua sensibilidade, das explicações espíritas sobre os fenômenos paranormais, lamentando não poder participar, naquele ensejo, das reuniões, em razão da função que exercia e por pudor administrativo, evitando suspeitas em relação ao seu comportamento.

A ponte da amizade franca e a lealdade fraterna fora, porém, estabelecida, ensejando um trânsito de opiniões e comentários ricos de ensinamentos para ambos os missivistas.

---

58. *Espada de Dâmocles* – Símbolo do perigo que ameaça um homem quando em prosperidade, embora aparente. Dâmocles era cortesão do tirano Dionísio, o Antigo, que o fez sentar-se no seu trono, durante um festim, para receber todas as homenagens no seu lugar. Este ficou inebriado pelas honras que lhe eram oferecidas, acreditando-se o mais feliz dos homens, até quando percebeu que sobre a sua cabeça estava uma espada muito afiada, segura somente por uma crina. O choque lhe foi tal que derrubou a taça de vinho que segurava.

A refrega ameaçadora cedera, portanto, lugar à calma e ao bem-estar geral.

O prenúncio do mensageiro que escrevera por Armindo confirmava-se, demonstrando que a Divindade possui recursos providenciais para equacionar dificuldades, sem contendas nem paixões odientas, geradoras de lutas infelizes.

Quando os homens confiarem mais em Deus e na Sua Justiça, dialogarem mais frequentemente sobre os seus problemas e se desarmarem intimamente, uns em relação aos outros, a guerra baterá em retirada, deixando-os em paz.

11
RETORNO AO PASSADO CRIMINOSO

Armindo reencontrara a cidade em calma, sem as agressões à sua pessoa ou ao Espiritismo, como antes, amiúde, sucedia.

Superado o episódio de D. Leocádia, que se tornou discípula consciente e estudiosa da Doutrina, passando a dirigir o setor de assistência aos necessitados, no Grupo Espírita, nenhum acontecimento digno de nota ocorreu.

A excelente conduta dos espiritistas silenciava a boca das acusações, respondendo, com atos dignos, às calúnias e aos doestos frequentes.

Armindo continuava a residir com Célia, cujos dotes do espírito eram relevantes. Sempre abnegada, recebeu o sobrinho que viera para temporada, em companhia do tio, com entusiasmo e dedicação.

Passados os primeiros dias e volvendo à rotina, Tarcílio se foi desvelando.

Célia percebera os traços que caracterizam o mongoloide, na face do jovem parente. Embora não soubesse identificar tais síndromes, percebeu que os portadores daqueles sinais são, invariavelmente, pessoas limitadas, de comportamento difícil, Espíritos em provas de áspera reabilitação moral, o que o irmão lhe confirmou, sem detalhar quanto ao passado espiritual do hóspede, evitando qualquer cor de antipatia apriorística.

A cidadezinha sem atrativos e o jovem sem compromissos contribuíram para que se vinculasse, para desgosto de seus anfitriões, a outros desocupados, com os quais, de pronto, se entrosou.

A *Lei das Afinidades* responde por essa sintonia que propele os semelhantes a uma identificação e companheirismo imediato.

Embora os pais ignorassem, o rapaz já se houvera iniciado, às ocultas, em experiências alcoólicas. Certamente que as pequenas doses ainda não lhe alteravam o comportamento, gerando, porém, as primeiras marcas de uma dependência futura com efeitos funestos.

A estada do tio e do Dr. Hélio, em sua casa, distraíra-o, despertando-lhe área diferente de interesse.

As conversações demoradas, os fenômenos positivos, atraentes, agradaram-no, e, inconscientemente, sentiu que ali estava um filão de prazer e poder, não saberia definir o que o fascinou de pronto.

Agora, enquanto o tio passava todas as horas do dia no trabalho digno para a aquisição do pão e a tia se afadigava nos deveres domésticos, ele dispunha de muito tempo que não tinha como aplicar.

Adversário natural dos bons livros, já que não tivera condições de frequentar a escola, conforme recordamos, nem se sentia atraído pelo estudo, igualmente detestava qualquer outro serviço profissionalizante.

Era um problema, um parasita inveterado. E como sói acontecer com tais personalidades psicopatas, fazia-se exigente, creditando-se méritos que não possuía.

A convivência gera, nas pessoas deseducadas, como nas instáveis emocionalmente, um desrespeito moral que lhes permite uma intimidade sem limite, da qual se precipitam para os atritos por nonadas.

Os homens de bem se fazem ponte de intercâmbio, facultando companheirismo elevado, comunicação constante em benefício das demais criaturas. Os atormentados facilmente se tornam obstáculos, gerando mal-estar, comprazendo-se em complicar as coisas, exalando antipatia.

São toscos e agressivos quando sorriem, gargalham com desequilíbrio, e o semblante se contorce em esgares.

Na sucessão dos dias, o jovem rebelde passou do pedido natural de dinheiro para algumas coisas secundárias às exigências para atender dissipações.

Ia às reuniões para familiarizar-se com os frequentadores, e, abusando da condição consanguínea de Armindo e Julião, começou a explorar os amigos da casa.

Em conversação gentil e indireta, Armindo, que lhe percebeu a conduta irregular, admoestou-o, convidando-o à retidão. Já não se tratava de um adolescente ingênuo, mas de um moço atingindo a idade da razão.

Nunca faltam pessoas inescrupulosas, em toda parte, que acobertam as falhas do caráter com hábil dissimulação. Pela própria conduta

Árdua ascensão

julgam a das demais pessoas, acreditando-se insinuantes, convincentes, e, quando não logram o sucesso no que desejam, partem para os métodos do mercantilismo, da chantagem indireta, enfim, das técnicas com as quais se acostumaram.

O tempo dos irmãos abnegados era repartido sábia e rigidamente entre os deveres da profissão, da família e do exercício religioso. Não lhes sobravam horas de folga. Recolhiam-se ao leito, extenuados, sempre muito tarde, e levantavam-se cedo, de modo a atenderem todos os compromissos sem atropelos, em ordem e com tranquilidade.

Crescia, cada vez mais, o número daqueles que desejavam consultas, orientações, diálogos, conforto moral a todo instante. Apesar de eles se dedicarem três noites por semana ao atendimento público, sempre se apresentavam aqueles que solicitavam critério e exceção ou que não chegavam no dia e hora regulamentares.

Personalidades consideradas distintas escusavam-se de ir às reuniões públicas, por preconceito, solicitando entrevistas e audiências fora do horário estabelecido, produzindo desagrado e atrito injustificável. Teimavam, mas não podiam ser atendidas, reagindo com expressões chulas e agressões verbais desconcertantes.

Quando algumas delas perceberam a maleabilidade moral de Tarcílio, passaram a assediá-lo para intermediar pedidos, e daí à compra de favores foi um passo.

A princípio, sem o perceber, Armindo fez algumas concessões, aquiescendo ao interesse do sobrinho, que parecia prestativo e piedoso. No entanto, prontamente lhe percebeu a insânia e exprobou-lhe a ação nefasta, negando-se a anuir a qualquer solicitação por seu intermédio.

Nem assim o moço mudou de procedimento.

Continuou a aceitar moedas sob o compromisso de conseguir favores espirituais do tio para com os seus recomendados. Levava-os ao lar, no momento habitual em que aquele retornava do trabalho, constrangendo-o ao atendimento irregular, apressado, pela premência de tempo, em face dos compromissos imediatos na Casa Espírita.

Porque a situação não se alterasse, Célia passou a usar de franqueza sem retoques com os *clientes*, quando trazidos ao lar, não os deixando entrar, embora a insistência do *corretor*.

Como seria de esperar-se, sob pressão moral, o enfermo explodiu em cena chocante, que se não complicou graças ao equilíbrio dos familiares.

Foi o ponto máximo suportável, e Julião foi convocado a levá-lo de volta, com instruções de não afligir os seus pais, embora não os deixando em desconhecimento das causas do retorno.

À saída, ao invés da gratidão, sentindo-se vencido nos propósitos inferiores, o aturdido ameaçou o abnegado Armindo, vociferando:

– *Há muitas formas de desforço. Eu hoje o conheço e sei como são cometidas as suas trapaças sob o véu da humildade. A mim, você não engana...*

O olhar estava esgazeado, a boca num ricto cruel, a face pálida e o corpo trêmulo.

Tarcílio volvia à vinculação inditosa com os sequazes do passado e acelerava o passo pelo sombrio corredor da loucura...

Não houve reação por parte do acusado ou dos demais familiares que presenciaram a cena.

A verdadeira humildade é estoica, enfrentando as circunstâncias graves sem perder o equilíbrio, sem revide nascido na ira ou estimulado pelo rancor.

A vítima olhou-o com profunda compaixão, penetrando-o além do corpo e do tempo-hoje.

A libertação dos vícios é batalha que se tem de travar com decisão, sem espaços que permitam reincidências...

Aquela reencarnação fora programada com carinho e nela se investiram muitos recursos de amor, que agora enfrentariam a prova de resistência. Sem o teste de avaliação, falecem os critérios conclusivos em qualquer exame de ocorrência e procedimento.

A mediunidade dedicada ao bem é laboratório para superiores experiências evolutivas, no qual o medianeiro aprende a vivência do amor, tornando-se exemplo vivo dos ensinamentos de que se faz intermediário.

A gratidão, entre os homens, é moeda rara, ainda desconhecida, cujo altissonante valor permanece ignorado.

Os que são gentis, quando servidos, têm voz canora ao pedir, e sorriso nos lábios ante a necessidade para a qual requisitam proteção, mas

Árdua ascensão

modificam-se, assumindo postura indiferente ou rude, se convidados a repartir com os outros ou agradecer aos benfeitores.

As mãos abertas para a colheita crispam-se no momento da distribuição.

Assim, escasseia a fraternidade e rareia a beneficência.

O apostolado do bem requer Espíritos decididos, convictos da imortalidade, cujas metas não se limitem ao túmulo, dele alongando-se aos confins da eternidade.

Os médiuns, que são os modernos porta-vozes da sobrevivência do ser à tumba, são homens com as mesmas ansiedades e imperfeições de todos, que devem superar, no serviço da solidariedade, mantendo íntima compreensão fraterna ante os desafios e tormentas da vida nas relações humanas.

Armindo sabia-o e entendia.

A faculdade mediúnica era a sua *via crucis* libertadora.

Não se fazia mártir, quando sofria, nem exibia as exulcerações em processo de cicatrização, abrindo-se em novas chagas ante as repetidas agressões.

Sorria e mantinha a jovialidade. Parecia feliz, e o era, porque aquele que encontra Cristo e se deixa permear pelas Suas lições, preferindo segui-lO, torna-se ditoso, mesmo quando acicatado e sofrido.

Não cultiva o pessimismo, porque possui respostas para todas as causas da tristeza e dos problemas, triunfando sobre si mesmo, na área das paixões inferiores e tendências negativas. Certamente não é um santo, todavia, empreende o esforço da santificação.

Médiuns da vida somos todos, mais especificamente nos referimos àqueles homens sensíveis à interferência dos Espíritos desencarnados, que se vinculam aos compromissos imortalistas sem dissociarem os deveres terrenos da sua pauta de realizações.

Estão em permanente vigília, num constante intercurso psíquico, mantendo-se no mundo físico sem alienação ou esquisitice.

Sua docilidade é independente das decisões morais que não anuem com o erro, não compactuam com a indecência.

Vulgarmente se acredita que a bondade é pachorrice, quando não se a confunde com demência.

Crê-se que a pessoa gentil e bondosa deve estar sempre de acordo, favorecendo a extravagância e a desordem.

A bondade real é aquela que ajuda e educa, disciplina quando se expressa, porquanto, exemplificando pelo comportamento reto, faz-se lição viva de elevação moral. Assim, tem credencial para negar, quando necessário, admoestar e corrigir.

O exercício correto das faculdades mediúnicas impõe disciplina e vontade firme para colimar os objetivos que persegue.

Desse modo, o estudo, o amor e a prática sistemática do bem devem presidir todos os tentames mediúnicos, em quem, seriamente, deseja educar e aplicar as suas forças parafísicas com sabedoria e propriedade.

✦

Tarcílio foi recebido sob forte apreensão familiar, quebrada pela presença de Julião, que, pela segunda vez, visitava a irmã, o cunhado e os sobrinhos.

A ausência do rapaz havia sido providencial nos dias transatos, quando espocaram os problemas já referidos.

A distância, não pôde participar das dificuldades que os irmãos mais responsáveis emocionalmente enfrentaram sem envolvimento pessoal que complicasse a situação.

A estada de Julião seria breve, pois que ali estava em gozo de licença conseguida especialmente para aquela finalidade.

Assim mesmo, tomou parte em dois eventos do grupo: um, de caráter público, quando narrou diversas experiências ao lado de Armindo, comentando informações dos Espíritos em perfeita consonância com as instruções kardequianas, impressionando os ouvintes que o cercaram, crivando-o de perguntas, respondidas com simplicidade e profundeza; o outro, de natureza privativa, mediúnico, no qual a sua palavra, rica de vivências, foi escutada por encarnados e desencarnados com agrado geral.

D. Augusta e Guilherme foram informados dos incidentes causados pelo filho, e não puderam ocultar o desgosto.

– *Nosso filho* – referiu-se o engenheiro –, *conforme nos recordamos, é uma existência em perigo. Esforço-me por amá-lo, e ele me desconcerta com palavras irônicas; tento desculpá-lo, todavia ele me atira espículos certeiros com mordacidade segura; busco entendê-lo, no entanto, ele revida...*

Vejo agravar-se o seu estado psíquico e cheguei a ter esperança de que, na convivência com Armindo e os outros familiares, ele assimilasse maior soma de sabedoria e correção moral.

— *Tenhamos em mente* — interrompeu-o o cunhado — *que não é fácil a libertação em cuja luta se encontra. Ainda ontem se apresentava como nosso verdugo, agora já caminha ao nosso lado, mais tarde participará do nosso amor.*

No mundo, andamos ao lado uns dos outros e não nos conhecemos, embora vivamos juntos, por anos a fio. Só agora, com a revelação espírita, é que estamos aprendendo a caminhar para servir os outros, não é verdade? Tê-lo ao nosso lado é uma bênção, até o dia em que ele esteja conosco e consigamos viver para ele, é a proposta da atual reencarnação para nós todos.

— *De acordo. Pressinto, porém, que ele nos crucificará, na primeira oportunidade, utilizado pelas "forças do mal", embora jamais duvidemos das "forças do bem". Sucede que é mais fácil a sintonia com as primeiras, que grassam, dominadoras, em razão do nosso primarismo moral que lhes dá vitalidade.*

Até esse momento, não temos alternativa, senão esperar.

Nos poucos dias em que o tio permaneceu ali, Tarcílio manteve-se distante, magoado e silencioso, com manifesta animosidade, que procurava não dissimular.

Era provocador e ríspido. Os familiares sentiam-se constrangidos, e o visitante compreendia a injunção desagradável.

Concluída a tarefa, o trabalhador retornou aos seus quefazeres, deixando saudades.

Os pais nada disseram ao rapaz, evitando tormenta antes da hora.

Ele sabia, porém, que eles estavam informados dos seus erros.

Como justificativa das aberrações morais, partiu para o ataque mendaz, assacando calúnias em defesa própria.

— *Estou desolado com os tios...* — desabafou, à mesa, após a refeição, na ocasião que lhe pareceu própria. — *Aqui, eram gentis comigo, com todos nós, e o foram lá, aos primeiros dias. Depois, como se eu fosse um réprobo, foram-me deixando de lado, em razão dos afortunados que tinham para prestar subserviência, agradar e lucrar com a sua convivência... Pareciam envergonhados, desagradados da minha presença, como se eu fosse um cão leproso...*

Guilherme rompeu o silêncio desagradável, contristador, e, procurando falar com calma, disse-lhe:

— *Nesta casa não se censura ninguém ausente, especialmente os nossos familiares referidos, credores do nosso máximo respeito, gratidão e amor. Portanto, não prossiga.*

— *Tem medo da verdade?* – investiu, irreverente e agressivo.

— *Você não conhece verdade alguma, meu filho, nem tem critério honesto para julgamento. Por favor, não vá adiante.*

— *É porque você não deseja ser também desmascarado, desde que é comparsa deles. Pensa que eu não sei, que não observei o que se passou aqui, quando um deles esteve acompanhado pelo juiz?...*

Guilherme empalideceu do choque e da calúnia ímpar.

Percebendo a gravidade da situação, D. Augusta interveio, acercando-se do filho, intentando silenciá-lo:

— *Falaremos sobre isso noutra hora, porque após a refeição temos necessidade de paz, a fim de não perturbarmos a digestão.*

— *De que tem medo, mamãe* – desafiou-a, colérico –, *que está sempre acobertando falhas e justificando os erros deste homem?*

A senhora ficou lívida e pôs-se a tremer. Era o cúmulo da insânia do filho.

Jacinto, o filho mais velho, que se controlava a esforço ante o atrevimento e mentiras do insensato, levantou-se e esbofetou-o várias vezes, afirmando:

— *Você necessita é disto...* – e aplicou-lhe bofetões. – *Se você tivesse sido freado a tempo, seus insultos não chegariam a tal ponto.*

A cena do pugilato foi rápida. Os dois tombaram ao solo, engalfinhando-se em luta fratricida, que os pais e demais irmãos, alarmados, apartaram à força.

Com um filete de sangue a escorrer-lhe do canto da boca, Tarcílio vociferou:

— *Eu te matarei, miserável!* – apontou o irmão enraivecido, que a genitora buscava acalmar, enquanto o pai e os demais irmãos o detinham. – *E a ti eu destruirei com o meu ódio. Nunca te perdoarei, nem a ele, o traiçoeiro...* – referia-se ao genitor e a Armindo.

O passado misturava-se às alucinações do presente, rompendo-se as comportas do inconsciente.

A cena dramática assinalava a chegada de novas, rudes provações para a família.

Novamente escureciam os céus domésticos sob as tempestades da ira e da infeliz vingança, desatinos causadores de outros infortúnios para os seus responsáveis.

Video meliora proboque, deteriora sequor,[59] poderia Tarcílio repetir no íntimo essas palavras de Medeia, conforme Ovídio, no canto VII, 20, das *Metamorfoses.*

---

59. *Video meliora proboque, deteriora sequor: Vejo o bem, aprovo-o e faço o mal.* Aplicável ao homem de caráter fraco que compreende o bem, o que é certo, mas aceita e pratica o mal, com o qual se compraz, não podendo resistir às tentações.

12

Mergulho no abismo da loucura

A crise que tomou Tarcílio não amainou. Foi necessário atá-lo ao leito, à força, mediante constrangedora ação dos familiares. Debatendo-se num furor surpreendente, foi acometido de uma convulsão epiléptica muito violenta, e por pouco não desencarnou.

Nesse ínterim, o clínico foi convocado e não pôde ocultar a gravidade do problema.

Medicou-o conforme a circunstância, sugerindo que fosse mantido preso ao leito, como medida preventiva a qualquer atitude alucinada. Prontificou-se a retornar mais tarde, sinceramente preocupado.

Passado o acesso epiléptico e sob a ação da substância calmante, o enfermo dormiu, inquieto, várias horas, sob a assistência da mãezinha consternada, enquanto o genitor rumou ao serviço da tarde.

A agitação do paciente não desapareceu, porquanto, mesmo adormecido, estremecia, debatendo-se ou intentando-o, como se padecesse de angustiosa tribulação.

Com a pertinaz má vontade contra o próprio progresso espiritual e em face dos desalinhos emocionais constantes, as comportas do inconsciente profundo libertaram as impressões arquivadas mais violentas, que agora assomavam, afligindo-o.

Os minutos antes da decapitação na guilhotina e o ruído da lâmina descendo fixaram-se-lhe tão terrivelmente em forma de pavor, que agora eram revividos em extrema agonia.

Mesmo sedado, foi abatido por nova convulsão, e toda a noite passou sob estertores e delírio.

Os pais permaneceram ao seu lado, em unção e ternura, orando e envolvendo-o em irradiações de paz, com que diminuíram o seu estado desesperador.

Tarcílio não recobrou a consciência, mergulhando na loucura e, paranoico de constituição que já era, teve acelerada a degenerescência por efeito das doses de alcoólicos ingeridas.

Foi recomendado o internamento no manicômio da capital, onde poderia ser tratado com remota possibilidade de retorno.

Em verdade, a sua recuperação era muito difícil, não obstante, o tratamento lhe poderia restituir a sociabilidade, a capacidade de viver com relativo equilíbrio.

Tomadas as providências compatíveis, dois dias após o incidente acelerador da alienação, Guilherme levou-o à casa de saúde.

Sedado cuidadosamente, seguiu viagem sem gerar problemas.

Enquanto o veículo ganhava as distâncias, Guilherme reflexionava em torno da justeza das Leis Divinas.

– *Há pouco mais de um quarto de século* – recordava-se –, *Augusta, sob a ação perniciosa de Leclerc-Antoine, Espírito impiedoso e vingativo, fora conduzida àquele hospital para tratamento mental.*

A obsessão que padecia, imposta pelo verdugo, levara-a às raias da loucura. Reencarnado, era a sua vez de expungir, marchando para o mesmo recinto de dores coletivas onde arrojara a sua vítima...

A renovação pessoal e a claridade da fé ao seu alcance não foram por ele aceitas, o que teria evitado esse transe, para todos muito mortificante. Mas a sua sistemática rebeldia e contínua animosidade contra todos desencadearam os acontecimentos que atingiam aquele clímax indesejado por quantos o amavam.

Guilherme recordava-se de que, diferentemente do que sucedera à esposa, na obsessão, com o filho Tarcílio o problema decorria do seu próprio estado espiritual, cujos suportes emocionais, frágeis, argamassaram um sistema nervoso deficiente, instável.

Retomando o fio das meditações, analisava:

– *O Espírito encarnado era o enfermo, calceta e desconfiado, temperamental e iracundo, enjaulado no corpo que lhe sofria as descargas vibratórias e se desarticulava. Graças a esses motivos atraíra velhos comparsas dos antigos delitos, bem como aqueles que lhe foram vítimas, complicando a patologia da loucura com a interferência obsessiva.*

O esforço do paciente, que no caso em tela se recusou a tentar, embora os apelos constantes do amor e as lições exemplificadas no lar, poderia ter impedido aquele episódio cruel, porquanto modificaria a forma de ele encarar a vida e respeitar o próximo.

É certo – concluíra – *que ninguém ajuda senão a quem se faz receptivo ao auxílio e incorpora-o ao seu* modus vivendi. *O comum são as pessoas desejarem ver-se livres das situações prejudiciais criadas, mediante a transferência para o esforço alheio, como quem se libera de uma carga, impondo--a a outrem para conduzi-la.*

Guilherme não se pôde furtar às lágrimas, porquanto, embora tivesse dificuldade no relacionamento com o filho, por prevenção deste, amava-o. A princípio cultivara a piedade, enquanto vencia uma certa repulsa que ele lhe causava. Com o tempo, terminou por afeiçoar-se-lhe, transformando o primeiro sentimento em ternura e afeto.

Como última reflexão, o engenheiro considerou, mentalmente:

– *Eis aí um exemplo dito de loucura por hereditariedade. A genitora tivera aquele quadro, que agora o filho apresentava.*

Um observador, distante do conhecimento das Leis da Reencarnação, jamais detectaria que o fenômeno ocorria independentemente dos fatores genéticos, decorrente, sim, das causas antes movimentadas e agora em colheita de efeitos danosos.

Certamente este era um caso especial, como outros tantos, que não poderia ser incluído nas psicopatogenias estudadas nas universidades desconhecedoras das razões espirituais.

Quiçá, outras expressões de loucura se enquadrem nas heranças genéticas.

Tinha os olhos cerrados, e o cansaço amolentava-o.

Não se sentia fracassado no tentame, já que reconhecia os esforços envidados, confiando no futuro, que é a resposta da vida através do tempo.

✦

O homem, informado a respeito da finalidade da vida, deve investir esforço e sacrifício por vencer-se e alcançar a meta que o desafia.

Vivendo em sociedade, tem o dever de afadigar-se para contribuir pelo seu desenvolvimento, aprimorando-se e melhorando as estruturas da comunidade com que torna o mundo mais digno e a vida mais nobre.

Frui das conquistas que os seus antecessores legaram, no entanto, por sua vez, promove meios de evolução sempre compatíveis com a realidade do ser integral, e não somente a do seu corpo perecível.

Falta muito esclarecimento nos grupos humanos a respeito do que é a criatura e qual o seu destino, conspirando a ignorância em favor da perversão dos móveis reais da existência.

Todos temos um compromisso responsável com o próximo e com o grupo social em que nos movimentamos, que é o de cooperar para o seu engrandecimento e a sua iluminação. Obviamente, sem imposição de ideias, todavia, através da contribuição otimista e lúcida da nossa conduta e da nossa palavra sempre que solicitada.

✦

O paciente ficou internado conforme a sugestão do clínico. O seu estado era lamentável.

O genitor retornou confrangido, havendo sido informado de que a primeira visita deveria dar-se um mês depois, quando o enfermo já estivesse melhorado, após adaptar-se ao nosocômio, o que ocorria somente algum tempo transcorrido.

D. Augusta recordava-se do quanto sofrera, no passado, durante o internamento hospitalar.

Sensível e afetuosa, amava aquele filho transtornado, havendo-se imposto o propósito de resgatá-lo de si mesmo, da sua infelicidade.

Tomando conhecimento, pelo marido, de como transcorrera a viagem, acalmou-se, procurando refúgio na esperança e na oração.

Nas reuniões mediúnicas do grupo, foram ouvidas diversas Entidades envolvidas no drama de Tarcílio, que receberam conforto moral e orientação própria, cada uma a seu turno.

As evocações à *Noite de São Bartolomeu* e à *Revolução Francesa* foram semelhantes às anteriores, quando da obsessão da genitora do enfermo.

O passado, sempre presente, continuava com a sua ingerência poderosa no comportamento dos envolvidos, nos tormentos de agora.

Jacinto, que de certo modo desencadeara a ruptura da linha da realidade em Tarcílio, através da agressão, entrou em amargo sofrimento, começando a fazer um quadro depressivo, do qual os pais se esforçavam por arrancá-lo, conseguindo-o sob vigoroso sacrifício.

Árdua ascensão

O filho que até então se mantivera indiferente às questões espirituais, apesar de respeitá-las, passou a meditar, aceitando o convite amoroso da mãezinha a fim de participar das reuniões de estudos, nas quais conseguiria reconforto e renovação.

A dor arrebanhava mais um ser à escalada da montanha evolutiva, sob a meridiana luz da fé espírita.

Antes mesmo, quando da estada do tio e do Dr. Hélio no seu lar, fora solidário participante das atividades, mas não se quisera vincular a elas.

Era jovem e anuía ao conceito falso de buscar o gozo, sem envolvimento religioso, não obstante a boa formação moral.

✦

Esse conceito de que a Religião é para idosos tem sido causa de larga faixa de equivocados.

A fé religiosa é tônico de fortalecimento da alma e de ação vigorosa para o corpo, pois que lhes preserva a saúde mental e física, ao mesmo tempo que proporciona muitas alegrias ao jovem.

Na terceira idade, a fé constitui, não raro, conforto moral e esperança, sem embargo a falta de forças se torna impedimento para realizações que assinalem, na vida, o trânsito dos indivíduos seguros da sua imortalidade.

Sem uma forte consciência religiosa, particularmente estruturada na razão, o jovem se aturde com facilidade e assume compromissos que o arrastam a situações penosas, que poderiam ter sido evitadas.

É a juventude o momento áureo da vida física, quando se estabelecem as bases definitivas de toda a existência corporal.

Ser jovem é manter-se idealista, sem marcas do passado, que examina sem enrubescer, sem receio do futuro, que enfrenta.

Essa postura, durante os *anos verdes* da adolescência, propicia enorme bem-estar e gozos inefáveis.

✦

Inevitavelmente, a notícia da crise de Tarcílio e o seu consequente internamento hospitalar ganhou as ruas.

Diziam, os inimigos do Espiritismo, que tal sucedera como decorrência das superstições nele inculcadas pelos genitores e pelo tio, considerados, mui injustamente, por uns, como endemoniados, por outros, como embusteiros.

Até mesmo o padre Geraldo, com certa satisfação antipastoral, reportou-se ao caso veladamente, comentando durante o sermão dominical a cura do endemoniado gadareno realizada por Jesus, e o efeito macabro dos que se adentravam em mancomunações diabólicas, terminando por enlouquecer...

As reuniões prosseguiam com um expressivo número de adeptos, que se confortavam com as palestras públicas, duas vezes por semana.

Guilherme, dominando as emoções, abordava os temas de esclarecimento, sem trair o seu estado íntimo.

D. Augusta, por sua vez, dava curso aos labores mediúnicos e fluidoterápicos, com a mesma integridade e paz.

Somente entre os amigos mais afetuosos que os interrogavam eles apresentavam considerações em torno da enfermidade do filho, deficiente mental desde o berço.

Reportavam-se às causas transatas geradoras de problemas dessa natureza, embora sem as detalhar, demonstrando segurança espírita diante das vicissitudes e constituindo-se em exemplos dignos de ser seguidos.

Por outro lado, o alienado e obsesso percorria as estações expurgadoras, sob a conveniente terapia convulsiva através do eletrochoque.

Apesar do desarranjo da emoção, que impedia a lucidez da consciência, em espírito acompanhava e padecia a injunção confrangedora que o martirizava.

O orgulho, que lhe minava as fibras morais, sofria os aguilhões da circunstância, mais o revoltando, já que se considerava na condição de vítima, ao abandono, ralado por sofrimentos que teimava por não aceitar.

Essa íntima luta mais lhe dificultava a recuperação do equilíbrio.

Os genitores informaram a Armindo e ao Dr. Hélio, ficando este de acompanhar as notícias do doente, porque residia na capital, e transmiti-las à família.

O tio apiedou-se do extravagante e passou a cooperar mentalmente, utilizando-se da oração e do concurso dos benfeitores espirituais.

Dr. Hélio, tão pronto teve ensejo, buscou o psiquiatra encarregado do pavilhão onde Tarcílio se encontrava, a fim de colher informações.

A anamnese ainda estava incompleta em razão do estado desolador do enfermo, e os dados recolhidos quando do internamento, enviados pelo clínico, eram insuficientes para ilustrar o caso, facultando qualquer prognóstico. Este, aliás, era sombrio, em razão de, após duas semanas desde quando dera entrada no sanatório, ainda continuar agitado...

A esquizofrenia paranoide, que o dominava, era o diagnóstico estabelecido.

Havia, segundo o médico, poucas possibilidades de recuperação.

Ele acreditava que, passada aquela fase, o doente mergulharia num estado catatônico com incidências de fúria, correndo o risco de matar ou matar-se...

Aquele era um caso, portanto, grave, que não respondia, normalmente, de forma encorajadora à eletrochoqueterapia.

Dr. Hélio foi levado a vê-lo a distância, na cela isolada, no pavilhão dos agitados.

Aquele setor psiquiátrico é sempre um espetáculo deprimente para a sensibilidade humana.

A suave linha demarcatória entre a saúde mental e a loucura ali tem o seu abismo, quando o homem parece retornar à bestialidade, descendo ao mais baixo nível do próprio primitivismo.

O paciente encontrava-se em *camisa de força*, macerado, com hematomas das pancadas que se infligira, emagrecido, penosamente desfigurado.

O psiquiatra era homem sensível; assim hipotecou ao juiz toda a assistência para o seu protegido.

Um mês depois, apesar do quadro ser menos doloroso, o médico sugeriu que se evitasse a visita de qualquer familiar, que em nada contribuiria para melhorar a situação, solicitando que fosse adiada para uma oportunidade melhor, assim poupando aflição a quem não se encontra acostumado com esse tipo de alienação.

A orientação foi aceita, e a vida manteve o seu curso.

A correnteza da vida é feita de fluxos e refluxos.

As águas que correm nos rios são absorvidas pelo calor e retornam ao curso, através das chuvas.

Assim as ocorrências humanas.

O engenheiro Santayana, transferido, sofrendo a injunção humilhante decorrente da conduta moral irregular, abateu-se fortemente, vindo a formar um quadro de psicose maníaco-depressiva, com agravantes do próprio temperamento, que mais tarde o levaria a tentativas de suicídio, não obstante frustradas, angustiando superlativamente a família.

Por uma dessas severas imposições do destino, fora encaminhado para tratamento, evitando-se que viesse a consumar a tragédia, no mesmo frenocômio em que se encontrava Tarcílio.

Dois meses depois da chegada ao hospital, o jovem passou a melhorar, sendo retirado da cela onde se achava e levado a uma enfermaria com mais amplas condições de recuperação.

Nessa oportunidade, Guilherme teve permissão de visitá-lo e fez-se acompanhar da pessoa prestimosa do juiz, que se tornou companheiro ativo e solidário, mais uma vez, durante o novo transe que a família experimentava.

Levados à sala para o reencontro com Tarcílio, este lance foi doloroso.

As marcas da loucura permaneciam nítidas, no entanto, foi o desgaste físico que mais chocou o engenheiro e o juiz.

Eles sobrepuseram-se à surpresa e intentaram alguma comunicação com o paciente, quase sem êxito.

Cessada a agressividade, estampava-se-lhe o estereótipo da catatonia em fixação. O olhar sem brilho, os movimentos lentos, o desinteresse pelo que sucedia em volta e o silêncio demonstravam a gravidade da doença.

O psiquiatra, porém, anotara na ficha que o enfermo progredia, saindo, apesar de lentamente, do quadro desesperador.

Somente ao fim da entrevista sem respostas, Tarcílio teve um relance de lucidez, os olhos e os lábios se moveram, e ele indagou:

– *Mamãe! Onde está mamãe?*

A pergunta magoada, denotando infinita aflição íntima, repercutiu fortemente no genitor, que teve as resistências destroçadas, respondendo em lágrimas:

– *Virá depois, meu filho, para vê-lo. Virá depois...*

O enfermeiro reconduziu o jovem ao leito.

Os visitantes estavam apunhalados pelo sofrimento.

Quando passavam por um grupo, no qual se misturavam enfermos e visitantes, Guilherme por pouco não tombou fulminado, porque frente a frente se deparou com o ex-chefe Santayana, que o fitava, igualmente estarrecido.

Ele desconhecia os acontecimentos lamentáveis que o trouxeram àquele hospital.

Houve um segundo de duração *eterna* de hesitação, após o qual, irrompendo em fúria, o paciente deu um grito selvagem e atirou-se contra o outro, que não teve tempo de livrar-se do assalto, tombando, agarrado pelo alucinado que intentava estrangulá-lo...

Os enfermeiros e alguns visitantes acorreram rápidos, libertaram o caído das mãos férreas do agressor, que lhe deixaram marcas rubras na garganta, e o arrancaram dali...

A esposa, que o visitava, ante a cena bestial, selvagem, foi acometida por um vágado e levada a uma sala contígua.

Atendido, Guilherme recompôs-se sob o auxílio dos presentes, recusando-se mais cuidadosa assistência. Sorveu um copo de água fresca e saiu com o amigo na direção do jardim de acesso à rua.

Acalmando-se, após se sentarem num banco, à sombra de vetusta árvore, narrou ao juiz, atônito, os antecedentes da agressão e quem era aquele agressor...

Os amigos se recuperaram do choque, e Dr. Hélio levou-o ao lar para um refazimento mais largo, uma conversação terapêutica, antes de deixá-lo na estação ferroviária para o retorno à cidade onde vivia.

O destino sempre enseja reencontros, para que o homem se recupere das próprias catástrofes que gera.

Tivesse outro comportamento o engenheiro Santayana e possuísse valor moral para acercar-se de Guilherme, o seu processo mental tomaria curso diferente, iniciando-se a sua recuperação, na saúde e na conquista do bem.

O amor é a única solução para o homem, sem o que o sofrimento é chamado ao ministério de aprimoramento.

13

VIOLÊNCIA FRACASSADA

Guilherme retornou ao lar, profundamente deprimido.

A viagem ferroviária permitiu-lhe demorada reflexão.

O som monótono dos vagões sobre os trilhos, o periódico apito da máquina e o ranger das rodas deslizando nas engrenagens produziram-lhe um tipo de hipnose dos sentidos, fazendo que ele penetrasse mais largamente na conjuntura dolorosa.

A visão dos internados no frenocômio causava-lhe indisfarçável mal-estar. Fazia-o recuar ao velho *Hospice de la Bicêtre,* onde se desenrolaram os vários dias sangrentos da revolução, para o qual se encaminhavam prisioneiros políticos indesejáveis... Ali haviam enlouquecido muitos cidadãos, qual ocorria nas masmorras infectas, medievais, onde as ratazanas agrediam os prisioneiros atirados a condições infra-humanas.

No seu "Journal", o Sr. Bertin, no fogo do entusiasmo e da paixão política, não trepidara em apontar conspiradores, nas pessoas de inimigos ideológicos, que eram arrojados a celas superabarrotadas, que a insaciável lâmina da guilhotina não conseguia esvaziar.

Quantos lares honrados e vidas nobres haviam sido destituídos?! A voragem da revolução sanguissedenta a quase ninguém poupara.

A plebe, açulada no apetite alucinado, exigia mais vítimas, e as carroças carregadas de heróis de ontem, tornados bandidos de hoje, despejavam-nas no cadafalso, onde sucumbiam.

Mulheres idiotizadas pela dor, homens hebetados pelo desespero e crianças jogadas na luta aspérrima da orfandade deambulavam como fantasmas pelas ruas em tumulto, sob o estridor da fúria dos desocupados...

As inexoráveis Leis da Vida voltavam a reunir nas *ruas do destino* os amotinados, para que expungissem e despertassem para os reais valores da existência terrestre.

O filho, imbecilizado, e o ex-chefe, enfurecido, arrebentaram-lhe as resistências morais íntimas.

A frágil linha divisória entre o equilíbrio mental e a loucura, elástica e vencida muitas vezes durante a chamada normalidade, ali se apresentava destruída, sem qualquer sinal de ressurgimento.

Somada a essa sensação, Guilherme anotara a psicosfera pestilencial, as presenças perniciosas dos desencarnados, em pugnas vergonhosas em nome de desforços bestiais...

O engenheiro sentiu-se fatigado, caindo num torpor incoercível.

Nesse estado, reassumiu a personalidade de Bertin. Misturando evocações reais com temores hodiernos, experimentou um pesadelo, do qual despertou com álgida transpiração, debatendo-se desesperadamente.

O comboio atingia, então, o destino, e a noite seguia alta.

Chegando ao lar, D. Augusta percebeu o cansaço do esposo, na palidez da face e no leve tremor que o agitava.

Após o banho reconfortante e o alimento antes do repouso, o marido narrou-lhe as vicissitudes, com melhor ânimo e mais serenidade.

Por sua vez, o engenheiro Santayana fora retirado para a enfermaria, onde, não cessando a fúria que o agitava, foi submetido à terapia sedativa de emergência.

A esposa e a filha que o foram visitar saíram traumatizadas.

Porque de Guilherme tivessem informações incorretas recebidas no lar, onde era tido como infelicitador do esposo e pai, não puderam sopitar a onda de rancor que as dominou, imaginando que ele fora ali a fim de zombar da desgraça do enfermo, ou, quem sabe, para perturbá-lo ainda mais, conforme sucedera.

As pessoas insensatas ou mal informadas interpretam os acontecimentos através do *ponto de vista* a que se fixam, não se permitindo observá-los por outros ângulos ou áreas diferentes.

De sua parte, elas ignoravam o sofrimento daquele a quem antipatizavam.

Assim, no dia seguinte, a senhora, angustiada, narraria a cena, em carta, ao padre Geraldo, descarregando as responsabilidades da piora do esposo no visitante inesperado.

Afirmava que ele o provocara, e a cena não redundara em tragédia graças à intervenção dos enfermeiros e pessoas outras prestimosas.

A missiva, chegada ao destino, produziu um impacto de ira nos simpatizantes do enfermo, que não desanimavam no propósito de recolocar as coisas nos seus devidos lugares, conforme seus pensamentos.

Entre estes, o amigo do engenheiro Santayana, que se lhe tornara emissário junto às autoridades administrativas da Capital Federal contra Guilherme, na trama frustrada, aguardava ocasião de culminar um plano que acalentava para resolver o assunto.

Ao propô-lo ao comparsa, oportunamente, este pedira-lhe tempo, conforme recordamos.

Como os acontecimentos se houvessem desenrolado precipitadamente, de maneira irreversível, ele não tivera como executá-lo.

Surgia-lhe, pois, excelente motivo, em face da *provocação* que o inimigo fora fazer no hospital.

Irracionalmente, assimilou a ideia e, convidando dois capangas, conhecidos na sua fazenda, por meio do capataz, mandou instruí-los para que aplicassem um corretivo no inimigo.

Os aliciados pertenciam ao grupo de homens que se comprazem em agradar aos poderosos que os sustentam, mediante a infeliz capacidade mental primária que os tornam mais temidos que respeitados.

São os conhecidos jagunços, primitivos e agressivos, vivenciando a fase embrionária do imediatismo animal-homem: função digestiva, reprodutora e reparadora, equivalente à comida, ao sexo e ao sono...

Alguns, quando contratados para exterminar desconhecidos, concertam a empreitada, recebendo metade do estipêndio antes do crime e o restante depois.

A fúria contra o precito inimigo os domina, fundamentados no argumento que elaboram: enquanto o estranho viver, eles estarão em prejuízo; desse modo, é necessário aniquilá-lo, a fim de ficarem bem...

Arquelau, o fazendeiro inamistoso, conhecia o *métier*, e seu capataz, alguns hábeis jagunços.

Dizia-se mesmo que ele já houvera resolvido alguns problemas de terras com vizinhos descontentes utilizando-se da "lei do mais forte" e adquirindo-as com migalhas, posteriormente.

Aliás, o método é muito familiar a inúmeros latifundiários do mundo, aos portadores de bens excessivos, aos dominadores arbitrários que variam de *técnicas,* fiéis, no entanto, ao mesmo programa de usurpação em que se comprazem.

Possuem infinitamente mais do que necessitam e, mesmo esbanjando nas orgias e extravagâncias a que se permitem, não gastam uma parte dos haveres, enquanto a miséria os espia através do olhar semiapagado da indigência, econômica e social, de bilhões de criaturas que se estiolam, vitimadas pela fome, pelas moléstias, pelo desabrigo, pela ignorância.

Tant soit peu, un tant soit peu[60] dos seus excessos absurdos bastaria para salvar vidas, dignificar criaturas, levantar a sociedade, evitando-lhe o caos em que submergirá, caso prossigam essas condições injustas, que, desenfreadas, tornam os indivíduos inevitáveis chacais à espreita dos despojos dos vencidos...

O Sr. Arquelau, inescrupuloso e venal, fácil presa das paixões selvagens, tornou-se o instrumento para novo flagício sobre a família Primeva.

Determinou que os dois arruaceiros, convidados pelo outro capanga, a seu soldo, aplicassem um *corretivo* em Guilherme, advertindo-o que, noutro encontro, a *disciplina* seria definitiva.

Isso posto, na primeira oportunidade em que Guilherme retornava ao lar, após uma reunião na Sociedade Espírita, os dois sequazes acercaram-se e o abordaram, indagando, com naturalidade.

— *Dr. Guilherme?*

— *Sim!*

— *Aqui temos um conselho para o doutor: não se envolver na vida dos outros, com a recomendação de que esta é apenas uma advertência. Noutra vez, o senhor aprenderá para sempre.*

— *Não estou entendendo.*

— *Já vai compreender.*

D. Augusta, que acompanhava o marido, foi afastada com brutalidade e, prestos, os agressores retiraram da cinta, sob o paletó, dois relhos

---

60. *Tant soit peu, un tant soit peu* – Um bocadinho, um pouco que seja.

de couro cru, com três tiras retorcidas cada qual, e aplicaram uma surra selvagem na vítima, dolorosamente surpreendida.

A cena brutal foi rápida.

Aos gritos de desespero a esposa chamou a atenção de pessoas que acorreram a auxiliá-los, embora tardiamente.

Guilherme foi atirado ao solo, lanhado, a sangrar, em quase estupor emocional.

Os bandidos debandaram, desaparecendo nas sombras, sem testemunhas, exceto as próprias consciências execráveis.

A interferência dos estranhos salvou-lhe a vida, porque, na volúpia a que se entregavam os meliantes, o recrudescer da selvageria levá-los-ia a pisoteá-lo, chutá-lo, romper-lhe o fio da existência corporal.

Sem delongas, ante a aflição da pobre senhora, carregaram-no e o conduziram, em solidariedade humana, ao lar.

Os filhos despertaram e acorreram em socorro ao genitor ferido.

Jacinto foi buscar o médico da família, enquanto lhe eram retiradas as roupas rasgadas pela brutalidade dos perversos...

O sangue coagulava nas bordas de alguns talhos que o relho abrira na carne, misturados à terra onde o corpo rolara...

A família chorava, desolada, e, em poucos minutos, embora o adiantado da hora, os bons vizinhos e o médico chegaram de uma só vez.

O esculápio não escondeu, na face, a surpresa que o dominou, ante os ombros, costas, peito e outras partes do corpo afetadas pelas vigorosas chibatadas.

Felizmente, a face fora poupada, pois que, num gesto instintivo, ele a cobriu com as mãos e escondeu a cabeça, curvando-se em autodefesa.

Não obstante, as mãos protetoras ficaram marcadas pelas tiras endurecidas e cortantes.

Hematomas e vergalhões misturavam-se aos cortes da epiderme...

Guilherme gemia, contorcendo-se em dores acerbas.

Enquanto o médico detinha o sangramento de alguns vasos superficiais, assepsiava os cortes e colocava substância específica, providenciando ataduras, meditava na inexplicável maldade humana ainda predominante na Terra.

D. Augusta não cabia em si de aflição, dominada a esforço hercúleo, a fim de não piorar o quadro familiar.

Neste comenos, o engenheiro foi acometido de um tremor nervoso, reação natural do organismo, logo cessando o choque, exigindo fosse-lhe aplicada uma alta dose calmante.

Quando se começou a conscientizar da agressão, a senhora, ainda traumatizada, narrou em poucas palavras o que houvera acontecido.

Tratava-se de algo inusitado, naquela cidade calma, ao mesmo tempo, chocante, para os hábitos da comunidade.

Jacinto, vendo o genitor, pacífico e bom, desfigurado pelos malfeitores, deixou-se arrastar por pensamentos doentios, maquinando como vingar-se.

– *Certamente, o crime fora programado por alguém conhecido. Qual o móvel, porém?!* – interrogava-se, como se fossem necessários motivos para que o lobo agrida o cordeiro, pior ainda, para que o homem asselvajado se arroje contra outro homem.

Logo pôde falar, recobrando a serenidade habitual, Guilherme esclareceu aos familiares inconformados:

– *Trata-se de algum equívoco, o que me sucedeu. Não tenho inimigos, nem os pretendo ter. Assim, ninguém pense em desforço nem em prender os agressores, porquanto eu não deporei contra eles, especialmente porque não os vi. Se eles se apresentarem às autoridades livremente, o problema é deles.*

Com a minha decisão, não se creia que acoberto o mal. Apenas não desejo injustiça, nem que um crime suceda a outro, sem retirar os danos já causados...

O cansaço, o debilitamento de forças e a medicação venceram-no, e ele adormeceu.

No dia seguinte, o fato causou espanto em todos os comentários.

O coronel Arcoverde, informado da vil ocorrência, veio oferecer préstimos e gentilezas, declarando que o crime fora mandado praticar e as razões eram óbvias.

Ele soubera da carta que viera para o padre Geraldo. Não obstante descartasse o sacerdote, a respeito do delito, não recusava a hipótese de que a missiva instigara alguém à ação nefasta.

De raciocínio em raciocínio ele chegara a Arquelau, que não escondia sua animosidade em relação a Guilherme.

Estava disposto – concluía severo – a sindicar quem foram os bandidos e trazê-los à cidade, a fim de os acarear com o suspeito, a quem, desde há muito, desejava desmascarar.

Guilherme, atencioso e grato, procurou dissuadir o amigo quanto a qualquer atitude dessa natureza. Deixasse o caso à polícia e continuasse em paz.

– *O agressor ou autor intelectual da agressão* – enfocou a vítima – *é desventurado. A desdita arma os fracos e robustece os fortes.*

A imagem me ocorre, evocando Pilatos, governante, e Cristo, governado. O julgador indiferente, a vítima submissa... Os tempos demonstraram quem, em verdade, foi o vencedor...

Fez uma pausa e prosseguiu:

– *Confunde-se não violência com covardia ou anuência com o crime.*

Certamente, é mais fácil acender o pavio da explosão do ódio, espicaçar os instintos vulgares da perseguição, sem qualquer real sentimento de justiça. Esta age com serenidade, enquanto aqueles, com violência. A primeira busca eliminar o mal, enquanto a outra procura exterminar o malfeitor, que é uma vítima, em si mesmo, de poderosas razões que o propelem à alucinação criminosa. A violência é a reação do instinto primário, e a não violência resulta do equilíbrio da razão. Uma é fulminadora, prejudicial; a outra é lenta, produzindo o resultado positivo de erradicar o mal e conquistar o violento para a paz.

Ante o silêncio natural, ensejando reflexões salutares aos amigos, pensativos, concluiu:

– *Não adoto uma filosofia fatalista, entretanto, sei que somente nos acontece o de que necessitamos para evoluir. Refiro-me a necessidade, e não a débitos. Tudo quanto nos induz ao crescimento íntimo com superação dos defeitos faz-se-nos instrumentos de que precisamos para a evolução. O débito é marca negativa no Espírito; a necessidade torna-se, conforme esse enfoque, anseio de elevação, estímulo para a marcha ascensional.*

A ética moral do Espiritismo deve ser incorporada à conduta, sem o que os postulados doutrinários tornam-se teorias esvaziadas de significação.

Se este comportamento é possível num homem como eu, vitalizado pela fé racional, confio que ele é factível num grupo social, numa comunidade e, por extensão, o será num país...

Em dia não muito distante, outros países o assimilarão, e a guerra cederá lugar ao diálogo que leva à compreensão e à paz; a força dará campo ao direito. Este será o logro mais importante que alcançaremos na Terra – a renovação social em padrões de justiça, de liberdade, de paz, de direitos, de vidas. Essa renovação há que começar no homem, transformando-o moralmente, de modo que ele o faça com a comunidade e assim sucessivamente.

– *Confesso-me convencido, mas não vencido pela argumentação* – concordou o coronel Arcoverde –, *embora me fosse mais fácil agir de outra forma.*

– *Sem dúvida* – anuiu Guilherme. – *O fácil nem sempre é o certo ou o melhor. Alguém tomou o caminho mais fácil, que é o atalho do crime, porém, não me venceu nem me convenceu...*

Passemos agora aos planos da fraternidade e tentemos esquecer esta surra, mais dolorosa do que eu pensava.

Os visitantes sorriram, e o bom humor se fez a tônica da conversação geral.

Nesse ínterim, o médico veio para renovar os pensos e ataduras. Notou a presença da febre e a inflamação dos tecidos agredidos, aplicando os unguentos de uso e pomada própria com pó antisséptico.

Recomendou repouso ao acamado, que padecia os efeitos graves da empresa infeliz com resignação estoica.

Os capangas, após receberem o soldo das mãos do intermediário, evadiram-se da região.

Não passaram, porém, despercebidos.

Antes de se dirigirem para a espreita a Guilherme, estiveram numa tasca malfrequentada, para um trago de aguardente estimulante, e, no entusiasmo da ignorância, comentaram algo que o balconista associaria depois com a agressão.

Outrem os percebeu com o capataz do Sr. Arquelau, e, de um comentário em outra conversa, juntaram-se as peças, chegando-se à origem suspeitada.

O delegado de polícia solicitou à vítima que apresentasse queixa-crime, porque o exame do corpo de delito comprovaria a agressão, com derramamento de sangue...

Guilherme escusou-se.

Como não houvesse denúncia, nem queixa, as providências não tiveram prosseguimento.

Mas a *boca do povo* falava abertamente da ação do mandante, que passou para posição muito desagradável, antipatizado por quase toda a população, exceto por aqueles que lhe compartilhavam a conduta, os quais se congratularam com o amigo, de certo modo constrangido por sentir-se desnudado publicamente, sem forma de justificar o vil comportamento.

A não reação do antagonista perturbou-o, levando-o a inabitual meditação.

Quando os homens despertarem, conscientemente, para a própria fragilidade orgânica e se derem conta da feliz oportunidade de paz que lhes propicia a reencarnação, mudarão de conduta, voltar-se-ão para a solidariedade, viverão em fraternidade.

Dia virá em que isto sucederá, no mesmo ritmo com que a noite, mesmo soberana, jamais escapa da luz e dos raios do Sol...

14

A DELINQUÊNCIA RESULTA EM TRESVARIOS ABSURDOS

A honra do bandido situa-se no centro da sua ganância. Portador de apetite argentário desmedido, conforme os interesses delata um ao outro, abandona o compromisso, evade-se, deixando o comparsa à própria sorte.

Decanta-se que há união entre os criminosos. Decerto que sim, tão frágil, porém, quanto a sua instabilidade de caráter.

Sem suporte moral de valores positivos, há uma luta selvagem deste contra aquele, pela usurpação do poder, qual ocorre, de certo modo, em outras áreas da sociedade.

Desconfiado, por índole e ofício, em todos vê inimigos em potencial, inimigo que se sente, por seu turno, das demais pessoas, que têm um preço no seu código de apreciação.

Ora, dali se evadindo, os dois delinquentes rumaram para os arredores da cidade, onde foram dividir o soldo.

Aquele que abordara o engenheiro, mais astuto, justificou merecer uma importância maior, pelo fato de haver-se exposto a risco mais específico, no que o outro discordou.

O contrato verbal estabelecia que a divisão seria em partes iguais. Daí nasceu uma vulgar discussão, que o álcool incandesceu, levando à luta hedionda, na qual o outro, que se sentia espoliado, sacou de uma faca e aplicou-a com certeiro golpe no agora desafeto, que tombou ensanguentado, arrebatando o dinheiro e desaparecendo, em seguida.

No dia imediato, ao entardecer, o cadáver foi levado à cidade, sendo identificado, de pronto, como o de um dos agressores de Guilherme.

Desnecessário comentar o choque do Sr. Arquelau, que passaria a sofrer o desprezo dos citadinos, conforme nos referimos já.

Não se voltaria a saber quem fora o homicida, mais tarde vitimado por outro assecla em pugna idêntica.

As afinidades propelem os semelhantes ao ajuste de contas em lutas recíprocas nas quais se arrojam.

No sanatório, o engenheiro Santayana mergulhava cada vez mais profundamente no abismo da psicose maníaco-depressiva, incontrolável.

Ensimesmou-se, alienando-se quase totalmente.

A terapêutica aplicada não dava os resultados esperados.

Dez dias após o incidente que desencadeara, burlou a vigilância da enfermagem, subiu ao terceiro andar do edifício central e arrojou-se por uma janela, arrebentando-se no piso pavimentado.

Vítima de concussão cerebral e com diversas fraturas, desencarnou em menos de uma semana, sem recuperar a lucidez.

Os familiares ficaram desolados, experimentando inominável angústia creditada ao infortúnio, que a rebeldia do extinto arrebanhara e no qual consumira o corpo.

✦

Os males que afligem o homem são, por ele próprio, engendrados, graças à sistemática presunção, que é a raiz de muitos danos que o alcançam inexoravelmente.

Vivendo para os jogos dos interesses imediatos, acumula vícios e busca prazeres aos quais se entrega sem reservas, distanciando-se de qualquer disciplina, que tem em conta de limitação de movimentos ou de punição.

Contrariado nos seus gostos e insatisfeito nas suas ambições, transita sob os impactos emocionais desgastantes, que descarrega nos demais, ou sofre sob superlativas inquietações nas quais se consome.

A vida possui um esquema de equilíbrio simples na sua harmonia real, que a insatisfação voluntariosa do ser torna complexa, rica de atavios e futilidades, nos quais aplica o tempo inútil que toma daqueles que se exaurem na servidão.

Não me refiro à falta de beleza, nem de motivações para o progresso nas diferentes áreas em que se expressa.

Reporto-me ao extravasar da arrogância, do egoísmo, da prepotência, das paixões soezes que cada um busca sobrepor aos direitos dos outros, incorrendo em violação das liberdades gerais e promovendo conflitos quando encontra outros que lhe são semelhantes, ou submetendo os mais fracos, aqueles que são tímidos ou destituídos de belicosidade.

O amor, como efeito da razão em predomínio sobre o instinto, é a solução que dilui todos esses conflitos, harmonizando as tendências que, na sua variedade, formam um espectro no qual se estabelece um ideal comum.

De qualquer forma, outro não tem sido o esforço de todos quantos acreditamos na criatura humana e nos empenhamos por auxiliá-la no encontro com ela própria, desde os primeiros dias da inteligência, no recuado dos tempos.

A quanta dor se poupa todo aquele que prefere amar e auxiliar, ao invés de odiar e sobrepor-se!

Muitos júbilos se reserva quem investe esforços pela aquisição do conhecimento para o bem, pela conquista da sabedoria para servir, pela vivência da solidariedade para promover o seu próximo.

Esses descobrem o objetivo primeiro e último da existência na Terra e preenchem as horas com luz, quais encarcerados que encontrassem na mesma cela companheiros de alma ferida e sem estímulos, vindo a constatar que todos se reúnem no mesmo recinto, mas, enquanto olhavam o céu estrelado através das grades, os pessimistas e acomodados somente viam a lama abaixo no solo que fitavam, magoados...

É impostergável o dever de convidar os encarcerados no corpo a que olhem os horizontes coloridos e o zimbório constelado de astros...

✦

À bout portant,[61] a notícia do suicídio do Sr. Santayana atingiu a comunidade que deixara fazia pouco tempo.

A consternação foi geral. Afinal, as tragédias alcançam não só aqueles que vitimam, senão também quantos se lhes encontram vinculados, de uma ou de outra forma.

Padre Geraldo, embora a circunstância do falecimento do amigo fosse duramente punida pela Teologia católica, anunciou uma solenidade

---

61. À *bout portant* – À queima-roupa.

religiosa por sua alma e, na data assinalada – oito dias após o óbito –, celebrou uma Missa com todo o aparato fúnebre.

Ao ato de fé católica compareceram, praticamente, quantos haviam conhecido o desencarnado, amigos ou antipatizantes, num gesto de homenagem à sua memória, ou numa atitude de reparação por qualquer gravame, ou por curiosidade, sempre normal em ocorrências de tal natureza.

Os espiritistas de reconhecida conduta doutrinária mantiveram-se no seu lugar, o mesmo acontecendo com outras pessoas, como o coronel Sebastião Arcoverde...

No sermão fúnebre, visivelmente irritado, o religioso reportou-se ao momento em que Jesus, atendendo ao apelo de Maria e Marta, veio a Betânia, após a *morte* de Lázaro, e, dirigindo-se ao sepulcro, mandou afastar a pedra e exclamou:

– *Lázaro, sai para fora!*

Ouvindo o chamado, o adormecido despertou e saiu à luz do dia, produzindo estupor nos circunstantes.

– *Ora* – concluiu o sacerdote –, *desde que vieram a esta cidade, os enviados de Belzebu somente produziram danos e provocaram dissabores, que culminaram na doença e consequente suicídio do nobre extinto, a quem, em nome da Igreja, absolvo do crime...*

O mal desencadeado não poupou, sequer, a quem se lhe fez portador.

Era uma arremetida contra Guilherme, cuja conduta, muito conhecida, não merecia tal agressão.

Houve um murmúrio quase geral nos presentes, que não consideraram justo nem oportuno o comentário desairoso e descaridoso ali exarado.

O culto se encerrou sem mais detalhes dignos de nota.

Todavia, apesar de absolvido pelo religioso, o suicida carpiria o efeito da própria alucinação até quando se reintegrasse moralmente nos quadros da ordem e do equilíbrio das Leis.

Armindo foi informado dos sucessos daqueles infaustos dias, em missivas escritas pela irmã que, sem sobrecarregar as narrativas com as tintas da violência nem do pessimismo, detalhava-lhe os acontecimentos.

Em vários tópicos, eram frisados os pontos positivos de cada ocorrência, ressaltando a disposição de porfiarem no dever e no ideal sob o preço de qualquer sacrifício que se fizesse necessário.

O amigo e familiar, por sua vez, comunicou aos demais membros do clã e da Sociedade Espírita, ao devotado Dr. Hélio Garcia, de modo a se unirem todos em identidade de pensamentos, auxiliando aqueles corações visitados pela dor.

A solidariedade moral, por ocasião do sofrimento, une os homens e os fortalece, encorajando-os para o prosseguimento dos seus compromissos com elevação, com honradez.

Por outro lado, Dr. Hélio estabelecera mais amplo relacionamento com o psiquiatra de Tarcílio, mantendo largas conversações, nas quais narrava as suas experiências espíritas, que despertavam grande interesse no interlocutor.

Ao longo do tempo historiou a problemática de Tarcílio – Leclerc-Antoine –, que ele acompanhara desde os primeiros dias...

A reencarnação ali se encontrava demonstrada em toda a sua eloquência, refletindo a Justiça em torno dos destinos humanos, *chave* decifradora dos muitos enigmas comportamentais, explicação única para a lógica da vida inteligente.

O Dr. Ângelo Boaventura ouvia, sinceramente interessado, assimilando os esclarecimentos para os quais esperava encontrar suportes científicos, desde que lógica e filosoficamente esse elenco de informações se lhe apresentava robusto, rico de valores intelectuais.

O juiz emprestou várias obras de conteúdo científico ao médico, que as devorou, predispondo-se a ler o codificador Allan Kardec.

Simultaneamente, Tarcílio apresentou sensível mudança no comportamento, como prenúncio de uma futura recuperação.

Dr. Ângelo, curioso e interessado pela sua alienação, dedicava-lhe mais tempo do que a outros pacientes, sem prejuízo destes, numa forma rudimentar de psicanálise, sem descuidar-se de aplicar-lhe os necessários medicamentos.

Estava em voga, à época, o uso da *reserpina* nos casos graves da PMD, com resultados muito favoráveis.

Tarcílio reagiu bem à terapia, e, com as conversações do médico, passou do mutismo habitual aos monossílabos, às frases curtas, aos diálogos.

A contribuição mediúnica do tio e dos familiares, nos dois grupos espíritas, resultava igualmente positiva, diminuindo o contubérnio psíquico desencadeado pelos sequazes e adversários desencarnados que o aturdiam na aziaga situação.

✦

Digamos que o problema da doença é sempre grave, quando o doente é o grave problema.

Normalmente, o enfermo desfalece na luta por não possuir recursos morais que o sustentem e o fortaleçam, resultado da leviandade e dos vícios que se permitiu nas experiências anteriores.

Isso, porém, não o impede de granjear títulos de enobrecimento, pelo investir de esforço e denodo, na azáfama da evolução em que todas as criaturas se encontram.

Toda tentativa que visa a adiar a queda, o gravame, constitui triunfo, conquista de espaço, hábito que se firmará e cuja repetição se estabelecerá como automatismo propiciador de futuros tentames mais audaciosos.

Quem se recusa o esforço de renovação tomba no *fatalismo* da recuperação pela dor.

Sem dúvida, uma mente fraca ou obstinada, sofrendo as cargas de tensão, em si mesma geradas, abre campo para inúmeras patologias que se instalam no corpo ou na emoção, produzindo danos compreensíveis, às vezes, insanáveis...

Quem crer e porfiar até o fim, este será salvo! – afirmou Jesus, com incontestável sabedoria.

Para crer é necessário saber e, sabendo, poder conquistar qualquer impedimento, haurindo, daí, força-estímulo para porfiar na empresa encetada, assim alcançando a meta que o desafia.

A verdadeira fé resulta do conhecimento daquilo em que se crê e da finalidade da crença, que proporciona emulação para o esforço e mesmo para o sacrifício em favor do que se busca.

Pode-se adquiri-la por experiência paranormal ou por estudo incessante.

Aquele que hoje a tem, natural, espontânea, sem esforço, trouxe--a de ontem, quando a conseguiu mediante o emprego dos recursos disponíveis para lográ-la.

Nenhum milagre há, na fé, senão o do esforço e da busca exaustiva, que coroam o candidato com o êxito da realização íntima.

Árdua ascensão

✦

Jacinto fizera-se abnegado e humilde enfermeiro do pai, renunciando a qualquer pensamento de desforço, ante a elevada postura dele.

Renovara-se e crescia espiritualmente.

Havia harmonia no lar dos Primeva e entendimento entre os diversos membros que o constituíam.

Diminuíam, assim, as provas ásperas da família e parecia que novo dia estava para raiar.

15

Tarcílio retorna ao lar

Surpreendentemente, Tarcílio, sob a assídua assistência do psiquiatra, recuperou a sociabilidade, adquirindo condições de retornar ao lar, desde que prosseguisse sob controle, tomando com regularidade a medicação preservadora do seu equilíbrio.

Por sugestão do Dr. Ângelo, o juiz foi incumbido de reconduzi-lo no retorno à família.

Antecipadamente informados, os parentes aguardaram-no em clima de simpatia, abertos para o recomeço, embora a natural preocupação dos pais em relação ao futuro.

Durante a viagem, apesar de deixado inteiramente à vontade, e por isso mesmo, ele quase não conversou com o magistrado.

No íntimo, sentia-se acabrunhado, receoso. Não saberia explicar a razão por que tinha o peito opresso e taquicardia, que eram resultado natural da ansiedade e da tensão emocional.

Recordava-se dos fatos que o levaram ao sanatório, e o rancor contra Jacinto turbou-o por momentos.

Parecendo perceber-lhe os conflitos sem palavras, Dr. Hélio chamou-o à realidade da viagem, mostrando-lhe a Natureza.

A primavera aqui sorria em flores miúdas e ali espocava em festões coloridos, contrastantes com o campo e as folhagens na variedade luxuriante dos tons verdes.

O dia era um cromo de rara beleza, que convidava ao otimismo, à alegria.

A oportuna observação esmaeceu, no convalescente, as tintas do rancor, tornando-o descontraído, acessível.

– *Para mim* – referiu-se com naturalidade na voz, o gentil acompanhante –, *a obra sempre revela o seu autor.* Nela se manifestam os sentimentos e as aspirações, os conflitos e os ideais vividos, endereçando a mensagem pessoal, conforme o estado íntimo de cada um.

Fez uma pausa oportuna, como a pedir opinião, no que foi atendido.

– *Penso o mesmo* – redarguiu Tarcílio. – *Se eu me sentisse melhor, gostaria de escrever, extravasar todo o meu aluvião de sentimentos e emoções de que me sinto possuído.*

– *Pois deve tentá-lo. Ninguém alcança qualquer objetivo sem vencer as dificuldades iniciais.*

– *Mas, eu não posso... Tenho dificuldade de comunicação e expressão, além de não ter podido estudar quanto se faria necessário.*

– *Em qualquer época se pode estudar, iniciar ou recomeçar programas e currículos, fazer autodidatismo. Eminentes escritores eram dotados de inspiração e arte de narrar, não havendo cursado academias ou escolas superiores. Eles tinham uma mensagem a transmitir e o fizeram com esforço.*

A ideia é a gestação do pensamento que aguarda o momento de ser verbalizada, apresentada, como num parto que traz o ser ao mundo exterior. Fora eu, e tentaria...

– *No entanto, eu não sei escrever bem.*

– *Poderá aprendê-lo, capacitar-se para tanto. No começo, como em qualquer gestação, haverá uma agitação desconcertante, que os dias acalmarão, mediante a experiência pelo exercício. Depois, o hábito facilitará a empresa. O mais importante é a ideia a ser exposta. O seu conteúdo deverá possuir uma tônica otimista, positiva, a fim de felicitar quem leia...*

– *Eu sou triste, doutor, magoado pela vida. Na cabeça* – e apontou a caixa craniana –, *eu tenho muita coisa, acontecem cenas fantásticas que me perturbam.*

– *De acordo! Ordene as cenas, procure uma correlação entre elas; observe-as com serenidade e retire o melhor proveito ao descrevê-las. Outrossim, descubra a beleza no seu sofrimento e desarme-se em relação à vida, ao* sofrimento. *Com certa habilidade, que se adquire no treinamento, é possível retirar-se da tristeza muitas lições admiráveis e benéficas, para si mesmo e para os outros. Grandes obras da literatura universal foram escritas por homens sofridos, que colocaram no papel, nas suas personagens, o que anelariam por haver recebido e encontrado no mundo. Souberam retirar, dos seus problemas, as soluções para outras pessoas com dificuldades; ensinaram como se devem vencer os desafios e abriram campo para os semeadores da esperança e da alegria.*

Da mesma forma, outros, mais fracos, encharcaram os corações e as mentes humanas com vulgaridades, baixezas morais, derramando veneno em feridas abertas e alucinando os já perturbados, através das altas doses de violência e ódio que transmitiram, revoltados, conforme viviam.

Tarcílio acompanhava, embora a custo, o raciocínio do juiz, que prosseguiu, induzindo-o com bem urdida e oportuna argumentação:

— Você não ignora que os nossos conflitos e aptidões, nossas tendências e frustrações têm origem em nosso passado espiritual. Naturalmente, durante a infância física, vários fatores propiciam suas manifestações que parecem causais, sendo, entretanto, efeitos dos atos passados. Outrossim, muitas circunstâncias podem gerar futuras ocorrências. O homem, certamente, é o ser espiritual que se veste de carne e frequenta a escola terrestre no uniforme da reencarnação... A cada instante, igualmente, ele está gerando novas ocorrências, que se lhe incorporarão ao quadro de valores pessoais que responderão pela aprendizagem realizada.

Digamos que essas cenas misturadas, que você tem na cabeça, façam parte de uma história real, já acontecida, que o mortificam porque são a sua própria vida em outra existência... Trazê-las à consciência, digeri-las será de salutar efeito, pois que deixarão de existir como tormento para se transformarem em estímulo para a luta, para a sua libertação. Você, como nós todos, procede de compromissos não cumpridos, ou assumidos com feição infeliz. Daí as suas dores íntimas e inquietações atuais. Pense diferentemente, analisando que não é a vida uma madrasta para você, mas, sim, que no seu comportamento anterior, por motivo que não podemos penetrar, agiu mal, agrediu-a, tornando-a sua adversária, e concluirá que é o momento de voltar às origens e fazer a paz, não lhe parece?

Quantas vezes somos convidados a uma ação positiva, pela renúncia ao mal, ao revide, ou pelo silêncio à agressão, ou mesmo mediante o auxílio a outrem, e, envenenados pelo mau humor, fazemos exatamente o contrário. Eis aí a semeadura. A colheita virá.

Tarcílio ouvia-o com respeito. Embora não penetrasse na plenitude da questão, *entendia-a* além da razão um tanto obnubilada pelos medicamentos e pela própria limitação intelectual.

O magnetismo do juiz com quem agora convivia mais diretamente, a entonação da voz, grave e clara, levavam-no a buscar no inconsciente, onde, quando a ouvira dessa forma?! Não fora, certamente, concluía, durante a sua estada com o tio, no seu lar. Parecia-lhe anterior, muito antes.

Súbito, perguntou, sem rebuços:

– *O doutor me conhece desde antes?*

Não obstante colhido de surpresa, Dr. Hélio não se permitiu trair e respondeu calmo:

– *Sim, Tarcílio, eu o conheço desde antes, e já conversamos várias vezes. Somos amigos.*

O convalescente alongou o olhar através da janela do comboio de ferro, pela várzea verde e florida que o vento brando da tarde ondulava, e começou a chorar em silêncio.

Nada mais se poderia acrescentar e não era necessário.

Leclerc-Antoine recordava, rebuscando o caleidoscópio das evocações, e lamentava a própria desdita.

Essa catarse assinalada por nostalgia e desejo de reparação era-lhe salutar para o reajustamento.

Quando estavam chegando à estação, ele pareceu retornar ao tempo e à realidade.

Falou de improviso:

– *Eu tenho medo, doutor!*

– *A nada receie, meu filho. Você é muito amado e todos o querem sadio, em paz. Tranquilize-se e, além do mais, estamos juntos.*

– *Que devo dizer?*

– *Nada! Você é o viajante que retorna. Os de casa, sim, devem perguntar-lhe, e você responderá o que puder, o que convier e se quiser, está bem?*

– *Muito obrigado!*

O palor cobriu-lhe o rosto, mas ele olhou o acompanhante, que o estimulou com um sorriso de amizade e segurança, ajudando-o a saltar na plataforma.

A família toda fora recebê-los.

Tarcílio não soubera do sofrimento do pai e surpreendeu-se ao vê-lo, ainda desfigurado, claudicando mais do que antes.

Guilherme e D. Augusta abraçaram-no a um só tempo, emocionados. Ele sentiu o calor do afeto profundo e renovou-se.

Enquanto os irmãos se acercaram tomando conta das bagagens, os genitores abraçaram o juiz, sempre querido, com efusão de felicidade.

Jacinto se aproximou e, tocando no ombro do convalescente, perguntou-lhe:

— *Tá* – apelido familiar carinhoso –, *você já me desculpou?*

Ele quis reagir, mas sentindo-se em paz, redarguiu:

— *Não há o que desculpar. Ambos nos excedemos.*

Abraçaram-se sob o olhar da família, e todos rumaram para casa.

O lar, antes sitiado pelas aspérrimas aflições, agora ressumava paz, efeito inevitável da vitória sobre as provações recebidas com resignação e enfrentadas com humildade.

A felicidade, na Terra, ainda são os intervalos entre uma e outra experiência evolutiva, que aprimora pelo esforço, promovendo o homem pelo despojar-se das ilusões.

É sábio todo aquele que da luta retira os benefícios que o dignificam, e deixa como adubo, para outras conquistas, os cadáveres das paixões vencidas.

TERCEIRA PARTE

1
ARMADILHA PERIGOSA

Cinco anos passaram-se lentos, sem lances dignos de registro. Tarcílio adaptou-se, e os demais se acostumaram aos seus altibaixos comportamentais.

A sua instabilidade emocional era característica da personalidade enferma.

Ao longo do tempo, terminou por abandonar a medicação preservadora do equilíbrio psíquico, o que lhe causava distúrbios periódicos, mas de pequena monta.

A família terminou por aceitá-lo com as suas deficiências, num misto de piedade e resignação.

A pouco e pouco voltou a ingerir bebidas alcoólicas, embora moderadamente.

Recusava-se, terminantemente, a acompanhar os familiares nas atividades espiritistas, onde poderia haurir consolação e energias salutares, adquirindo resistência para vencer o mal que nele próprio havia.

Vez que outra, de longe em longe, Dr. Hélio visitava a família Primeva, dando curso ao programa de conferências na cidade, na Sociedade Espírita, e intentando manter o ânimo do enfermo, que o respeitava e estimava, desde o diálogo mantido, já do nosso conhecimento.

Seguindo o ritmo do ir e vir da vida, em si mesma, o juiz desencarnou três anos após a recuperação de Tarcílio, deixando uma grande saudade naqueles que o amavam e voltando a unir-se a D. Helena, que o recebeu com euforia compreensível.

Para Guilherme e D. Augusta, aquele amigo havia sido um pai generoso, rico de sabedoria e amor, sempre disposto a servir e ajudar nas horas difíceis da vilegiatura evolutiva dos seus amigos.

A sua ausência física veio a constituir-lhes uma grande dor.

Como, porém, o fanal da morte é a vida, tão pronto o magistrado se reajustou ao Mundo espiritual, foi vencida a aparente distância, quebrado o silêncio e mantida a comunicação lenificadora, abençoada.

O tempo encarregou-se de acalmar a exaltação nos litigantes habituais, que, não perdoando os espiritistas, igualmente não os simpatizavam. Apenas os toleravam numa forma de indiferença mórbida, ante a impossibilidade de os vencer.

Armindo lograva créditos morais contínuos. Abnegado seareiro do bem, aprendera, nos silêncios homéricos e no dever bem cumprido, a vencer-se, sempre fiel ao compromisso mediúnico abraçado com devotamento e renúncia.

Julião, vitimado por um derrame cerebral, partiu da Terra, deixando um imenso vazio em quantos aprenderam a amá-lo. Probo e cumpridor dos deveres, fez-se um exemplo de fé e de trabalho, respeitado pelos valores que lhe exoravam a personalidade.

O irmão foi, assim, empurrado para maior solidão física, assumindo algumas responsabilidades ao lado da cunhada, em relação à família que ficara.

Pobres, portadores dessa fortuna que é a solidariedade, sempre se uniam nas conjunturas difíceis, auxiliando-se reciprocamente. Eram criaturas do mundo que, sem o abandonarem, marchavam com o pensamento em confiança no Céu. Sabiam ser grandes, nas pequenas, nas ações insignificantes, e guardavam-se na humildade, quando nos momentos grandiosos. Suas vidas eram transparentes, nelas refletindo-se os ideais que sustentavam.

Guilherme não mais recobrou a saúde. Ficaram-lhe sequelas orgânicas irrecuperáveis.

A aposentadoria veio-lhe diminuir as dores decorrentes dos esforços para manter o ritmo de trabalho a que se acostumara.

A taça dos testemunhos ainda não fora totalmente libada, restando não pouco amargo licor para ser sorvido. E Tarcílio seria o instrumento das futuras provações.

Homem biologicamente formado, continuava, no entanto, inseguro, insatisfeito.

Entregando-se às aventuras amorosas de baixo nível moral, relacionava-se com outros indivíduos vulgares, com os quais se ajustava.

Frequentando o *bas-fond* da cidade, afeiçoou-se ao jogo de cartas, no qual encontraria a infelicidade.

Fácil presa de intrujões e jogadores profissionais, tudo quanto conseguia, que era insignificante já que não trabalhava, atirava na jogatina, onde perdia inevitavelmente.

A princípio, não chamou a atenção da família. Prosseguindo, tornou-se mais agitado, criando situações embaraçosas para si e para os seus.

Admoestado carinhosamente, era surdo a toda orientação.

Chamado à ordem, fazia-se irascível, desagradável, e as discussões voltaram a ser constantes, sempre que ele se encontrava no lar.

O desgosto assinalava os seus pais e a animosidade tomava corpo entre os seus irmãos, em referência à sua pessoa.

O rebelde, todavia, mais se afundava nos compromissos.

Culminando as torpezas que cometia, avisou aos pais com arrogância que se ia mudar de casa, porquanto pretendia amasiar-se, assumindo responsabilidades.

Os genitores foram incapazes de o dissuadirem da nova afronta, verdadeira loucura.

Explicaram-lhe quanto à necessidade de ter um trabalho que lhe propiciasse recursos para a empresa; falaram-lhe dos riscos a que se submetia, elegendo uma mulher equivocada, que certamente não o amava e vivia de infelizes expedientes; argumentaram, mas tudo resultou inútil. Estava surdo a toda e qualquer orientação.

Foi em clima de grande abalo moral para todos que fez a mudança, transferindo os parcos haveres para a casa da concubina, pobre e infortunada mulher, cansada das dissipações e sem nenhum propósito de transformação moral.

Tornara-se, dessa forma, independente, conforme se considerava, embora houvesse pedido aos pais uma pensão mensal para sobreviver...

Frequentava o mesmo vil ambiente o capataz do Sr. Arquelau, que adquirira notoriedade no lugar, em razão da sua histrionice que o tornava agressivo, repelente.

Jogador inveterado, qual serpente hipnotizadora atraiu o irresponsável Tarcílio, que lhe sofreu a sanha abominável.

Em duas semanas de jogatina explorou-o ao máximo, levando-o a furtar a companheira, que não hesitou em promover um escândalo que terminou em pancadaria, na qual o idiota foi o mais prejudicado.

Porque não se emendasse, assumiu dívida que jamais poderia pagar, não obstante prosseguisse em fracassadas tentativas de recuperar o perdido.

O capataz, fanfarrão desonesto, arquitetara um plano para extorquir dinheiro do infeliz, e deu curso à ideia.

Quando a dívida somou uma alta quantia, ameaçou o mentecapto de surrá-lo, caso não lhe pagasse o dinheiro, após o que o prenderia, com ordem explícita de espancamento pelos soldados que lhe eram amigos...

Dava-lhe, portanto, um prazo de três dias para a quitação do débito e, para mais o intimidar, aplicou-lhe alguns socos, como demonstração do que seria capaz de fazer.

Tarcílio apavorou-se e recorreu aos pais, que se recusaram a solver a dívida por absoluta impossibilidade financeira.

Pediram-lhe que retornasse ao seio da família, a fim de que se regularizasse a situação, considerando que esse tipo de dívida não tem curso legal, pois que ele fora miseravelmente enganado, mas não tiveram sucesso.

O pavor bloqueara-lhe a área da parca lucidez mental.

A companheira, por sua vez, assustara-o mais, ameaçando expulsá-lo de casa e informando que não se envolveria nas suas questões, dizendo-se cansada dele e das suas mandriices.

O capataz se recordava da animosidade do patrão em relação ao engenheiro Guilherme.

Podia oferecer-lhe ótima oportunidade de desforra em relação ao inimigo, desforra que era mais uma afronta, porquanto ele fora sempre o agressor.

Bem elaborado o ardil, comunicou ao chefe a ocorrência, omitindo alguns detalhes naturalmente, e sugerindo-lhe comprar o débito contraído por Tarcílio, em troca de este desmascarar o pai e o tio embusteiros.

O Sr. Arquelau, que se sensibilizara com a atitude da vítima no momento do crime, e se assustara quando o cadáver do jagunço fora trazido à cidade, na sucessão dos dias recuperou a frieza moral, ficando mais revoltado por saber-se antipático às pessoas que o inculpavam da vil empresa.

Árdua ascensão

O raciocínio das personalidades psicopatas segue um estranho curso que as leva às atitudes mórbidas e ilógicas.

Era o que sucedia com o infame perseguidor. Aumentara a animosidade, culpando a vítima da situação incômoda em que ele próprio se arrojara.

Acostumou-se à situação, mas não diminuiu a mágoa.

A proposta que lhe chegava assemelhava-se a uma bênção, e a oportunidade era excelente.

Padre Geraldo deveria iniciar um ciclo de *Missões,* na cidade, reconduzindo as ovelhas tresmalhadas ao redil, através de frades especialmente convidados para o mister.

— *Que efeito não teria na comunidade* – pensou – *a delação de Tarcílio em relação à conduta do pai e do tio, caso* revelasse *deslizes desconhecidos do povo? Isso seria um golpe de misericórdia nos adversários e na Doutrina que abraçavam.*

Pediu tempo ao empregado, após informar-se do montante do débito, e prometeu pensar no assunto.

O capataz exultou com a renda extra que lhe chegaria, tornando-se-lhe, Tarcílio, uma *vaca leiteira* prodigiosa, se convenientemente explorado.

O consultado não perdeu tempo. Buscou o sacerdote e expôs-lhe o plano funesto.

— *Guilherme não terá escapatória desta vez* – disse ao sacerdote, que esfregava as mãos, em atitude de júbilo.

— *Faz-se-nos necessário tomar as mais cautelosas providências. Essa* gente *mantém pacto com Satanás, e o Demônio é muito hábil, arranjando saídas honrosas para os seus adoradores, qual tem ocorrido até este momento. Assim, convém que tudo seja bem planejado. O delator é doente mental e poderá recuar à hora própria...*

— *Não terá como fazê-lo. Assinará uma confissão pública, como remorso por haver participado das bruxarias, comprometendo-se a repetir a denúncia, na abertura das* Missões, *diante do povo. Dessa forma, arrependido, pede o apoio da Igreja, a fim de ter salva a alma. O* slogan *das* Missões *não é este:* Salva a tua alma?

O mais será tarefa do sacerdote, perdoando-o e recebendo-o de volta ao seio da verdadeira religião, sempre generosa para com aqueles que reconhecem os seus erros.

275

— *E se ele recusar-se?*

— *Não o fará, porquanto está sob pressão do credor que, segundo soube, é homem impaciente e de* maus bofes...

Os dois sorriram e ficou convencionado que Tarcílio deveria vir à sacristia, em momento assinalado, para que se concertasse o conluio, cujos detalhes teriam que ser bem trabalhados, a fim de que em nada corresse desnecessário risco de falhar.

O Sr. Arquelau pediu ao capataz que instruísse o jogador para propor a Tarcílio a solução feliz para a sua dívida.

— *Eu o farei pessoalmente* – respondeu o histrião emocionado –, *de modo a corresponder à confiança do patrão.*

Apertaram-se as mãos com a tranquilidade dos que se acostumaram a trair e a malsinar com naturalidade.

A bola de neve da irresponsabilidade, atirada na ladeira da vida, iria provocar uma avalanche destruidora por onde passasse em velocidade incontrolável.

2

CRIME DE CARACTERÍSTICAS MEDIEVAIS

O capataz Juvêncio, após o conciliábulo, foi ter com Tarcílio na residência da concubina.

O devedor assustou-se, sendo tranquilizado pelo visitante, que lhe disse de pronto:

— *Tenho a solução para nosso problema. Você conseguirá o dinheiro licitamente, e eu terei a regularização da sua dívida para comigo. Tudo num clima de paz, mediante pequeno sacrifício. Ora, um sacrifício a mais nunca faz mal a ninguém, e todos lucraremos.*

— *Não o entendo e estou intrigado* — respondeu o devedor, perplexo.

— *Encontrei um amigo que está disposto a comprar o seu débito, a troco de um pequeno favor.*

— *Que favor será esse, tão caro?*

— *Uma confissão, na qual se porá termo a um assunto delicado, e você salvará a sua alma.*

— *Ora, não se preocupe com a minha alma, que já está perdida. Seja claro na proposta.*

Juvêncio sorriu, pediu à dona da casa que lhes servisse um trago, esfregou as mãos e prosseguiu, após sorver, de um só gole, a dose:

— *Trata-se de uma coisa simples, uma mina de ouro, para você e para mim...*

— *Não me esqueçam* — interrompeu-o a amásia do doente.

— *Cale-se, por favor!* — repreendeu-a Tarcílio. — *Não estou gostando nada deste projeto.*

— *Já é uma realidade. Você não tem saída, amigo. Ou aceita e me paga o que deve, ou me pagará de outra forma. Quero lembrar-lhe que fui eu quem providenciou a surra para o seu pai. Só que para você não ficará numa sova apenas. Eu sei tratar com velhacos...*

O olhar que o mandrião dirigiu ao atemorizado gelou-o.

Agora ele sabia quem era o responsável pelo sofrimento do genitor. Mas, não teve tempo para reflexionar, porque o outro arengou:

— *Posso continuar?*

— *Sim... Sim...* — Tarcílio tremia e estava a ponto de recair em crise de loucura.

Juvêncio percebeu e o estimulou a tomar a aguardente, explicando:

— *É para clarear a sua mente e você entender melhor.*

A questão se resume em você fazer uma declaração, renunciando ao Espiritismo, que se viu obrigado a aceitar por imposição do seu pai e do seu tio...

— *Mas, eu não sou espiritista!*

— *Melhor ainda. Assim, não lhe custa sequer um sacrifício, antes afirmar uma verdade.*

— *Todavia, ninguém jamais me obrigou a frequentar as reuniões espíritas.*

— *De acordo! Os outros, porém, não o sabem. Isto é só o começo. Prossigamos!*

Você afirma que renuncia a essas superstições — e não me interrompa mais —, havendo-se resolvido por salvar a sua alma, confessando alguns erros perpetrados por exigência da família...

Houve uma pausa proposital, após a qual continuou:

— *Dirá que, anos atrás, quando o seu tio aqui esteve, as mensagens que ele diz haver recebido mediunicamente foram, antes, compiladas por ele e seu pai, que inclusive o incumbiu de fazer alguma pesquisa de dados que impressionassem o público, e que, aparentemente, o visitante desconhecia.*

— *Isto é uma infâmia, um crime horrendo, e eu não o farei!*

— *Fará, exatamente, o que eu lhe mandar, seu calhorda* — e aplicou-lhe vigorosa bofetada na face.

Tarcílio quis gritar, mas o vilão segurou-o pela gola da camisa e o intimidou com violência.

— *Agora, sente-se e ouça até o fim. Você fará essa declaração por escrito e repetirá, palavra por palavra, na abertura das* Santas Missões, *dentro de uma semana, ou eu mudo meu nome...*

Que repentino amor é esse pela família, que você abandonou e que o despreza? Por um tio que o expulsou da cidade? Ou você pensa que ninguém sabe das suas estripulias? Esta é uma cidade onde se toma conhecimento de tudo, cretino.

Eu lhe faço um favor, e você se nega a retribuir-me? Mesmo assim, vou prosseguir.

A pessoa que me vai comprar sua dívida, convenientemente estimulada, poderá dar-lhe um dinheirinho a mais. Que lhe tem dado a família? Seu irmão Jacinto casou-se, tem um bom emprego, e o ajuda?

Juvêncio era hábil, perigoso argumentador. Malfeitor nato, conhecia as fraquezas dos tíbios e sabia espicaçar a cólera dos covardes.

Após alguns minutos de penoso silêncio, Tarcílio, ofegante, indagou:

— *Quem é esse meu benfeitor?*

— *São dois os nossos protetores: o meu patrão, Sr. Arquelau, e o nosso padre Geraldo, o representante de Jesus entre nós, a quem devemos respeito e consideração.*

— *Hum... m... m!*

— *Amanhã à tarde, às dezesseis horas, iremos à sacristia para os arranjos finais. Não me decepcione!*

Juvêncio saiu satisfeito da entrevista, e Tarcílio, quase sucumbido, ficou a pensar, sem poder pensar.

A mente estava em torvelinho e as ideias atropelavam-se em confusão.

A concubina acercou-se e, vítima de si mesma, aplicou o golpe de misericórdia nos últimos e frágeis escrúpulos do infeliz, arrematando:

— *Teremos algum dinheiro para sair desta espelunca e nos distrairmos a valer. Eu tinha a ideia de que você iria fazer-me feliz e acertei... Eu o amo e lutarei ao seu lado.*

— *Serei pior do que Judas. O Iscariotes traiu e vendeu o Amigo. Eu farei mais: trairei e venderei minha família...*

— *Pelo contrário. Você ajudará a sociedade e a Igreja, dando meios para que se acabe com a mentira e as forças do mal.*

— *Este é o engano! Eles não mentem, nunca; são verdadeiros e leais. As suas são as forças do bem e do amor. Comigo e essa trinca é que se encontram as forças do mal. Eu o sei, porque eu sinto e conheço os dois lados.*

Em minha casa e na do titio jamais presenciei qualquer coisa censurável. Mas isto é execrável, ignominioso...

Num rompante, olhos dilatados, quase a saltarem das órbitas, visivelmente possesso, exclamou, babando:

– *Eu o farei, sim; destruirei os infames que* me *aniquilaram, custe o que custar.*

Na hediondez em que Tarcílio se encontrava, misturavam-se à sua outras mentes cruéis, entre as quais o desditoso Santayana...

A mulher afastou-se, assustada, balbuciando:

– *Meu Deus, ele é louco!... É louco!...*

À hora convencionada, Tarcílio aproximou-se da sacristia da igreja, onde já estava Juvêncio, e adentrou-se, preso de grande angústia.

Foram recebidos pelo sacerdote e o Sr. Arquelau, que se apresentavam eufóricos.

Depois dos preâmbulos, o sacerdote indagou:

– *Está disposto a relatar-nos o que aconteceu no seu lar, quando da visita do seu tio a esta cidade?*

– *Quero saber* – falou, rude, Tarcílio – *quanto vou ganhar.*

A pergunta chocaria outras pessoas, não aquele grupo.

– *O suficiente para pagar as suas dívidas, decorrentes do seu vício* – ripostou o Sr. Arquelau.

– *Quero mais, para mim e minha companheira, para sairmos daqui. Temo represálias e quero sumir no mundo...*

– *Quanto quer a mais?*

– *Espero receber a importância* – e declinou o valor que a mulher o instigara a pedir.

Os negociantes se entreolharam e assentiram.

Aquele era um momento definidor de futuros séculos, nos quais aqueles destinos interligados tombariam em rudes recuperações.

Confirmada a traição e definidos os rumos, Tarcílio repetiu as palavras de Juvêncio, prometendo assinar uma declaração e reafirmar em público o que acabava de dizer.

– *Muito bem* – observou o sacerdote. – *Depois de cumprida a sua parte, regularizaremos a nossa.*

– *De forma nenhuma! Quero o dinheiro, no ato da assinatura da confissão escrita, e executarei a segunda parte, verbalmente. Eu nunca fujo!*

Juvêncio folgou, por temer que, depois da confissão, os contratantes nada pagassem, pois que não mais haveria razão para fazê-lo e honestidade ali era palavra desconhecida.

– *O senhor duvida de nós?* – inquiriu-o o religioso.

– *Não acredito em ninguém* – respondeu azedamente. – *Se sou contratado para vender meu pai e meu tio, por que acreditarei em mais alguém?!*

– *Eu absolverei a sua alma de toda culpa...*

– *Ora, padre, isso não me impressiona. Se o senhor conseguir salvar a sua, depois do nosso arranjo, já é uma grande coisa, para o senhor mesmo. A minha não lhe interessa...*

– *Respeite o sacerdote, miserável!* – bradou o Sr. Arquelau.

Tarcílio olhou-o, com a face esfogueada e os lábios trêmulos, vociferando:

– *Imagine, quem me dá conselhos!... Você pensa que eu não sei da sua vida? Papai o perdoou, seu covarde, mas muita gente ainda não, inclusive o coronel Arcoverde. Falta só a oportunidade. Lembre-se de que eu posso ser o* pivot *da desforra, ainda mais com os argumentos da nossa elevada conversa deste momento.*

Isto é um negócio sujo como outro qualquer, e não vamos fingir que não o sabemos, está bem? Amanhã eu assino a declaração e recebo o dinheiro, para pagar a Juvêncio, este abutre miserável que me explora, e retirar a minha parte... Até amanhã!

Saiu precipitadamente.

– *Você não me disse, amigo, que o credor era você. Agora, além de bandido, jogador...* – o patrão não se pôde controlar, sabendo-se enganado.

O capataz arengou algumas desculpas, mordeu o lábio inferior e permaneceu calado.

– *Valerá a pena levarmos a empresa adiante?* – interrogou o sacerdote.

– *Mais do que nunca* – respondeu o interlocutor. – *Passado algum tempo, Juvêncio silenciará esse* arquivo *pensante, o que será bom, para o meu* fiel *e* zeloso *capataz, não é mesmo, camarada?*

– *É certo, patrão. Tudo se pode fazer com calma e corretamente.*

Cada qual tomou seu rumo, após as *démarches* finais.

Conforme acertado, no dia imediato, Tarcílio reuniu-se aos comparsas, agora menos agressivo, e assinou a confissão.

Antes de ser firmado o documento, o sacerdote, desejando dar um caráter de dignidade à falcatrua, leu o que datilografara:

"Eu, Tarcílio de Jesus Primeva, de espontânea vontade, reconhecendo a vida irregular a que me entrego, por haver sido nascido e criado num lar onde se pratica a necromancia e o Espiritismo, resolvi confessar-me, por estar arrependido sinceramente, pedindo a bênção e o perdão da Santa Madre Igreja, que reconheço como depositária da verdade vivida e pregada por Nosso Senhor Jesus Cristo.

Outrossim, revelo que as chamadas manifestações dos Espíritos, ou se trata de intervenção demoníaca ou da habilidade dos falsos médiuns, que colhem informações fazendo crer que procedem das almas dos defuntos, ludibriando e explorando os incautos com tal expediente. Assim afirmo, porque o meu tio, Armindo Patriarca de Jesus, quando aqui esteve, incumbiu-me de colher dados de pessoas falecidas nesta cidade, o que fiz ingenuamente, elaborando com meu pai, Guilherme Primeva, as falsas mensagens que ele apresentou de público. O mesmo expediente eu vi acontecer na cidade onde meu tio reside, e porque não concordasse em fazer o papel de detetive dos mortos, através dos vivos, para ele, fui dali expulso e devolvido à minha casa.

O que aqui declaro, repetirei em público, em viva voz, demonstrando a minha revolta com tais atitudes e o meu arrependimento, repito, embora me considere vítima da minha família, que me induziu a tais erros.

Por ser verdade, firmo o presente, convidando para testemunha deste ato os senhores Arquelau Campolargo e Juvêncio dos Santos, diante do venerável padre Geraldo do Espírito Santo."

A infâmia estava consumada.

Tarcílio recebeu o dinheiro prometido. Ali mesmo entregou a parte de Juvêncio, saindo prestamente.

O documento seria publicado no jornalzinho hebdomadário que saía aos sábados, exatamente dois dias depois, na mesma ocasião em que se iniciavam as *Missões*, e o infame repetiria as suas acusações.

Um pesado silêncio caiu no recinto que as sombras invadiam, selando a horrenda injúria, o crime de características medievais.

Voltando a casa, Tarcílio embriagou-se para esquecer...

Não mais fugiria de si mesmo, após fazer-se execrável.

3

A PROVIDENCIAL PRESENÇA DE ARMINDO

As dores morais exaurem as forças das criaturas que as experimentam. Curiosamente, fortalecem com reservas espirituais aqueles que as sofrem, neles produzindo especial capacidade de tolerância para com as misérias do próximo e suas fraquezas, ampliando os valores da resistência e da resignação.

Os genitores de Tarcílio sofriam a ingratidão e os disparates do filho com dignidade, consumindo-se a olhos vistos.

Conhecendo as razões da vida inteligente e a sua superior finalidade na Terra, lamentavam que o atordoado desperdiçasse, por capricho, tão valioso investimento.

Não fosse a fé que os iluminava interiormente, estimulando-os ao avanço, e teriam sido tragados na voragem dos desgostos sucessivos que lhes impunha o libertino.

À véspera do infame acontecimento que estava programado e eles ignoravam, chegou-lhes um telegrama de Armindo, avisando que passaria pela cidade a visitá-los, naquela noite, ficando com eles por dois dias.

A notícia não poderia ser mais auspiciosa. A presença do querido médium representava uma resposta divina às suas interrogações humanas. Comovidos ante a dádiva inesperada, agradeceram-na a Deus e passaram às providências para receber o familiar de quem sentiam doridas saudades.

D. Augusta recordava-se da hora da despedida, por ocasião da viagem anterior, quando tivera a impressão de que não voltaria a vê-lo com os olhos físicos. Sem embargo, iria fruir a ventura de tê-lo ao lado, entretecendo considerações, permutando lembranças e formulando planos para o futuro entre risos e esperanças enflorescidos pela fé.

Naturalmente se recordou de Tarcílio, e sentiu pungente angústia, qual se o peito houvesse sido transpassado por lâmina afiada.

A dor moral, que se tornava constrição física, fez-se acompanhar de um presságio mortificante que a asfixiou, por pouco não a abatendo num delíquio.

O marido saíra para outro cômodo da casa e não lhe percebeu o sofrimento.

Magda, a filha mais jovem, vendo a mãezinha quase desfalecente, precipitou-se a socorrê-la, amparando-a, solícita, o que foi providencial.

Discreta, D. Augusta explicou tratar-se de um súbito mal-estar e não deu outra informação, superando o pressentimento funesto.

Reagiu à angústia e deixou-se entusiasmar ante a expectativa da chegada do irmão.

Foi, portanto, sob os auspícios do júbilo geral da família Primeva que Armindo retornou à cidade.

Felizmente, os familiares evitaram comentar a notícia fora do círculo doméstico, a fim de que a estada do trabalhador do bem transcorresse em clima de discrição e tranquilidade, conforme esperavam acontecer.

Aos abraços afetuosos da chegada, sucederam-se as notícias agradáveis dos outros membros do clã, que se recomendavam.

Após o banho e a refeição, na ampla sala de estar, o viajante explicou o móvel da sua visita inesperada.

Nos últimos anos, era convidado a acompanhar o chefe da sua repartição em tarefas funcionais, por diversas cidades onde havia sucursais, desincumbindo-se das atividades que lhe diziam respeito.

Homem severo e gentil, o Dr. Anacleto era profitente do Espiritismo e se lhe havia revelado um grande amigo, não obstante, exigente, no cumprimento dos deveres.

Em cada cidade onde chegavam, após a faina do dia, buscavam participar de labores doutrinários nas sociedades por acaso existentes.

Ora, porque devesse iniciar na próxima segunda-feira uma tarefa semelhante, em lugar daquela região, idealizara antecipar a jornada, passando aqueles breves dias com os familiares.

– *Não poderia haver sido melhor a ideia!* – exclamou Guilherme, exultante. – *Creio mesmo que foi inspirada, pois que estamos necessitando de reconforto e encorajamento...*

A família não informara a Armindo a respeito da última façanha de Tarcílio, a fim de poupá-lo a novas preocupações, esperando que o enfermo pronto retornasse ao lar.

– *Acredito, sim* – anuiu o médium –, *que foi uma inspiração. A saudade de vocês sempre me esteve aninhada no coração. No entanto, ultimamente a senti mais forte, com um imperioso desejo de estar-lhes ao lado, participar dos nossos labores em união e fé. Algo está no ar, conforme pressinto, e nos devemos amparar mutuamente, sustentando-nos diante de qualquer vicissitude que nos alcance.*

A conversa voltou ao clima de otimismo, sem que as nuvens de preocupação empanassem o sol da alegria.

Comentando a desencarnação de Julião, Armindo esclareceu que o querido companheiro fruía agora do justo prêmio da paz, em face das lutas vencidas com galhardia e das renúncias suportadas com estoicismo.

– *No dia em que ele fora acometido pelo derrame cerebral* – adentrou-se em explicações –, *a mãezinha veio comunicar que era o começo da desencarnação.*

Vi-a, com absoluta nitidez. Ela estava alegre com o retorno do bom obreiro, embora soubesse da falta que ele nos iria fazer. Estimulou-me a chamar o médico e assisti-lo, o que fiz com o carinho que ele nos merece de todos.

Fui vê-lo, com o nosso médico, e permaneci ao seu lado. O problema afetou-lhe a fala e paralisou-o quase totalmente. Apesar disso, ele olhou-me com luminosa expressão, lúcido ante a ocorrência, deixando-me entender que aguardaria a desencarnação em paz.

Vocês sabem o quanto representava para mim a sua presença física, a sua bondade e solicitude! Era mais um alguém querido que terminava o curso na escola terrena e retornava, deixando vago o seu lugar e mais solidão nos meus e nos sentimentos daqueles que o amamos. Na sucessão das horas, acompanhei a sua desencarnação, ao lado da esposa e dos filhinhos... No momento do enterro ele apareceu-me, amparado por mamãe, um pouco aturdido, sem dar-se conta da enfermidade que o vitimou, nem do que lhe estava sucedendo.

O narrador exculpou-se pela emoção de que dava mostra, e, por insistência dos ouvintes, vivamente interessados, continuou:

– *Poucos dias após o desenlace, eu o encontrei no Mundo espiritual, sob carinhoso tratamento, lúcido e reconhecido a Deus pela satisfação de haver* "perseverado até o fim". A partir de então, os nossos contatos se amiudaram, e, quando já lhe era possível locomover-se sem mais ampla assistência espiritual, passou a cooperar em nossos labores e em nossa cidade... Julião era um excelente conversador. Otimista, espalhava esperanças e, conversando, ensinava os postulados espíritas com peculiar e nobre simplicidade que a todos encantava. Pois esse seu talento foi aproveitado, tornando-se-lhe uma útil alavanca para impulsioná-lo ao progresso.

Quatro meses depois da sua desencarnação, o nosso mentor convidou-me a assistir, em parcial desdobramento pelo sono, à visita que São Luís Gonzaga[62] faz à Terra, no dia 21 de junho, data que lhe é carinhosamente reservada pelo calendário católico. Pois bem, Julião disse-me que deveria estar presente ao ato, porquanto, desde a desencarnação, ainda permanecia com dor de cabeça, que o afligia de certo modo, sequela do derrame cerebral que o vitimara. Quando eu recobrei a lucidez, além do corpo físico, fui conduzido a uma região de incomparável beleza, onde se reunia expressivo número de entidades em indisfarçável expectativa, aguardando a passagem do venerável benfeitor. Julião ali se encontrava também. Não houve tempo, no entanto, para qualquer conversação, porque uma incomparável melodia coral invadiu o ambiente que irradiava indefiníveis claridades.

"É o benfeitor que se aproxima" – informou-me o guia, levando-nos, a mim e a Julião, a tomar posição numa das aleias floridas... A emoção agitava-me interiormente e, à medida que o grupo se acercava, podíamos distinguir um verdadeiro séquito de Espíritos felizes que repartiam consolações. As vozes prosseguiam cantando. Ele deslizava, tal a leveza dos seus passos e a harmonia do porte. Quando ia passando por nós, sem poder conter as lágrimas que me chegavam do coração aos olhos, vi-o fixando-me docemente, com inesquecível expressão de bondade na face iluminada. Julião tremia, ao meu lado, e pensou na dor de cabeça que o afligia. Sem nenhuma palavra, o venerando apóstolo da fé tomou de um lírio e deu-lho. Instintivamente, meu irmão levou-o ao rosto e aspirou-lhe o perfume. A flor, porém, diluiu-se, absorvida naquele hausto, e a cabeça de Julião iluminou-se, desaparecendo a dor. Ao desejarmos

---

62. São Luís Gonzaga é considerado patrono da juventude cristã, nascido no ano de 1568 e falecido no dia 20 de junho de 1591. A sua tendência religiosa revelou-se desde muito cedo, dele fazendo excelente pregador. No período da epidemia de cólera que assolou Roma, no ano de 1590, demonstrou a grandeza da sua abnegação pelos sacrifícios que se impôs. A data de 21 de junho é-lhe dedicada.

dizer algo, ele já se havia distanciado, repartindo bênçãos pelo caminho. Fui trazido de volta, e, desde então, o amigo permanece recuperado, feliz.

O júbilo era geral. Todavia, a noite avançava, e foi Guilherme quem propôs fosse Armindo liberado para o necessário repouso.

As forças morais que todos hauriram, naqueles momentos, iriam ser postas à prova, logo mais.

Por enquanto, reinava a paz, e o júbilo substituíra as tensões longamente suportadas.

Decerto, a presença de Armindo não se devia ao acaso.

Conhecedores do plano sórdido e das consequências que, de imediato, adviriam, os mentores espirituais conduziram o sensitivo ao lar que a tragédia espreitava, com o objetivo de minimizar os efeitos perniciosos da urdidura do mal.

Não devendo interferir, pela violência, nos planos dos homens nem nos seus interesses de livre escolha, tomavam providências úteis em favor das vítimas, cercando-as de carinho, qual ocorria nos festivais circenses da antiga Roma, nos momentos dos holocaustos chocantes...

Mudaram os cenários, variaram alguns costumes bárbaros, mas permaneciam o primitivismo e a agressividade em a natureza humana, ainda não depurada dos atavismos mais grotescos.

Armindo certamente ignorava a trama, assim poupado de sofrer por antecipação, passível de ser traído pelo comportamento, caso estivesse informado da próxima desventura que o envolveria e aos seus afetos mais queridos. No entanto, registrara psiquicamente o clima espiritual da infâmia em andamento.

Assim, antes de recolher-se ao repouso, repassou as experiências ali vividas no passado, com o inesquecível juiz, seu e benfeitor da sua família. Aquelas haviam sido horas missionárias de expansão doutrinária sob os auspícios da fraternidade. Orou então e entregou-se ao sono reparador.

Inconscientemente evocado, Dr. Hélio compareceu à recâmara onde o amigo descansava e ali permaneceu, informando do que sucederia nas próximas horas, acompanhando outros visitantes espirituais a postos para o choque em delineamento.

Tarcílio, por sua vez, passada a carraspana, despertou amolentado, taciturno.

A conselho do Sr. Arquelau, Juvêncio deveria permanecer na fazenda pelos próximos dias, até que a agitação que se ia estabelecer acalmasse.

Foram-lhe exigidas toda a discrição e compostura, diga-se de passagem, difíceis de ser atendidas por um homem venal.

À noite de paz, sucederia o largo dia da aflição.

4

...TUDO ESTÁ CONSUMADO

O sábado amanhecera transparente, num festival de luz e cor.

O padre Geraldo do Espírito Santo providenciara para que a confissão de Tarcílio ganhasse a primeira página do hebdomadário local, com o que o redator anuiu de boa mente, honrado com a deferência do religioso. Outrossim, o sacerdote havia contratado a impressão de volantes para que fossem distribuídos após o culto, permitindo, desse modo, a mais ampla difusão do documento infamatório.

Tarcílio despertara com aspecto patético. O olhar inquieto, a face pálida e o tremor nas mãos denunciavam o seu estado íntimo de desequilíbrio emocional. Assim mesmo, estimulado pela alucinação em que mergulhara, rumou à igreja, onde esperava depor de público, confirmando o que assinara.

A instalação das *Santas Missões* se daria naquele dia por ser o mesmo dedicado ao inspirador e padroeiro do movimento religioso. Assim, a missa teria um caráter especial, festivo.

Desde cedo o templo recebia um público bulhento.

As gentes simples, estimuladas à participação da solenidade, sob a promessa de *indulgências plenárias*, recuperando-se dos delitos, acorreram precípites.

As classes mais favorecidas, recebendo a mesma promessa, experimentavam diferentes motivações, além da concessão liberativa, prometida pelo sacerdote: convívio social elegante, desfile de modas, novidades quebrando a monotonia...

Seja qual fosse, porém, o motivo, à hora convencional o santuário estava repleto.

A Missa concelebrada transcorria em clima de entusiasmo, e o sermão, antes anunciado como de relevante importância, era aguardado com impaciência.

Na sacristia, discretamente, Tarcílio esperava que o coroinha viesse buscá-lo, conforme combinado.

À hora do discurso, o padre Geraldo explicou a alta significação das *Missões* estarem sendo instaladas na paróquia, o que constituía uma honra especial para aquela comunidade, que receberia as bênçãos divinas por misericórdia de acréscimo.

– *Para começar* – prosseguiu, eloquente –, *demonstrando o acerto deste ato de fé, assinalamos a conversão de um ímpio que retorna a Deus. E o faz de maneira segura, convincente, iniciando um período, novo para nós, que recorda os tempos heroicos do passado, que fazem falta, quando a Santa Inquisição trazia de volta à Igreja os hereges que a haviam abandonado...*

Espicaçada a curiosidade geral, todos eram ouvidos atentos, interessados.

O hábil palrador pigarreou, num gesto que lhe era habitual, enxugou com movimentos calmos o suor que porejava na face e, percebendo a curiosidade geral, deu curso:

– *Todos sabemos que, de certo tempo a esta parte, nossa cidade cristã foi invadida pela praga do Espiritismo, que tem seduzido incautos e os empurrado a abismos de sombra e de perdição. O pastor das almas, todavia, tem acompanhado essa infestação demoníaca com preocupação e sofrimento íntimo, buscando uma forma de remediar a situação, abrindo caminho para o arrependimento dos heréticos ou intentando diminuir os danos que essas práticas necromânticas têm trazido à grei.*

Até há pouco, pareciam baldados todos os esforços, porque a peste se espalhava, danosa. Através da oração ungida de humildade, de sacrifícios pelos caídos no erro, o zeloso guardador das ovelhas rogava inspiração e resposta do Céu, que demorava a encaminhar a solução para o problema...

Quando da lamentável morte do engenheiro Santayana, ainda pranteado, que fora vítima conhecida das urdiduras nefastas dos adoradores do demônio, esperava-se que as autoridades fechassem o antro das evocações dos mortos, o que, infelizmente, não ocorreu...

Houve um movimento de inquietação dos ouvintes, que passaram a demonstrar desagrado quase geral.

O palavrório do cínico raiava pelo despautério e pelo absurdo, ao qual emprestava certa dose de seriedade e preocupação, bem se vê que simuladas.

Ato contínuo, explicou:

– *Hoje, sob o amparo da fé que o renova, temos a confissão que passamos a ler, mas, antes, gostaríamos que toda a comunidade conhecesse o seu autor, o herói deste extraordinário evento.*

A um sinal, Tarcílio foi introduzido pelos fundos do altar-mor e sentou-se ao lado dos concelebrantes, que ouviam atenciosos, deslumbrados, a arenga torpe.

O recém-chegado era muito conhecido de todos, e, por isso, os cochichos se multiplicaram.

A movimentação dos fiéis fazia lembrar um vento forte, inesperado, agitando um capinzal, que ora ondulava.

O sacerdote pediu silêncio e, apresentando o documento forjado, passou a lê-lo.

Os ouvintes se transferiram da surpresa à estupefação, à medida que tomavam conhecimento do seu conteúdo.

– *Perjúrio!* – bradou alguém, no silêncio perturbador.

– *O autor era um doente mental e agora se fez amaldiçoado por trair o próprio pai* – gritou outro.

Tarcílio perturbou-se e quis sair, mas defrontou o olhar duro do Sr. Arquelau, que se encontrava em lugar de destaque, à sua frente, intimidando-o.

– *Sei que é estranho* – replicou o padre, com ar de vitória na face avermelhada – *tudo quanto estamos revelando. No entanto, quando o arrependido nos buscou para pedir conselhos, deprequei, fazendo-o considerar a gravidade do seu gesto. Sugeri que mergulhasse na oração antes de definir-se... Só depois de aconselhá-lo é que aceitei ouvi-lo em confissão, cuja síntese aqui está grafada, por ele assinada diante de testemunhas. Para que todos se assegurem da sua autenticidade, sem qualquer dúvida ou suspeita, indago ao autor: filho, reconhece como sua esta confissão, que nos autorizou a ler, a fim de demonstrar o seu profundo arrependimento e ser aceito na verdadeira Igreja do Cristo?*

– *Sim, reconheço-a* – confirmou o apóstata.

– *Ainda confirma a sua validade ou deseja retificá-la em algum tópico?*

– *Ratifico-a integralmente e dou fé... É verdade, é tudo verdade o que aí está escrito.*

O esforço foi, porém, demasiado para o psicopata.

Acometido de um vágado, ali mesmo tombou.

Padre Geraldo aproveitou-se da cena desagradável para retirar melhores resultados:

– *Eis aí o efeito da redenção. Com este desmaio, "morre o homem velho" e "nasce o homem novo", que batizamos na fé e recebemos no seio da Igreja.*

A um sinal de cabeça, o coro começou a cantar. Encerrando o sermão e descendo do púlpito, ele retornou ao altar.

Calomniez, il en reste toujours quelque chose.[63]

Tarcílio foi retirado do recinto e levado de volta à sacristia, consumada a torpeza.

Antes do encerramento da solenidade, dois sacristãos saíram distribuindo os volantes, nos quais se encontrava a hodierna peça extorquida pela *chantage* e pela prepotência da força e da astúcia sobre um enfermo, um demente...

A missa perdera o seu brilho inicial, e, ao ser encerrada, sob o badalar dos sinos, os paroquianos, mesmo os mais fanáticos, retiraram-se constrangidos, perturbados.

O escândalo bem elaborado não poderia ter tido um efeito mais destruidor, violento e mais rápido.

Tarcílio, liberado e sob o desprezo dos seus abjetos comparsas, volveu à casa da concubina e ingeriu sucessivas doses de alcoólicos, derreando logo mais, vencido por pesado sono...

A amásia, que temia os efeitos daquela tramoia, revirou os guardados do amante e surrupiou o excedente da recompensa pela qual ele vendera os seus, deixando-o pior do que Judas, que, ao dar-se conta do crime cometido, voltou ao sagaz e corrompido sacerdote que lhe comprara Cristo e entregou-lhe o fruto da traição. O iconoclasta, todavia, com escárnio, atirou-lhe as moedas na face, de volta, e ante a dor do ingrato, abandonou-o, censurando-o: – *Isto agora é contigo.*

---

63. *Calomniez, il en reste toujours quelque chose* – *Caluniai* [pois que da calúnia] *sempre fica alguma coisa*. Embora de autor anônimo, é atribuído o pensamento a Beaumarchais, que o colocaria nos lábios de Basílio, do "Barbeiro de Sevilha".

Tarcílio nem isso poderia fazer, caso viesse a dar-se conta do descalabro cometido, pois que nem mais o dinheiro da traição possuía.

Afundou-se o delinquente nas águas turvas da loucura, de onde não mais sairia com vida física.

Em poucas horas, haviam malogrado todos os esforços de imensa equipe de trabalhadores do bem, que aplicaram algumas décadas em favor de um programa de recuperação, agora por largo tempo em refazimento para o futuro.

É verdade que Tarcílio fracassara, mas, acompanhemos o calvário da sua família, primeiro a *via crucis* que ele os obrigou a vencer, com as almas sangrando...

Jesus pronunciou no momento *in extremis: – Consummatum est!*,[64] e ali se consumava a tragédia do destino.

---

64. *Consummatum est!* – Tudo está consumado!

5

QUEDA FINAL E FUTURA EXPIAÇÃO

A família Primeva encontrava-se enlevada, ouvindo as excelentes narrativas de Armindo, um agradável e autêntico expositor das verdades espirituais, vivenciadas por meio da mediunidade educada no bem e iluminada pelo conhecimento espírita.

Após o desjejum, todos se demoraram à mesa, ouvindo-o e participando das lições preciosas que constituíam roteiro e equilíbrio para a existência.

Neste comenos, o coronel Sebastião Arcoverde fez-se anunciar e foi conduzido à intimidade doméstica.

Dominado por uma incontrolável ira, brandia o periódico da cidade, e tal era a sua agitação que a todos surpreendeu, considerando-se a sua habitual compostura, reconhecidamente severa.

A sua abrupta chegada interrompeu o colóquio, gerando inquietação.

Quase sem fôlego, entregou o jornal a Guilherme, ao mesmo tempo que completava:

– *O pior foi o que aconteceu durante a Missa. A cidade está em polvorosa, e os partidos já se definem...*

Guilherme olhou de relance a manchete em primeira página e ficou estarrecido.

O jornal estampava a confissão de Tarcílio, encimada pela frase: *Por fim, desmascarados os espíritas.* Como subtítulo estava posto: *Filho acusa o pai e o tio de embustes.*

O engenheiro leu com sofreguidão a peça condenatória e esdrúxula, por pouco não tombando fulminado.

Muito pálido e trêmulo, passou-o a Armindo, que igualmente experimentou indescritível choque.

Ante o pasmo geral, Magda teve a ideia de dar conhecimento a todos os demais, lendo em voz alta o libelo destruidor.

Interrompeu a leitura várias vezes, vitimada pela indignação e pela dor. Todos choraram, e os mais exaltados revelavam na face o estupor e a ira que lhes estrugiam interiormente.

O coronel Arcoverde relatou o acontecido na igreja, conforme lhe comentaram alguns amigos que ali estavam, inclusive os dois senhores que o acompanhavam.

— *Tarcílio ratificou diante do altar e do público* — expôs um dos cavalheiros — *tudo o que aí está e cuja cópia foi distribuída aos presentes, em forma de folha volante. Foi uma inominável desgraça!*

Ninguém emitiu uma só palavra, por alguns minutos breves, porém tão largos como o tempo imensurável...

D. Augusta, asfixiada pela dor e pelas lágrimas, exclamou:

— *Oh! Meu Deus! Até quando este filho nos malsinará as horas? Até quando sorveremos o cálice das amarguras?...*

Não pôde continuar, vencida pela aflição superlativa.

O visitante ia propor algo, quando Guilherme levou a mão ao peito, lívido, terrivelmente pálido, e gemeu, num extravasar de sofrimento incomum:

— *Estou morrendo... tal a dor... que me arrebenta... por dentro...*

E caiu!

Quase se estabeleceu o pânico.

Os visitantes carregaram-no, desacordado, para o leito, e Jacinto correu a chamar o médico.

Massagens e fricções aromáticas não lhe restituíram a consciência. O palor mortal se lhe fixara na face contraída. Respirava com dificuldade, lentamente, com estertores que foram diminuindo, até que um novo estremecer de todo o corpo o paralisou.

— *Meu Deus!* — exclamou a esposa.

— *Oremos!* — pediu Armindo, muito emocionado. — *Guilherme está desencarnando.*

Semi-hebetados pelos acontecimentos imprevistos, as preces se confundiam com o desespero da família. Os filhos chamavam-no, tentando reanimar-lhe o organismo vencido, sem êxito.

Jacinto encontrara o médico a caminho, pois que ele tivera conhecimento da insidiosa calúnia e vinha solidarizar-se com o amigo, assim chegando mais rapidamente.

A um olhar clínico acostumado com a postura dos defuntos, compreendeu que chegara tarde demais. Não obstante, auscultou-o, para dar tempo à família de ir-se acostumando com a ideia, e disse por fim:

– *Está morto! Foi um infarto fulminante* – ele concluíra, sem autópsia, graças à forma como Jacinto lhe contara o que havia sucedido em relação à crise. – *Partiu para o* País da liberdade, *conforme se me referia, quando falava da outra vida.*

Estabeleceu-se o sofrimento que agora se alongaria sem termo previsto.

Armindo aproximou-se da irmã e abraçou-a, ambos em pranto de superlativa dor.

– *E agora, meu irmão?!* – indagou a viúva.

– *Deus proverá! Guilherme sempre foi um homem justo e cumpridor dos seus deveres. Vítima de hoje, está reparando os erros de ontem, a fim de ser feliz para sempre...*

– *Que será de nós? Pobre Tarcílio!*

– *Odeio-o e, se o encontro, eu o matarei! Ele assassinou papai...* – explodiu Jacinto, descontrolado.

– *Papai ainda deve estar aqui* – obtemperou Magda, inspirada. – *Tenhamos cuidado e o ajudemos neste momento supremo.*

– *Deus nos sustentará* – adiu Armindo –, *e através do tempo Ele nos diminuirá as dores, que certamente merecemos...*

Simultaneamente ao sofrimento geral, o médico sugeriu as providências que se faziam necessárias para o sepultamento, que deveria ter lugar no dia imediato, pela manhã.

Aquele foi um dia sem fim para os familiares do extinto.

Ao transpirar a notícia, a casa se repletou de visitas, amigos e pessoas que estimavam o desencarnado e os seus.

Para evitar qualquer alarde, sustentada pelo irmão, D. Augusta estabeleceu que os funerais seriam os mais modestos possíveis, e impunha um clima de serenidade entre todos, de forma a cooperar com o marido em libertação.

A parada cardíaca interrompe o funcionamento dos órgãos, estabelecendo a morte biológica, porém a desencarnação é processo mais demorado, e, no caso em exame, realizado por abnegados mentores afeiçoados ao engenheiro, que tomaram providências para que a libertação transcorresse sem danos ou choques maiores para o Espírito.

A desencarnação é uma cirurgia profunda, de alta gravidade, que varia de acordo com os valores morais e espirituais de cada paciente.

Entidades especializadas, qual ocorre nas reencarnações, realizam o mister, tendo em vista os títulos de enobrecimento de cada ser.

Lentamente, o equilíbrio foi retornando ao lar, que permanecia sob os camartelos da dor, no entanto sob digna compostura daqueles a quem vitimava.

Pessoas frívolas e maledicentes intentaram arengar motivos e informações, sem lograrem êxito, porquanto todos se mantiveram em nobre silêncio, como se a injúria que lhes atiravam não houvesse tido lugar.

Assim que Armindo pôs cobro na situação e pôde pensar, reflexionou sobre a extensão das provas que deveria experimentar, já iniciadas de forma tão vigorosa.

Sua vida de renúncias e abnegação passaria a sofrer a injusta infâmia, que deveria carregar sem arrefecimento de ânimo, nem demonstração de amargura.

Projetando o pensamento para o passado, recordou-se de Jesus, quando disse: – *No mundo, só tereis aflições; mas, lembrai-vos de mim; eu venci o mundo.* E de Allan Kardec, várias vezes acusado pelos próprios correligionários, combatido pelo despeito dos competidores, que passavam como amigos, sem o conseguirem superar... Alongando-se para o futuro, descobria um largo caminho a percorrer, muitas vezes a sós, sob chuvas de impropérios e sobre calhaus, mas também amparado pelos amigos espirituais...

– *Guilherme* – pensou, olhando o cadáver exposto à visitação na sala – *entrava na vida, livre de novas desastrosas conjunturas... O que a família experimentava como desventura, para ele já era o início da liberdade, como vitorioso após as lutas cruas que sustentou com elevação moral.*

As lágrimas lhe escorriam pela face, nascidas no âmago da alma sensível.

Árdua ascensão

A prece, a que se acostumara nos já demorados anos da vilegiatura carnal, foi-se-lhe aninhando nos sentimentos, e ele se deslocou psiquicamente do recinto.

Conduzido à esfera extrafísica, acompanhou as atividades que se desenrolavam junto a Guilherme...

Além dos guias espirituais vinculados à sua atual existência e à Casa Espírita, ali também se encontravam a filha Annette, radiosa e feliz, a genitora que o conduzira a um Parque-Hospital de refazimento, o juiz e senhora, monsenhor Mangabeira e outros afetos, em festa de justo reencontro.

Havia música no ar, e o recinto parecia adrede preparado.

Se a desencarnação chegara de surpresa para os familiares, ela era aguardada além das fronteiras físicas, e os amigos mais afeiçoados haviam sido convidados para a recepção ao companheiro, em transe, naquele momento, que logo mais estaria recuperado.

As duas realidades da Vida, a terrestre e a espiritual, são bem diversas. A primeira é feita em claros-escuros, e a segunda, em luz. Numa estavam as sombras da dor, a presença do sofrimento; noutra se encontravam as claridades excelsas, os júbilos e as esperanças felizes.

Armindo, passados alguns momentos, retornou à realidade menor, a sombria, e narrou com discrição, aos familiares, o que se passava, diminuindo-lhes a angústia, atenuando a saudade que já se insinuava naquelas almas afetuosas.

Tão logo pôde, redigiu um telegrama à Célia, notificando a desencarnação do cunhado e recomendando-lhe que informasse aos demais membros da família.

Ao velório acorreram muitas pessoas. Gentes simples a quem ele socorria, que agora o pranteavam, interrogando-se como iriam passar sem a misericórdia que recolhiam das suas mãos amigas.

Algumas representações de entidades fizeram-se presentes, numa viva demonstração de que a calúnia, ali onde ele era amado, não encontraria receptividade.

A pecha iria afligir Armindo, porque voaria nos braços dos ventos, lanceando a alma doce do abnegado médium, que a encontraria onde quer que fosse, ou viriam lançá-la na sua face, onde ele se encontrasse.

Os malsinados responsáveis pela desventura ficaram aturdidos. Não esperavam esse resultado. Passaram a temer as reações da população.

O Sr. Arquelau viajou para a fazenda tão logo se inteirou do desfecho lutuoso, comunicando ao pároco, seu comparsa, que concordou que ele se afastasse prudentemente da cidade e vigiasse Juvêncio, evitando qualquer indiscrição por parte do parceiro.

Ao sepultamento compareceu compacta multidão, numa atitude de desagravo, conforme o discurso proferido pelo coronel Arcoverde, à beira do túmulo.

– *A memória da cidade* – disse, em certo momento – *terá em ti, amigo, o exemplo da honra, guardando-te na gratidão como modelo para as futuras gerações. Da mesma forma, os execráveis que te extinguiram o corpo, sem aniquilar-te a vida, mediante o opróbrio que eles merecem, utilizando-se da enfermidade do teu filho infeliz, a quem sempre amaste e perdoaste, permanecerão como Judas, Anás e Caifás, os ases da traição covarde, da decadência moral, da corrupção dos costumes.*

Não te esqueceremos, aqueles que tivemos a ventura de conhecer-te, nem esqueceremos a esses venais, que enxovalham a sociedade onde se movimentam e não são merecedores da luz que o Sol lhes concede...

A multidão assentia, concorde com os conceitos do orador.

Um dos médiuns do grupo expressou os sentimentos da confraria e foi realizado o enterramento cadavérico.

O retorno ao lar, sob o traumatismo dos acontecimentos, foi assinalado pelos compreensíveis sofrimentos.

Também seria longo aquele domingo.

As notícias da morte de Guilherme e dos móveis que o vitimaram tomaram conta da cidade, chegando aos ouvidos da amásia de Tarcílio, que terminou por despertá-lo da embriaguez a esforço de beberagens amargas para que reagisse, e, tão pronto o conseguiu, narrou-lhe a tragédia enfeitada pelos exageros da transmissão verbal de uma para outra pessoa.

O demente compreendeu o efeito da sua vileza e, apesar de semiembotado, pôde medir a extensão da sua desventura.

Açulado pela fraqueza e aturdido pelos vapores do álcool, que se misturavam aos facínoras do Além que lhe exploravam a casa mental, gemeu qual um animal ferido, erguendo-se, e correu na direção da cozinha.

Ato contínuo, derramou um vasilhame de querosene sobre a cabeça e vestes, empapando-se. Tomando de um fósforo que acendeu, ateou fogo às roupas, ao corpo, saindo em disparada, porta afora, tocha humana viva, para cair adiante, na rua, contorcendo-se e gritando, ante o espanto dos transeuntes, até silenciar, carbonizado.

A noite caía e a nova tragédia abalaria a cidade ainda não adormecida.

Tarcílio suicidara-se lamentavelmente após os disparates gerados pela própria irresponsabilidade, ele que tivera todas as ensanchas para o êxito e que, sistematicamente, as recusara.

Leclerc-Antoine recomeçava largo ciclo de dor, porque, empedernido nos sentimentos de elevação, fracassara na prova, tombando agora incurso em futura e difícil, tormentosa expiação...

No alto, embora as sombras da Terra e as dores dos corações humanos, lucilavam as estrelas como se falassem de um amanhã ditoso que aguarda o homem ainda deambulando com dificuldade no mundo.

6
TESTEMUNHOS REDENTORES

O infortúnio, quando chega, traz, em sua companhia, outras adversidades que exaurem aqueles a quem alcançam.

O suceder do sofrimento, às vezes, arrebenta as resistências emocionais, não obstante o valor moral de quem o experimenta.

A constituição orgânica suporta esforço que tem um limite, desarticulando-se quando este é ultrapassado.

Foi o que sucedeu a Guilherme e viria a acontecer a D. Augusta.

Assim estabelecido, pensar-se-á que as ocorrências nefastas tombam sobre o homem, desatreladas, arrasadoras, sem nenhum conhecimento das leis que preservam o equilíbrio. Todavia, tal não ocorre.

A vida, quando encarada nas suas causas reais, enseja uma visão diferente do que resultam as apressadas análises dos seus efeitos.

Os fenômenos humanos são experiências que ensinam, fortalecem, oferecem valores, propiciando superação dos limites impostos pelas circunstâncias corporais e preparando o ser para voos mais altos e conquistas mais apreciáveis.

Como a morte sempre parece ser a "coisa pior que pode acontecer a alguém", a culminância de qualquer dissabor, se bem enfrentado o teste, eis que aí ela se torna a melhor coisa que pode suceder, porque encerra com êxito um ciclo de aprendizagem.

Outrossim, a loucura que advém como consequência de uma grande tensão, como efeito de sucessivos infortúnios, enquadra-se na programação das necessidades evolutivas, porque o destrambelho se dá na aparelhagem que exterioriza o Espírito, e não na sua individualidade, salvadas as exceções expiatórias, nas quais o agente imortal imprime no corpo os desconcertos a que faz jus, descompensando a maquinaria cerebral...

Não haviam sido estancadas as lágrimas da família Primeva, após o sepultamento de Guilherme, quando, por volta das 21h, o delegado de polícia, mui mortificado, procurou D. Augusta para notificar-lhe a tragédia de Tarcílio.

Feito o levantamento cadavérico, o corpo carbonizado estava no necrotério da Santa Casa de Misericórdia, para onde fora levado sem que nada se pudesse fazer.

Desfigurado e consumido, estava irreconhecível.

Os populares que se viram surpreendidos pela cena chocante em nada puderam auxiliar, em face da rapidez e do inesperado da ocorrência.

Quando se buscou qualquer providência para apagar as chamas, o suicida tombara, rebolcando-se no desespero e ali mesmo falecendo.

Chamada a polícia, foram tomadas as providências compatíveis, e era indispensável comunicar-se o fato à família.

Foi Jacinto quem atendeu a autoridade que, compreendendo a gravidade da notícia e suas consequências naqueles seres desditosos, não se podia furtar ao amargo dever, informando a razão da sua visita àquela hora da noite...

O estupor tomou o ouvinte, que ficou sem fala, por um momento, totalmente hebetado.

O superlativo do sofrimento chegava àquele lar.

Tentando readquirir o controle e pedindo ao visitante para entrar, os familiares reunidos na sala de refeição foram acometidos pelas aflições da nova tragédia, tão logo dela tomaram conhecimento.

D. Augusta teve uma expressão de tresvario, e os filhos acorreram a sustentá-la, gritando:

– *Mamãe, tenha pena de nós. Reaja! Nós precisamos da senhora...*

O pranto irrompeu volumoso de todos, os sentimentos macerados, e a larga noite de agonia se prolongou somada às horas aflitivas precedentes.

Amigos que tomaram conhecimento do novo lance lutuoso acorreram, prestimosos, e, pela impossibilidade da família tomar resoluções, o coronel Arcoverde, com a sua extraordinária dedicação, encarregou-se dos trâmites, auxiliado pelo médico e pelo delegado de polícia, procedendo à transferência do cadáver para o lar, já encerrado no ataúde, a fim de impedir que se notassem o terrível desfiguramento e consumpção causados pelas chamas.

Os comentários dos visitantes eram os mais disparatados e chocantes. Acusações claras e veladas bailavam nas conversas em geral.

A maioria dos presentes apresentava-se revoltada, e os espiritistas que tiveram ciência do novo dissabor precipitaram-se, solidários, buscando ajudar, oferecendo apoio e consolação.

Nesse trâmite, Armindo, que conseguira manter a serenidade, embora o sofrimento que lhe estiolava o ser, convidou a irmã e os sobrinhos à oração diante do esquife, mudando a paisagem emocional e a psicosfera do ambiente.

A palavra tremia-lhe nos lábios, mas era enunciada com dignidade repassada de resignação às Leis de Deus, muitas vezes inabordáveis, porém sempre justas, e, visivelmente mediunizado, balsamizou todas as feridas, acalmando os ânimos.

A irmã, agoniada, recebia-lhe os influxos vibratórios, e a bondade dos mensageiros do amor esparzia fluidos e energias de reconforto que refizeram por completo o recinto, estabelecendo a paz e mantendo o silêncio geral.

– *Esta família* – comentou respeitável senhora ao marido que a acompanhava – *é o testemunho vivo da grandeza da fé. Nem uma acusação a quem quer que seja, por mais que todos conheçamos os responsáveis pelos seus sucessivos infortúnios. É invejável a crença que os dirige.*

– *A religião deles* – relacionou outra pessoa em diálogo discreto com um amigo – *é realmente superior, porque consegue dignificá-los, quando muitos partiriam para a loucura, a vingança.*

Não foram poucas as referências encomiásticas e justas que se fizeram àqueles cristãos crucificados sem reclamação.

O sepultamento teve lugar pela manhã do dia seguinte, e uma pesada amargura tombou sobre a cidade.

O Dr. Anacleto soube, por meio de Célia, do desenlace de Guilherme. Assim, antecipou a viagem, de modo a tomar Armindo, de automóvel, poupando-o aos incômodos e horários irregulares do trem.

De imediato mandou um telegrama de condolências aos Primeva, solicitando ao seu funcionário que o esperasse ali.

Antes do almoço, quando chegou, a família retornara do cemitério, onde fora inumar Tarcílio.

Sabendo do que ocorrera ampliando a adversidade, procurou oferecer os seus préstimos, concedendo a Armindo uma licença para que ali se demorasse, por quantos dias fossem necessários, auxiliando os enlutados e renovando as próprias forças.

A gentileza foi muito bem aceita e a gratidão se estampou na face dos familiares, que a externaram ao gentil-homem quando ele teve que prosseguir no cumprimento do dever.

– *Quis a Divindade, meu irmão* – falou ao médium D. Augusta –, *que você aqui estivesse nestas horas difíceis da nossa vida.*

– *Bem afirmou Jesus* – retrucou, sensibilizado, o afetuoso familiar – *que "não cai uma folha da árvore que não seja pela vontade de Deus". Quando soubermos descobrir a Sua ordem expressa nas Leis que regem a vida, menos doridos serão os nossos dias, e os nossos testemunhos se farão menores. A resignação e a submissão devem ser atos espontâneos da nossa razão e do nosso sentimento canalizados para as finalidades superiores da vida.*

– *Não sei se suportarei as duas adversidades* – alongou-se a viúva e mãe dilacerada interiormente. – *Se a partida de Guilherme, nas circunstâncias em que se deu, me destroçou, o retorno de Tarcílio, dessa forma, aniquila-me... Terei tentado tudo para salvar meu filho? Que poderia mais ter feito em favor dele, diminuindo-lhe a desdita? Revejo-o indefeso, desequilibrado, e penso que não terei resistências mentais nem físicas para continuar...*

– *Deus nos suprirá de forças e venceremos esta etapa com sacrifício, é certo, mas também com fé e em paz de espírito. Você é uma extremosa mãe, que fez além do dever, chegando ao martírio para ajudar o filho enfermo. Não podemos, porém, evitar o inevitável, não é mesmo? Isto é, como auxiliar e deter quem se evade de nós?! O nosso Tarcílio quis viver as suas próprias experiências e este era um direito que lhe assistia...*

– *Mas, o suicídio, por quê?*

– *Porque o homem recolhe o que tem direito, o que lhe pertence... As dissipações e deslizes empurram aquele que se lhes entrega voluntariamente para a loucura e o suicídio. Certamente ele deu-se conta do que havia feito e, na sua alucinação, talvez instigado por ferozes adversários de quem não se desejou afastar, tombou nesta armadilha, que jamais resolve qualquer problema. No entanto, o Pai, que é de Misericórdia e Amor, irá examiná-lo de forma diferente da nossa... Assim, não faça um quadro de culpa, mortificando-se, tendo em mente que o Pai vela por nós todos. Erga-se, por meio da oração, e recorde-se do filho nos momentos que lhe foram felizes. É necessário mandar-lhe pensamentos edificantes e encorajadores. No instante próprio ele os captará, beneficiando-se com as suas lembranças.*

Agora mudemos o teor da conversação e tomemos o veículo da esperança. Chamemos os sobrinhos e façamos a nossa homenagem espiritual aos queridos viajantes que retornam à Pátria em veículos diferentes, porém com o mesmo destino.

A decisão foi acertada.

A noite silenciosa pulsava salpicada de astros luminíferos, e o ar balsâmico se adentrava suavemente pela casa senhorial.

É mais pungente o sofrimento resignado e nobre, do que aquele extravasado pelo desespero. Faz-se mesmo mais mortificante, porque sob controle, sem os mecanismos de liberação explosiva que logo após relaxa.

À reunião íntima compareceram alguns amigos, e o coronel Sebastião Arcoverde, que chegara havia pouco, e transcorreu numa atmosfera de bênçãos.

Armindo esteve à altura do grave momento.

Comentou com ímpar felicidade e sob inspiração tudo quanto ocorrera nos últimos dias, descartando a tristeza e o pessimismo, demonstrando, ao mesmo tempo, a sua têmpera espírita, a sua grandeza moral.

Revelou que Guilherme dormia tutelado pela mãezinha em região feliz, próxima da Terra, e que o seu despertar, conforme lhe dizia naquele momento o instrutor, era aguardado com ternura e emoção por aqueles que o amavam, estando previsto para os próximos dias, quando já não sofreria qualquer abalo emocional. Era o tempo suficiente para que a família se recuperasse dos lances experimentados. Mui brevemente ele estaria de volta a trazer notícias e conforto.

– *E Tarcílio, como estará?* – indagou, com a voz embargada, a mãezinha.

– *Assevera-me o benfeitor que ele está protegido, embora experimentando alguma aflição, como é natural... As nossas preces e equilíbrio emocional a ele dirigidos ser-lhe-ão de valor inestimável. Desse modo, sem ressentimento nem abalo íntimo ante os acontecimentos, prossigamos confiantes, pois que há muito ainda por fazer, que nos cumpre realizar.*

O coronel Arcoverde pediu licença para externar o que sentia no momento, com o que todos concordaram.

– Não irei fazer autobiografia, pois que sou conhecido até demais. No entanto, desejo dizer que sou quase inflexível nas minhas decisões, em face do meu temperamento. Às portas da morte, qual me encontro, pela idade avançada, pelo desgaste orgânico, sou ainda vigoroso no caráter e forte nas decisões...

Silenciou, momentaneamente, para lograr fazer uma síntese do que desejava expor e prosseguiu:

– Amo esta família como sendo a minha, desde quando fui admitido nas conferências aqui proferidas no passado e na inesquecível sessão mediúnica que deu novo e melhor curso à minha vida. O meu afeto cresceu através do tempo, em razão dos exemplos que me causavam admiração e respeito. Li inúmeras obras espíritas que o Guilherme me colocou ao alcance e outras que adquiri. Fui testemunha viva de inúmeras demonstrações da grandeza moral do amigo desencarnado e de seus familiares... Mas as minhas imperfeições me impediam de declarar-me espírita, por não poder refrear certos ímpetos, especialmente diante da injustiça, da infâmia. Quando Guilherme foi açoitado e não reagiu, nem me permitiu tomar providências, anuí, porém, fiquei desconcertado... Com o tempo e a sua convivência, compreendi-lhe a justeza da decisão, e, ante estes atrozes tormentos que o cura infeliz da nossa paróquia e mais alguém desencadearam, eu passei do ódio, que por pouco não me fez um justiceiro *alucinado, à paz de quem confia em Deus, por homenagem ao amigo fiel e à família, cuja conduta é a maior evidência da legitimidade da crença que abraçam.*

Estava emocionado e não se constrangia com isso. Logo depois de utilizar o lenço e recompor-se, pediu desculpas e concluiu:

– O que desejo dizer com tudo isso, meus amigos, é que agora eu posso afirmar que sou espírita. Peço licença para os chamar de irmãos e rogo que me aceitem como tal.

Houve um júbilo geral, exteriorizado numa só exclamação.

A veneranda senhora Arcoverde abraçou o amigo do marido com efusão, no que foi acompanhada por todos.

Quando D. Augusta o abraçou, ele beijou-lhe as mãos e acrescentou:

– Espero que ao despertar Guilherme saiba que, conquistado à Doutrina, a ela adiro de corpo e alma.

Apesar de todas as aflições que se demoravam na família, essa foi uma nota de alegria, como um pingente de luz em sombra espessa.

Naquela noite de cansaço, de exaustão, o anjo do repouso albergou no seu seio aqueles seres feridos e necessitados, mas nunca vencidos pelas urdiduras do mal...

7

No rumo da Estrela de Primeira Grandeza

Realmente, a presença de Armindo fora providencial durante os funestos acontecimentos que se desenrolaram no lar da família Primeva.

Sua calma e segurança espiritual serviram de algodão que amortecia todos os choques. Era, no entanto, uma postura dinâmica, portadora de força para a ação tranquila no bem, não obstante a adversidade.

Atingido, profundamente, ele sabia das muitas decepções e dissabores que enfrentaria doravante, em razão do infeliz depoimento do sobrinho. Podia imaginar a habilidade com que os adversários do Espiritismo utilizariam esta nova arma. Assim mesmo, sofrendo muito, resolveu-se pelo silêncio e a perseverança no trabalho que continuaria como se nada houvesse acontecido.

Somava a esse estado d'alma os desares vividos naqueles poucos dias e as suas consequências. Temia pelo equilíbrio da irmã, duramente atingida.

Enquanto permaneceu ao seu e ao lado dos familiares que se recuperavam lentamente dos imensos abalos experimentados, desdobrou-se em carinho e ação, diminuindo as cargas de angústia, e cooperando nas atividades doutrinárias da sociedade, que prosseguiram sem solução da continuidade.

Chegou, no entanto, o momento da partida, e foi necessário retornar a penates.

O chefe notificou-lhe que havia encerrado o serviço fora da sede, propondo-lhe, então, o retorno à origem.

Todos sentiram muito a partida do irmão-amigo, exemplo de amor inconteste.

D. Augusta reanimou-se naqueles dias e compreendeu que os deveres não se interrompiam, vendo-se emulada à recuperação que não deveria tardar. Os filhos volveram aos seus compromissos, ficando a saudade como presença indelével a evocar todos os fatos passados.

Padre Geraldo, homem reconhecidamente insensível e venal, ante a precipitação dos fatos ficou visivelmente abalado. Não se justificava perante a consciência e bem sabia da extensão do seu ato execrando.

O Sr. Arquelau recolheu-se à fazenda, ali passando um largo período, na expectativa de que o tempo apagasse as impressões mais fortes das tragédias de que era igualmente responsável.

Na sucessão dos dias, D. Augusta, sempre preocupada com o destino que aguardava o filho além da sepultura, passou a *ouvir-lhe* os chamados desesperados. Registrava-lhe a voz, em estrídulas gargalhadas de loucura ou apelos de inominável agonia, suplicando ajuda.

Ao invés de buscar a oração e desvincular-se psiquicamente, afligida pela conjuntura, passou a dar-lhe campo, propiciando uma sintonia perniciosa, que terminaria por levá-la ao cemitério, numa tentativa de minorar-lhe o sofrimento.

Enquanto os filhos saíam para o trabalho, utilizava-se das horas vespertinas e acorria à necrópole, onde, após meditar junto à sepultura do marido, que ali não se encontrava, demorava-se orando ou conversando mentalmente com Tarcílio, que a chamava, alucinado pelas dores merecidas que agora experimentava.

Daí lhe adveio a ideia de deslindá-lo dos liames físicos a que se encontrava imantado pelo fluido vital, cujo teor permanecia exigindo o tempo indispensável para libertação do Espírito, que o suicídio não interrompe, e mais o agrava.

Assim pensando, iniciou a esdrúxula operação de recorrer ao passe sobre a cova rasa, objetivando alcançar o dementado.

A família não se deu conta dessas operações, no princípio. O fenômeno, porém, foi-se agravando com o passar das semanas, enquanto o equilíbrio mental passou a sofrer-lhe as consequências. Permanecia por longas horas em estado de depressão, no qual se referia ao filho e intentava acalmá-lo com palavras e gestos.

Percebendo a situação, Jacinto e os irmãos optaram por levá-la, por algum tempo, para um refazimento ao lado de Armindo, Célia e demais familiares.

Quando lhe informaram da providência, ela reagiu, indagando:

– *Como ficará o meu pobre Tarcílio, agora dependente de mim? Estou intentando retirá-lo da sepultura, onde sofre todos os tormentos...*

– *Não haverá problema, mamãe* – respondeu o filho, paciente e afetuoso. – *Tio Armindo a auxiliará nesse tentame com mais eficiência e rapidez. Por isso é que nos estamos apressando em tomar essa medida, de modo a poupar o Tá a demorado desespero, pronto o liberando.*

Ela ouviu, humilde, aturdida, e concordou.

O filho levou-a, havendo antes avisado os tios, que os receberam com efusão de júbilos, após a cansativa jornada. D. Augusta volvia ao carinho terapêutico de Célia, qual ocorrera há várias décadas, por ocasião da sua alienação obsessiva.

Os reencontros felizes são muito benéficos em situações desta natureza.

A cidadezinha não mudara muito, nesse ínterim, preservando os seus hábitos provincianos. Algumas companheiras de infância da recém--chegada, sabendo do seu retorno, vieram visitá-la, renovando-lhe a casa mental com as notas da alegria e das evocações queridas.

Apesar disso, o apelo do filho desvairado vencia as distâncias e a alcançava, embora com menor intensidade, em razão das atividades e interesses novos que lhe prendiam a atenção.

Armindo recomendara à Célia que lhe aplicasse a terapia da caridade ao próximo, levando-a a visitar os pobres e enfermos que eles assistiam, interessando-a na mudança de pensamento, assim se desligando do agente obsessivo.

A dama amorosa e maleável passou a acompanhar a irmã na sua jornada assistencial de caridade espontânea, às tardes e às noites, quando Armindo também se dedicava ao mister após as reuniões espíritas.

Explicava-lhe Célia que o pensamento do bem que fazemos ao próximo, em memória dos nossos afetos, a estes também propicia um grande bem. Desse modo, ao revés de elas pensarem em Tarcílio sofrendo, mandar-lhe-iam as flores da ternura que as mãos da caridade esparziriam pelos caminhos dos mais necessitados, minorando nele o estado de pesar e arrependimento.

Simultaneamente, a frequência às reuniões, a assistência recebida por meio dos passes completaram o restabelecimento da saúde mental e física da querida paciente.

Recuperado o equilíbrio, a mediunidade voltou a propiciar campo para o intercâmbio salutar sob o comando dos mentores espirituais.

Passaram-se apenas três meses, desde aqueles dias longos de dor, e uma abençoada madrugada derramava a luz da esperança sobre os dias de inverno e sombras morais, anunciando período novo.

D. Augusta estava em condições de retornar ao lar.

O filho veio buscá-la e encantou-se ao constatar o estado de saúde da amada genitora.

Na noite antecedente à viagem, na reunião de despedida, Armindo caiu em transe, e, por psicofonia, Guilherme trouxe oportuna mensagem de alento e afeição aos familiares terrestres, assinalando as bênçãos recolhidas e o formoso campo de amor, à frente, aguardando cultivo.

Em determinado momento, referiu-se:

– *A família consanguínea é uma experiência evolutiva, na qual os sentimentos de amor se apuram; a responsabilidade se agiganta nos deveres que mantemos em relação à vida, ao próximo e a nós mesmos; a tolerância e a compreensão se dilatam, em exercícios que alcançarão a comunidade inteira.*

O lar, por isso mesmo, é a escola-oficina de crescimento espiritual onde se reúnem os Espíritos vinculados entre si pelos valores éticos ou pelos débitos contraídos, fruindo ensejo de melhor aprimoramento como de reabilitação nas engrenagens da convivência diária. Não há, por esta razão, malogro, mesmo nas reencarnações malconduzidas, porquanto ficarão as experiências que impedirão futuros delitos.

Nosso Tarcílio aprende lentamente e permanece amparado conforme as circunstâncias que elegeu. Volverá, um dia não muito longe, ao nosso regaço, ao nosso amor. "Não me perde nenhuma ovelha do rebanho" de Jesus, que o Pai Lhe confiou, consoante Ele afirmou. Aceitemos as lições de acordo como se nos apresentam: conforme, portanto, as nossas necessidades de evolução intelecto-moral.

Acima e além das vicissitudes há um plano geral, global, que nos dirige, impelindo-nos para frente, para essa fatalidade, que é o bem. Transformemos nossas saudades em esperanças, nossas dores em bênçãos e nossas possibilidades de ajudar em alavancas de progresso e de libertação para nós mesmos e o próximo mais carente.

Conhecendo o sofrimento de perto, é-nos mais fácil avaliar o alheio pesar, recebendo a motivação para rumar em auxílio aos outros, convertendo nosso aprendizado em técnica de amor.

O espírita não apenas crê, ele sabe, tem experiência pessoal, e a sua deve ser uma vida iluminada, clareando a senda por onde seguem outras vidas. "Luz viva", ele tem o dever de espalhar alegria, estímulos positivos, ensinando sempre...

Ninguém que se encontre ao desamparo, em soledade real...

Houve uma pausa, ensejando reflexão aos ouvintes, e após novas considerações, concluiu:

– As Leis de Deus são sábias. Encerrei um ciclo de que muito necessitava e agradeço à família e aos amigos queridos por tudo quanto me propiciaram para a libertação feliz. Outrossim, sou reconhecido àqueles que se tornaram instrumento útil da vida, que os dispensava, para o meu progresso. Sou feliz e muito mais porque vejo a família no rumo da paz e a inesquecível esposa reanimada e forte para continuar. Não tema, jamais! Estaremos, os amigos e eu, sempre ao seu lado, do País de cá, *lutando juntos. Intercambiaremos impressões e nunca nos faltará a inspiração para o cumprimento dos deveres que ainda nos cabe concretizar.*

Reunir-nos-emos no futuro, e para este reencontro preparo-me e "preparo lugar".

Beijando-os, querida Augusta e filho amado, irmãos devotados, rogo a Deus que a todos nos proteja sempre.

Terminada a comunicação formosa, havia lágrimas de felicidade porejando em todos os olhos, misturados ao sorriso de júbilo nas faces descontraídas.

Foi com essa inefável alegria que D. Augusta retornou, renovada e fortalecida, após todos os dissabores suportados sem reclamação, sem revolta, aceitos com submissão total.

Armindo, consoante esperava, experimentou o ácido das violentas críticas de estranhos furiosos, o azedume de amigos insatisfeitos e invejosos, a pedrada da impiedade gratuita, as carantonhas da zombaria, sem nenhuma reação negativa.

Igualmente, não lhe faltaram o apoio e as amizades leais, dessas poucas que valem pelas multidões desassisadas e são mais fortes do que todas as injunções infelizes, pois que nada as desfazem.

Incompreendido por uns e solicitado por outros, ele prosseguiu, fiel e intimorato, deixando na Terra um rastro de luz, porquanto seguiu dignamente na direção da Estrela de Primeira Grandeza que ilumina o mundo: Jesus Cristo!

8

O Lar da Esperança

Os anos se passaram lentos, com a sucessão das ocorrências normais. Superado o período angustiante da tragédia, a cidade esqueceu as sinistras lutas inglórias dos inesquecidos dias das *Missões*...

Padre Geraldo pediu transferência da paróquia, agora elevado à categoria de "monsenhor pelos inestimáveis serviços prestados à grei e pela dedicação extremada à Igreja", conforme a justificação do título.

O Sr. Arquelau mudou-se, em definitivo, para a fazenda, experimentando um pertinaz processo de artrite reumatoide que lhe daria largo tempo para reflexões...

Juvêncio, que se creditava méritos na façanha nefanda e ameaçava o patrão veladamente, extorquindo-lhe dinheiro que dissipava na volúpia dos vícios, veio a falecer ingloriamente, picado por uma cascavel, na propriedade onde fingia trabalhar, silenciando para sempre e tranquilizando o amo, que não tinha como dele liberar-se.

Lentamente, a vida, com mão inexorável, foi colocando todos os fatos e pessoas nos seus devidos lugares.

Desditoso é o homem precipitado, que pensa em resolver os problemas de uma vez, sem o concurso do tempo, no seu suceder de horas, que a todos alcança.

Igualmente desencarnou, após prestar serviços valiosos à comunidade que muito amara, o nobre coronel Sebastião Arcoverde, cercado pelo carinho e gratidão do povo, que o pranteou demoradamente. Desde a sua conversão ao Espiritismo, de que nos recordamos, dedicou-se à vivência da Doutrina, tornando-se um laborioso trabalhador do bem, que sempre o fora, agora, todavia, transformado interiormente para melhor.

Assim que retornara, D. Augusta apresentou aos companheiros espíritas um plano, que logo pôs em prática, após a anuência dos amigos que se lhe fizeram solidários.

– *Desejo* – esclareceu, sinceramente convencida – *erguer um lar para crianças carentes, às quais anelo oferecer os últimos anos da minha existência física. A família já se encontra criada e os filhos consorciados, à exceção de Magda, igualmente adulta, não mais me exigindo preocupação nem assistência. Planejo, desse modo, doar-me integralmente aos menores sem pais ou carentes em excesso por motivos outros, inclusive pretendo iniciar o trabalho colocando alguns no meu próprio lar... Os filhos concordaram de boa mente, felizes, e me apoiam o plano superior.*

Silenciou por breves minutos, e logo deu prosseguimento:

– *A convivência com Célia e Armindo me abriu novos horizontes, e a vida recuperou para mim o sentido, o significado. O socorro aos sofredores é bênção para quem o realiza, todos o sabemos. Quantas alegrias fruí naquelas horas, nas quais lhes mitigamos a sede, aplacamos a fome, diminuímos o frio?!... Os rostos engelhados pela idade e o sofrimento se nos abriam em sorrisos de ventura e gratidão, enquanto a bulha infantil redobrava na alegria ante as migalhas ofertadas, sensibilizando-nos! No entanto, penso em realizar algo mais duradouro: recolher essas avezitas que tombaram do ninho maternal, vitimadas pela orfandade. É certo que não posso fazer muito. Sem embargo, havia pensado em promover uma campanha, na cidade, coletando garrafas usadas e papel, a fim de os revender. Seria um trabalho demorado e cansativo, no entanto, estou disposta a encetá-lo. Como não faltam corações bondosos no mundo, confio que, com o tempo e a demonstração dos nossos propósitos transformados em ação de benemerência, atrairemos colaboradores eficientes e dispostos a seguirem conosco.*

Fez uma nova pausa e concluiu:

– *O Espiritismo é doutrina, sobretudo, de educação, que visa à transformação moral do homem, promovendo-o cada vez mais. O lar é a primeira escola e nele podemos realizar um programa salutar de educação das almas, diminuindo os dramas sociais e as aflições humanas. Eis a minha proposta.*

À época, ainda reencarnado, o coronel Arcoverde aplaudiu a ideia e propôs-se a fazer a doação de um terreno muito bem situado na cidade, com área suficientemente espaçosa para uma pequena horta e pomar, ao lado do lar, que ali se poderia erguer.

Outrem concordou em conseguir auxílio financeiro; as senhoras presentes comprometeram-se a cooperar na campanha das garrafas usadas e dos papéis, e cada qual se dispôs a contribuir conforme sua possibilidade.

Visivelmente sensibilizada, modesta participante da reunião indagou:

– *Qual será o nome do lar?*

– *Lar da Esperança* – elucidou D. Augusta. – *Suas portas serão um convite ao otimismo presente, em favor do futuro ditoso. Nele haverá sempre um lugar para o amor, e a esperança lhe manterá as portas sempre abertas, ensejando ocasião para começar ou recomeçar a trajetória da redenção.*

D. Augusta, naquele momento, alongou o pensamento além do tempo presente e sorriu, vendo aqueles que atravessariam a aduana das portas daquela casa, ora em delineamento, seguindo felizes no concerto de uma sociedade menos egoísta e menos atormentada.

Recordou-se de Tarcílio, certamente em rudes sofrimentos reparadores, mas não abandonado pela Misericórdia Divina. Quiçá, um dia, ele viesse também de retorno àqueles sítios onde naufragara, recomeçando a viagem expiatória, socorrido pelo amor e clareado pela fé, que, certamente, o arrancaria, dessa vez, das sombras em que mergulhara.

Ela foi retirada das reflexões pelo entusiasmo dos confrades, que, a uma só voz, consideraram muito bem escolhido o nome e realmente feliz a proposta.

Guilherme, que a inspirava fortemente, sentia-se pacificado, ditoso.

A tarefa prosseguiria em ritmo de serviço otimista e de educação libertadora.

Foram iniciados os movimentos, elaborada a planta e tomadas as primeiras providências para a concretização do ideal.

O coronel Arcoverde, conforme prometera, fez a doação do terreno, em cartório, e o entusiasmo tomou corpo entre os profitentes do Espiritismo, que já se contavam às dezenas, naquele burgo.

O lar dos Primeva recebeu as duas primeiras crianças, cujos pais desencarnaram na última enchente que trouxera graves prejuízos à comunidade. A família vivia à margem de um rio insignificante, nos arredores da cidade, sendo todos surpreendidos, à noite, com o deslizamento das terras quando da súbita tormenta que o fez transbordar. Os genitores ficaram soterrados com mais duas crianças, enquanto estas sobreviveram miraculosamente.

As lutas se fizeram desafiadoras a partir de então.

Como sói acontecer com os entusiasmos de primeira hora, diversos companheiros arrefeceram o ânimo, outros disseram haver refletido melhor, assim resultando considerarem a empresa muito grande e arriscada, diminuindo, desse modo, em número, os cooperadores, para ficar a importante qualidade dos que prosseguiram sem desfalecimento.

As faculdades mediúnicas de D. Augusta se apuraram após todos os testemunhos vencidos, tornando-a um exemplo, que se assemelhava a Armindo, pela fidelidade com que transmitia as comunicações espirituais, pela seriedade com que encarava a tarefa, em regime de elevação e respeito, enfim, pela aplicação do conhecimento no estudo da Doutrina, que é o roteiro de segurança e a bússola fiel que sempre aponta o norte magnético da Verdade.

Ultrapassadas as compreensíveis dificuldades que fazem parte de qualquer empreendimento, o "Lar da Esperança" foi inaugurado, numa solenidade simples e bem concorrida, dando prosseguimento ali ao trabalho desenvolvido na própria residência, por D. Augusta e Magda, que logo depois se consorciaria com um gentil-homem, participante das atividades espíritas.

Totalmente liberada dos compromissos imediatos em relação à família, a senhora Primeva se transferiu para o *Lar,* tornando-se mãe generosa de uma prole fecunda que se multiplicaria através dos tempos, dignificando a sociedade.

Jeanne-Marie, ou Germaine de Saint Cyran, ou Augusta de Jesus Primeva, após todas as vicissitudes do caminho humano, alcançou incomum vitória no empreendimento da reencarnação, seguindo tranquila e livre na direção da Imortalidade, dos afetos que a precederam na marcha para a Vida triunfante.

Superadas as sombras demoradas, novo dia se espraiava sem prenúncio de noite porvindoura.

O futuro estabeleceria outros rumos para os que ficaram, vencidos, na retaguarda. Ser-lhes-ia concedido o ensejo propício para a recuperação e o avanço, no momento oportuno, sob as bênçãos do Amor que nunca cessa, lídima expressão da Paternidade Divina a sustentar e conduzir a vida.

Anotações

Anotações

Anotações

Anotações

Anotações

Anotações

Anotações

Anotações